DEBATTE 21

Oskar Panizza

Oskar Panizza

Die kriminelle Psychose, genannt Psichopatia criminalis

Hilfsbuch für Ärzte, Laien, Juristen, Vormünder, Verwaltungsbeamte, Minister etc. zur Diagnose der politischen Gehirnerkrankung

Mit Vorworten
von Bernd Mattheus
und mit einem Beitrag
von Oswald Wiener

Matthes & Seitz Verlag
München

Die gegen die orthographische Norm verstoßende ›phonetische‹ Schreibweise Panizzas gibt die Aussprache der Wörter genau wieder, *meistens* unter Elision der nicht an der Lautbildung beteiligten Komponenten.
Nun ist unsere Schreibweise sowieso eine phonetische, bloß entspricht sie nicht mehr der Aussprache, läßt dafür aber Schlüsse auf die Etymologie eines Wortes zu. Warum sich mit der Zeit die Aussprache ändert, die Schreibweise jedoch ziemlich konstant bleibt, dafür fehlt eine überzeugende Erklärung (weil es ziemlich willkürlich geschieht) – es sei denn, man begnügt sich damit, daß es gemäß dem Gesetz des geringsten Widerstands erfolgt. Bei Panizzas Adaptationen des Schriftbildes an die Aussprache ist keine feste Regel zu erkennen. Man kann ihm deshalb auch keine eindeutige (kritische) Absicht unterstellen – andernfalls hätte er wohl die Adaptationen konsequenter, radikaler betrieben? Daß seine regelwidrigen Eingriffe darauf verweisen, daß letzlich jede Norm willkürlich umherschwirrt, ist unbeschritten.

2., veränderte Auflage 1985

GmbH, Mauerkircherstraße 10, 8000 München 80. Herstellung und Umschlaggestaltung: Bettina Best, München. Printed in West Germany. ISBN 3-88221-364-7

Inhalt

München, 21. Mai 14

Herzogstrasse 42. III.

Sehr geehrter Herr!

Wie Sie schon aus Zeitungsnotizen entnommen haben werden, planen die ergebenst Unterzeichneten als Protest gegen die Überhandnahme der Konfiskationenen und Zensurverbote die Literatur betreffend, eine Anthologie » Die Konfiszierten«. Die Anthologie soll in lyrischer Form gefasste Beiträge von ausschliesslich beschlagnahmten Autoren bringen, die dem Publikum ein Gesamtbild der unterdrückten kämpferischen Aktivität heutiger Literatur übermitteln werden. (zum Teil Beiträge, die konfisziert waren und wieder freigegegeben werden mussten). Eine kleine Anmerkung wird jeden Autor in seinem besonderen Kampf mit Staatsanwalt und Zensur charakterisieren. Wir würden uns freuen, auch von Ihnen; baldmöglichst eine prinzipielle Zusage unter Beifügung einer Reihe von Beiträgen zu erhalten, aus denen wir unserem Gesamtplan entsprechend wählen dürfen. Der Geist der Beiträge soll nicht nur im Inhalt sondern auch in der Form revoltieren. Wir bemerken ausdrücklich, dass es sich nicht um einen Privatdruck, sondenn um eine öffentliche Ausgabe in einem ersten Verlage, der auch die Honorarfrage regeln wird, handelt. Als Mitarbeiter sind u. a. in Aussicht genommen: Ball, Blei, Dehmel, Hardekopf, Kerr, Klabund, Kyser, Lautensack, Panizza, Przybecewski, Queri, Schnitzler, Sternheim, Unruh, Thoma, Wedekind .

In vorzüglicher Hochachtung !

Hugo Ball.
Münchener Kammerspiele

Klabund
Herzogstrasse 42. III.

bernd mattheus
vorworte

»als einmal ein erlanger professor, der die anstalt [herzogshöhe] zu visitieren hatte, den patienten fragte, was ihm fehle, antwortete er: ›ich habe halluzinationen.‹ als aber der professor weiter fragte: ›was ist denn das?‹, brach panizza ab mit den worten: ›das können sie in jedem lehrbuch lesen.‹« (lippert, f., in memoriam oskar panizza, münchen 1926, p. 30 f.)

›anarchismus‹: »gesteigerter, potenzierter idealismus« (der illusionismus und die rettung der persönlichkeit, leipzig 1895, p. 60).
»ich bin anarchist, d. h. ich vertrete als künstler und denker das prinzip, dass es in der menschlichen natur impulse gibt, die gegenüber den sozjalen und staatenbildenden fähigkeiten, die man als herdeninstinkte bezeichnen mag, die tieferen entscheidenderen, das wesen des menschen eigentlich begründenden sind, und dass ihr hervorbrechen in form von individualistischer gewalt, verschwörung, umsturz, mord dann nötig erscheint und von selbst ausgelöst wird, wenn die sozjal-organisatorischen sich abgenützt haben oder ihre verwendung zu staatenbildungen in verknöcherung und sterilität überzugehen droht« (tagebuch 65, p. 2).

blasphemie
und wahrheitskritik sind untrennbar. als antonin artaud vor dreißig jahren *pour en finir avec le jugement de dieu* für den französischen rundfunk produzierte, scheiterte die ausstrahlung der sendung nicht etwa am einspruch der kirche, sondern am niederreißen von sprachtabus, vor dem die rundfunkanstalt ihre hörerschaft – mit rücksicht

auf deren sittliches empfinden – bewahren wollte. nicht in die argumentation miteinbezogen wurde selbstredend artauds massive kritik am amerikanischen imperialismus und am sowjetischen stalinismus.

cerebral-paralise.
frühsümptom: häufige stimmungsänderungen und neigung zum weinen. »aber warum weint ihr auch?( ) trinkt wenigstens *einbecker* bier, wie luther, als er vor dem reichstag erschien, und seine seele verzagen wolte. –« (psichopatia criminalis, zürich 1898, p. 13)

da, wo ich wegzukommen suche, komme ich immer fester hin.
der aufständische ist atheistisch ... der protestant panizza nützt jede gelegenheit – selbst in seinen erzählungen –, um die kirche, ihre symbole und ihren gekreuzigten gott zu verunglimpfen. doch er hasste die kirche und deren repräsentanten zu leidenschaftlich, um in seinem letzten lebensabschnitt nicht zu ihr zurückzukehren. »ich, ein luth'rischer hund, concentriere mein gefühl auf einen einzigen stoß und bete, wenn ich muß, und wenn mich mein innres antreibt.« (aus dem tagebuch eines hundes, leipzig 1892) nebenbei: bei dem eifer von anstaltsgeistlichen ist die häufigkeit des auftretens von religiösem wahn kein wunder.

denken ist immer eine schlimme sache. »sobald wir nur den hebel ansetzen, und das gehirn zu arbeiten beginnt, entsteht illusion« (der illusionismus ..., p. 53).

denken ist immer eine schlimme sache.

panizzas biographie erfüllte sich gemäß seiner in *psichopatia criminalis* gestellten prognosen. daß man ihm die gunst künstlerischer narrenfreiheit gewährt hätte, dazu war er zu deutlich. da man ihn keines verbrechens*) wegen belangen konnte, die radikalität seines denkens und schriftstellerischen schaffens jedoch eine potentielle gefahr für die ordnung des staates war, eine bedrohung, bestrafte man sein freches denken mit entmündigung und lebenslanger einschließung in einer irrenanstalt. »angesichts der modernen tendenzen zur therapierten gesellschaft erstaunt es nicht, daß immer größere abschnitte des strafgesetzes, statt zu verschwinden, zu kapiteln der psychiatrie umgearbeitet werden, und man irrt, wenn man das für einen weg zur abschaffung hält: es sieht bloß menschlicher aus, und ist aber bequemer, einen delinquenten für unbestimmte zeit hinter den mauern des clopenthixols oder chlorpromazins verschwinden zu lassen, als ihn, durch gesetz und öffentliche diskussion angehalten, für eine genau bestimmte ( ) in das gefängnis zu schicken« (wiener, o., sprache und geisteskrankheit, funkessay. sfb/wdr, 25. 11. 1969). das motto der sachverständigen heißt: »eine tatsache, die wir für krank erkant ha-

*) »viele haben nun gemeint, bei politischen angeklagten liesse sich dieses moment, in jenen fällen, in denen der nachweis von gehirnerweichung gerichtlicherseits verlangt wird, schwer zur geltung bringen, da ja gerade bei idealisten – was politische angeklagte meist sind – dieser sitliche boden intakt sei. – ganz falsch! bei diesen leuten bricht sogar der sitliche boden sehr leicht durch.« (psichopatia criminalis, p. 15)

ben, ist unter allen umständen krank, mag sie sonst sein, was sie will, mag aus ihr die reformazjon oder die erzeugung des dampfes, die sog. ›menschenrechte‹, oder die schafschur in amerika, hervorgegangen sein . . .« (psichopatia criminalis, p. 9)

»das auf der ersten umschlagseite von *psichopatia criminalis* angekündigte werk ›die deutsche volksseele unter dem tipus der gehirnparalise‹ von dr. ludwig fürbringer ist nie erschienen, der name des autors ist erfunden, die fußnote ist von panizza geschrieben.« (hayn/gotendorf, bibliotheca germanorum erotica et curiosa, VI, p. 19)

Soeben erscheint im gleichen Verlage:

Die deutsche Volksseele

unter dem Tipus der Gehirnparalise

von

Dr. Ludwig Fürbringer

Aßistent auf der völkerpsichologischen Abteilung des Museums für Antropologie und Völkerkunde in Berlin.

166 S. gr. 8°. M. 1.20.

Es ist in diesem Schriftchen zum erstenmal der Versuch gemacht, geisteskranke Fänomene zur Illustrirung völkerpsichologischer Zustände heranzuziehen, in specie die deutsche Volksseele unter dem Zustand der Erschöpfung zu zeichnen; das deutsche Sehnen als ein Versehnen, den deutschen Idealismus als eine Fantasmagorie, dem die Kraft mangelt, das »Träumen« und »Fabeln« von großen

Dingen und »herrlichen Tagen«, denen man entgegengehe, als eine psichische Kraftverschwendung ohne die entfernteste Möglichkeit der Ausführung hinzustellen. Es wird gezeigt, wie das Jahrhundertelange Streben nach Größe und Einheit Deutschlands in Wahrheit eine rein psichische Erscheinung, sozusagen: ein »chiliastisches« Fänomen (also ohne die Absicht der Ausführung), das Kokettiren mit der »blauen Blume« u. A. ein rein um des psichischen Behagens selbst willen geführtes Traumleben, das angebliche »Brüder, vereinigt Euch zum Bunde« u. dergl., nur Männer-Chor-Entusiasmus um des musikalischen Kizels willen, das »Männerstolz vor Königstronen« und ähnliche Phraseologie nur Erschütterungen des Vorstellungslebens, um des poetischen Knalleffekts selbst willen gezeitigte Fänomene waren. Unter Vorführung eines reichen historischen Materjals aus der politischen und Geistesgeschichte Deutschlands wird dargetan, wie es der deutschen Seele immer nur um dieses reinpsichische Genießen, diesen megalomanischen Wahn, zu tun war, dem zwar im Moment des entusiastischen Innen-Lebens die Möglichkeit der Ausführung als Illusion vorschwebte, dem aber die rückwärtigen Kräfte zur Vollendung fehlten, und der im Moment der In-die-Tat-Umsezung elend zusammenbrach, um in neuen Exaltazionen Ersaz zu suchen: also das spezifische Kennzeichen der *paralisis cerebri progressiva*, der Gehirn-Erweichung, hier als völkerpsichologisches Fänomen genommen. Im Ferneren wird darauf hingewiesen, wie bei wirklichen Tat-Völkern, wie den Romanen, wo das Temperament direkt die Ausführung der Tat garantirt, das geistige Leben nicht in dieser hipertrofischen Weise sich entwikelt zeigt; während bei Völkern mit starkem Innenleben und exzeßivem geistigen Produziren, die Tat, die Wirklichkeitshandlung fast mit Naturnotwendigkeit zurücktritt; so daß die Paßivität des »Volks der Dichter und Denker« hier psichologisch erklärt erscheint. Dabei wird auf den Unterschied des in germanischen Ländern üppig sich entfaltenden Sozialdemokratismus mit dem bei den Romanen gedeihenden Anarchismus exemplifizirt: wie hier eine einzige Tat, wie jüngst in Spanien, die Geschike des ganzen Landes mit einemmal zum Bessern kehrt, während dort, wo lawinenartig anschwellende Bände von Dogmatik die Köpfe berauschen, die Wirklichkeits-Werte langsam abbrökeln. Es wird dann der Paralellismus der deutschen Volkspsiche mit den Erscheinungen der Gehirnparalise des Näheren ausgeführt; wie der Lirismus dort, das Sich-Ausgeben im Lied, das erotische Stammeln, das Haschen nach Luft und Duft, nach Farbe und Rausch, nach Schmetterlingen und Sonnenstäubchen, – dem Lallen und Silbenstolpern hier, der eigentümlichen Gemütsweichheit und den Tränenflüßen in der spezifischen Krankheit entspricht; wie das kindliche Sich-Begnügen an Simbolen, Fahnen, Kokarden, Böllerschüßen und Blechmusik, statt der Realitäten und Lebenstatsachen, beim deutschen Gemüt, in dem Kleinigkeitskram und Glückseligkeitsdusel für ein Papierfezchen oder eine Hosenschnalle bei den Paralitikern sein Gegenbild findet. So wird das kindliche Behagen des Deutschen und seine Freude am Tand, wenn nur seine tiefere Gemütslage mitschwingt, in voller Ausführlichkeit dargetan. Das Lechzen nach dem preußischen Kronen-Orden III. Klaße wird mit ergreifenden Farben geschildert. Die Sehnsucht der Deutschen, nicht ohne einen Orden zu sterben, und nicht ohne einen Fustritt seitens seines Landesfürsten in die Ewigkeit zu gelangen, wird aus den Bittschriften-Verzeichnißen, aus der Hofpoesie, den diplomatischen Akten und den Archiven der Ordenskapitel nachgewiesen. Als spezifische Art des Deutschen wird vorgeführt, wie er versucht, sich mit der Polizei, als mit etwas Göttlichem, über sein Dasein Hinausragendem, abzufinden, jedes Kujonement zu ertragen, ihr lieber noch ein Glas Bier zu zahlen, um ihr Lächeln hervorzuzaubern, nur um seine Gemütslage mit ihr in Einklang zu bringen, nur um mit der Welt seinen Frieden zu machen. Der Gegensaz, wie der deutsche Gelehrte auf dem Kateder herumtobt, die großartigsten Perspektiven entwirft, um dann mit einem »*pour le mérite*«, mit einem »Herr Geheimrat«, mit einem »Exzellenz« auf Alles – auf Alles! – zu verzichten, was er noch vor einer Stunde vorgetragen, auf jeden Mut, jede Tapferkeit, jeden Hochsinn, jede Idealität, jede »Bürgertugend«, und sich glüklich schäzt, *Serenissimo* die Hand zu küßen (und vielleicht ein Wizchen auf die Hoftreßen zu wagen), – wie ein Hegel erst die Welt als Idee konstruirt, um dann blinzelnd die hinterste Stelle als Hofschranze einzunehmen, und, wenn er übersehen, flennend seine geknikte Seele mit leerem Knopfloch nach Hause zu tragen – diese ganze Graßheit des Wahns auf der einen, und der Wirklichkeit auf der andern Seite, das Stekenbleiben und Sich-Erschöpfen im Psichismus, um dann in der Welt der Wirklichkeit mit Lapalien vorlieb nehmen zu müßen, wird am

Paralitiker, als seinem Urbild demonstrirt, der ebenfalls erst mit Miljonen um sich wirft und ganze Marmorpaläste sein Eigen nent, um dann demütigst und submißest beim Direktor der Anstalt um einen Hosenknopf bitten zu müssen..... u. s. w., u. s. w., – das ganze Büchlein bietet nach der verschiedensten Richtung zum Teil ganz neue Gesichtspunkte, und dürfte gerade heute, wo der zweifelhafte Wert des deutschen Idealismus auf dem großen Weltenmarkt zur Diskußion steht, manches Intereße finden. –
Wir bitten um Bestellung!

eine fußnote.
der k. k. hofbuchhändler wilhelm friedrich anläßlich des »what's the matter?« schreienden judas in der erzählung *das wachsfigurenkabinett:* »ich beanstande die obigen englischen worte, da ich als mitglied des deutschen sprach-reinigungs-vereins das eindringen fremder worte und phrasen in die deutsche sprache perhorresziere!« panizza: »der verleger, welcher die obigen englischen worte ursprünglich beanstandete, da er als mitglied des deutschen sprachreinigungsvereins das eindringen fremder worte und phrasen in die deutsche sprache verabscheut, einigte sich mit dem verfasser, der sich weigerte, durch weglassen der worte sich einer geschichtsfälschung schuldig zu machen, dahin, durch wiedergabe der kleinen englischen phrase im deutschen, jede mißdeutung auszuschließen. was judas sagt, lautet ungefähr: ›was ist denn da los? – was soll denn das mit dem ›wird mich verraten‹? – was ist denn? – was soll denn das alles?‹ über die merkwürdige tatsache, daß judas hier

englisch spricht, wird der leser später einiges nähere finden« (visionen der dämmerung, münchen 1914, p. 311).

genie.
gehirn-neurose, »eine art stehengebliebene geisteskrankheit« (genie und wahnsinn, münchen 1891, p. 20).

überprüfung der gesinnung.
»es ist nicht immer leicht, diese leute *in foro* straks zu überführen. mit einem haufen verderblichen wissens vollgepfropft, überfluten sie oft den präsidenten mit zitaten aus *platons* ›gastmahl‹, oder den *upanishads*, so dass diesem ganz schwül zu mute werden kann. diese leute glauben wahrhaftig, weil es einen *muzius skävola* oder *wilhelm tell* gegeben habe, oder weil *schiller* die ›räuber‹ geschrieben hat, sei ihnen alles zu denken erlaubt. in solchem fall wird der vorsitzende alles unnötige dozentengeschwätz, welches sich nicht unter einem strafgesetzbuch-paragraphen subsumiren lässt, einfach ablehnen, und die monarchische, herzens- oder gesinnungsprobe mit dem angeklagten anstellen.« (psichopatia criminalis, p. 40 f.)

»**gerhard hauptmann** stösst mich genau so ab wie lavater. () und schliesslich liegt man winselnd und tatenlos unter dem kreuz kristi. dergleichen verzeiht man einem richard wagner, wenn es im hohen alter geschiet (parsival), aber in der jugend und im besten mannesalter!« (tagebuch 72, p. 219)

ibsen
»thut weh!« (genie und wahnsinn, p. 12 f.)

»wirkt wie tausendfaches belladonna auf mich« (tagebuch).

idealismus, syn. arrivismus, masochismus, romantizismus. »denn sobald diese leute merken, dass man keine märtirer-kränze mehr erringen, und von den stuhlbeinen der gegner nicht mehr erschlagen werden, sondern im irrenhaus . . . verfaulen kann, lassen sie die hände davon und hüten sich, gegen die von gott – von wem ? – von gott, oder jupiter, das ist in diesem falle ganz gleich! – eingerichtete staatliche ordnung sich aufzulehnen.« (psichopatia criminalis, p. 23)

illusionen: »›staat‹, ›gesellschaft‹, ›religion‹, ›ehe‹, ›tugendbund‹, ›dalai-lamismus‹, ›moral‹ . . .« (der illusionismus . . . , p. 57).

wenn man das irrenhaus auf die strasse verlegt, kann man jeden tag was neues erleben.
das denken und die sprache hinterfragen, ausgraben, auf welchen kollektiven mythen vernunft, rationalität, kohärenz sowie kontinuität basieren, aus welchem wahnsinn heraus die kategorie der geisteskranken geschaffen wird. »unter rindenzwang versteht die moderne psichjatrie den von der gehirn-*rinde*, als dem sitz der höchsten gedanken-reihen, ausgehenden widerstand gegen einflüsterrungen und sugestionen, so dass selbst die bestgemeinten absichten der regierungen an solch' individualistischen starrköpfen wirkungslos abprallen.« (psichopatia criminalis, p. 2)

jesus.
aufrührer, anarchist, paranoiker, der, »indem er

als märtirer fält, die maßen mit dem inhalte seines wahns anstekt, und so der ›geisteskrankheit‹ eine fast 2000jährige dauer von ›wahrheit‹ verschaft« (christus in psicho-patologischer beleuchtung, zürcher diskußionen, heft 5, 1. jg., 1898).

junggesellentum.
»es kommt hinzu, daß pazjent zur ausübung seiner literarischen tätigkeiten den weitaus größten teil des tages in absolutester einsamkeit und abgeschlossenheit, bei guter witterung auf ausgedehnten einsamen spaziergängen, verbringen muß; gewohnheiten, die sich immerhin mit einer ehe nicht vertragen.« (selbstbiographie, 1904)

mit der kirche trifft man stets gleichzeitig den staat, anders gesagt: jenes mehrköpfige wesen der macht. es kontrolliert und zensiert produktion, distribution und zirkulation des diskurses, schränkt die redefreiheit einerseits ein, zwingt im richterlichen bzw. ärztlichen verhör andererseits zum reden. schon zu panizzas zeiten liegt die richterliche macht in den händen von gutachtern, sachverständigen, gelehrten. im zweifelsfall oder wenn einer auf eine art und weise mit der ordnung bricht, die sich dem strafgesetzbuch entzieht, winkt man den psychiater herbei. beim *liebeskonzil* griff man zum gotteslästerungsparagraphen. »das ist ja in solchen fällen immer das einfachste. das gouvernement sucht sich einen paragraphen heraus, unter dem man den unangenehmen menschen definitiv losbekommt. ist zufällig die todesstrafe nicht eingeführt, dann wendet man juristisch die sache so, daß wenigstens 15 jahre zuchthaus herauskommen. inzwischen wird er geisteskrank oder die disziplin bringt ihn um.« (christus . . .)

koitus.

»nun erscheint so viel klar: dass die sexuelle *cohabitatio* in der regel in der psyche *tabula rasa* macht . . .« (die sexuelle belastung der psyche als quelle künstlerischer inspiration. wiener rundschau, 15–3–1897)

la vida es sueño.

»was ist nun der zweck deines lebens? den spuk dieser welt aufzulösen. ihn denkend zu verzehren. zu wissen, dass du halluzinirst.« (der illusionismus . . . , p. 52)

»ich glaube dass unsere sinliche existenz und die uns umgebende aussenwelt nur insofern den anspruch auf realität haben, als sie das resultat unserer sinne sind. für unser denken, welches eine höhere daseinsform gegenüber unserer sinlichen perzeption und der auf diesem wege gewonnenen aussenwelt darstellt, ist die gesamtsumme unserer sinlichen erfahrung illusion« (tagebuch 62, 1896, p. 99).

lenau

»richtete sich durch den genuß von schwarzem kafe fast zu grund.« (genie und wahnsinn, p. 24)

für ein literaturlexikon:

außer seinen erzählungen wird das werk panizzas literarischen ansprüchen nicht gerecht; es überschreitet sie. das nebeneinander von wissenschaft und literatur – wissenschafts- und folglich erkenntniskritik –, von satire, parodie, pamphlet und dialog, das kauderwelsch aus fremd- und fachsprachen, neologismen, phonetischer schreibweise und mundart ist für panizza wie allgemein für eine voranschreitende literatur bezeichnend, die die traditionellen literarischen formen flieht.

»ich bin kein künstler, ich bin psichopate, und benuze nur hie und da die künstlerische form, um mich zum ausdruck zu bringen. mir ist es durchaus nicht um ein spiel von farbe und form zu tun, oder dass sich das publikum amüsiert, oder dass es es gruselt – ich will mir meine seele offenbaren, dieses jammernde tier, welches nach hülfe schreit« (tagebuch 63, sommer 1897, p. 101).

ludwig fromman.
wenn sich panizza in seiner autobiographischen skizze obstinat »pazjent« oder bei seiner aufgreifung ludwig fromm(-m)an(n) nennt, klingt das – ganz wie der selbstanklägerische ton der schrift – schon wieder ironisch. statt eines lebenslaufs legt er gericht und ärzten eine fertige patographie vor.

luther,
der cherusker in der sprache. »ohne den jähzorn luthers wäre die deutsche sprache nimmer das geworden, was sie ist.« (genie und wahnsinn, p. 32)

melancholie, syn. sehnsucht: ». . . eine echt deutsche krankheit! vergissmeinnicht-krankheit –, ›röslein-röslein-rot‹-krankheit – blitzblaue-äugleinkrankheit. –« (psichopatia criminalis, p. 26).

moral.
ihre anwendung »auf reine triebmenschen ist ein unding und kann nur von plattköpfigen versucht werden, die von der elementaren wirkung des dämonischen keine vorstellung haben. ein *luther*, ein *savonarola*, ein *sokrates* ist ohne psichischen, elementaren zwang undenkbar . . .« (psichopatia criminalis, p. 61)

narzißmus.
»vor dem ›aktus‹ die illusion, der begehrte gegenstand bilde den gegenstand der verzükung, während sich bald ergibt, dass es der eigene körper, das eigene ich, war.« (der illusionismus . . . , p. 56)
»einen psychoanalytiker am kragen zu packen und in eine anstalt zu verpflanzen ist das gleiche, wie einen priester aus dem mittelalter in eine fabrik oder in ein schwimmbad zu setzen; er würde im handumdrehen versuchen, durch exorzismen und exkommunikationen wieder herauszukommen« (guattari, f., psychotherapie, politik und die aufgaben der institutionellen analyse, frankfurt 1976, p. 94 f.).

friedrich der nietzsche ist »ein gedankenschonglör aus neid: er schongliert mit geschliffenen messern weil es ihm nicht vergönnt war, tenorist zu sein. () ich kann mit nietzsche nichts anfangen, () ich kann ihn nicht verknusen; er ist unerträglich. gar sein zarathustra wirkt wie brechmittel auf mich« (tagebuch 61, p. 118).

poète maudit, eine metamorfose des gekreuzigten: »die masse dürstet nach blut. du musst erst vor ihren augen kujonirt werden, bevor sie sich für dich interessiert. du musst erst eine funkzion ihres geistes geworden sein, bevor sie dich hat. und diese funkzion wirst du nur, wenn du ihr auffällst, du ihr *ge*fällst – und gefallen tut ihr an dir nur die an dir vollzogene opferung« (tagebuch 61, p. 223).

psichopatia criminalis.
knüpf dich auf, foucault*), daß du so spät gekommen bist.

experimentelle psychose.
derselbe ratschlag ergeht an h. leuner (die experimentelle psychose, berlin 1962). »man kann mit haschisch innerhalb einer halben stunde einen gesunden menschen bis zu den turbulentesten illusionen und sinnestäuschungen bringen, ihn experimentell geisteskrank machen.« (genie und wahnsinn, p. 24 f.)

revolution, made in germany.
»alles was die leute damals auf ihren schützen- und turnerfesten, die studenten und professoren auf ihrem *wartburgfeste* (1817), die liberalen und demokraten auf ihrer *hambacher* verbrüderung (1832) zusammen-›sehnten‹, -sangen, -turnten und -schrieen, war melancholisches gewäsch . . . denn das wesen der deutschen seele ist – seele zu bleiben und niemals tat zu werden.« (psichopatia criminalis, p. 29, 38)

*) histoire de la folie, paris 1961, als deren legitimer vorläufer panizzas psichopatia criminalis gelten muß.

»ich fürchte, deutschland, dieser grosse junge, hat zu viel studiert. bei wem die ganze kraft sich ins geistige geschlagen, dessen muskeln sind schlapp, der wird zum handeln nichts mehr übrig haben. wer sich gewöhnt hat, seit einem jahrhundert für die anderen völker die philosophie zurechtzumachen, der wird nie zum streitkolben greifen, um tyrannenburgen zu stürzen. deutschland hat die lehre vom tyrannenmord hübsch ausgebildet: selbst hat es nie einen tyrannen ermordet« (dialoge im geiste hutten's, zürich 1897).

schiller und goethe
»in einem athemzug kurzweg als ›genies‹ zu bezeichnen, halte ich für einen schlendrian im denken wie im reden. ( ) in jedem ästhetischen thee-zirkel konnte unter umständen ein geistreicher mann wie *goethe* entstehen . . .« (genie und wahnsinn, p. 10, 12)

»*goethe* als das höchste in der poesie anzusehen, habe ich nie vermocht. dazu ist er mir doch zu seicht. und ›'s heideröslein‹ ist wahrhaftig nicht die letzte offenbarung im liebesproblem des menschen. – an *wagner's* düster gefasstem liebespaar ›tristan und isolde‹ gemessen, ist *goethe* ein entsetzlicher schäker.« (die sexuelle belastung der psyche . . .)

das schwein
». . . ist die sonne.« (das schwein in poetischer, mitologischer und sittengeschichtlicher beziehung. zürcher diskußionen, heft 28–32, 3. jg., 1900)

die deutsche seele ist nur ein abschnitt aus dem grösseren kapitel paranoia eines lehrbuches der psychiatrie. »die deutsche unsterbliche seele ist eine kranke, verrückte seele.« (psichopatia criminalis, p. 36)

die deutschen und die seele . . .
»das geschwäz um eine unsichere sache, statt der tat, das erbärmlichste.« (der illusionismus . . . , p. 10)

selbstmord: »so berechtigt, wie das niesen, das spuken. es muss eben geschehen. es ist ein fisiologischer akt.« (der illusionismus . . . , p. 56)

solipsismus (leugnung der außenwelt!).
»die gesamte aussenwelt stekt in meinem innern.« (der illusionismus . . . , p. 28) hardenberg, stirner, ick hör dir . . .

sozialdemokratismus
»die sozialdemokratie ist eine doktrin wie kants erkentnistheorie. sie bleibt wesentlich in der idee steken, wie sehr sie auch zuletzt auf äussere verhältnisse influenzirt, und da der deutsche immer in der idee stark, in handeln schwach war, so ist es kein wunder wenn sie, die sozialdemokratie, wesentlich in deutschland ihre ausgestaltung erfahren hat« (tagebuch 61, p. 237).

staatliche rechtsordnung.
»der staat wird dir zwar stets entgegnen, ohne ihn sei keine ordnung der dinge möglich; aber dies ist seinerseits eine illusion, die er erkennt, sobald er nicht mehr ist.« (der illusionismus . . . , p. 57)

terrorismus, seine idealistisch-moralischen grundlagen (synonym **anarchismus,** antonym **verbrechen**).

»in allen dingen, die dein rein ideales streben betreffen, sei gegen deinen gegener rasch, rücksichtslos, beschimpfe und beschmutz ihn auf jede unerlaubte weise und schlage ihm, wenn irgend möglich, gleich den schädel ein« (tagebuch 63, p. 19).

der tod,
»der soll uns nicht geniren. – komme er, wann er will!( ) fürchten sie nichts, meine damen und herren!( ) wie lächerlich, hier noch zu streiten, wer zuerst dran kommt! oder ob der noch eine faxe zuvor gemacht hat, und jener einen stoß gegen die brust geführt hat!« (über selbstmord. moderne blätter, nr. 3, 1. jg., 11–4–1891) panizzas resümee: »umsunst gelebt« (ein poet, der umsunst gelebt hat, gedicht aus 1904).

triebverzicht als motor künstlerischer produktion.
»es handelt sich nicht um eine transmigration, sondern um eine nervöse fortpflanzung des durch die geschlechtliche inhibition gesetzten reizes zum gehirn, dessen phantasie dann allerdings deutlich den charakter der provenienz erkennen lässt.« (die sexuelle belastung der psyche . . .)

überredungskunst oder: politik.
». . . erst die übereinstimmung im denken des lesers mit dem denken des verfassers (soweit die sprache es zulässt) unterscheidet über die tüchtigkeit seines sistems. –« (der illusionismus . . . , p. 15)

aus der verlagswerbung.
». . . in welchem irrenhaus lebt denn der verfasser ?« (ein rezensent über die *unbefleckte empfängnis der päpste* in: *tagesfragen*, hrsg. von c. kistler)

viehlosofie, psüchologie: nebenzweige der teologie.
»›unbewusste vorstellungen‹! – auf diesen zwitterbegriff hat sich in unseren tagen eine filosofie breit machen wollen (›philosophie des unbewussten‹), die mittels des studiums von rückenmarks-ganglien und gehirn-anatomie eine für das denken gültige anschauung zu gewinnen hofte; ein versuch, den der konsequente *büchner* mit recht durch die dumbe frage zurückwies: woher denn ihr verfasser das *unbewusste wüsste?*« (der illusionismus . . . , p. 18)
»die ›kranke‹ psiche wurde . . . teologisch konstruirt.« (christus . . .)

wahn.
»der . . . hallucinant ist . . . eine flasche mit gelokkertem stöpsel, bei dem die perlen immer stürmischer auftreten.« (genie und wahnsinn, p. 24)

wahrnehmung.
»dann findet also keine wahrnehmung in der aussenwelt statt, sondern bloss in meinem innern. nun findet aber wahrnehmung wirklich statt. demnach bleibt nur die erste alternative: dass normale sinnes-wahrnehmung wie halluzination in gleicher weise aus dem innern in die aussenwelt projzirt werden. da aber dann der vorausgehende weg des eindringens der aussenwelt in mein inneres bei der normalen sinnes-wahrnehmung überflüssig wird – auch wenig wahrscheinlich ist, und auch sinnfällig nicht stattfindet; denn der baum dringt doch nicht in meinen *kopf – so ist die welt halluzination.*« (der illusionismus . . . , p. 20)

was wollen die leute mit ihrem ich?
dilettant, autodidakt, irrenarzt . . . egal: als intel-

lektueller arbeitet panizza auf allen feldern. statt sich als literat zu profilieren, stiftet er unter ungezählten heteronymen verwirrung.

was ist literatur?
das eingeständnis eines unvermögens, eine inkonsequenz, denn »ein mann der tat, ein mann der mit seinem dolch für seine ideale einzutreten bereit ist, der jeden tag für seine brüder zu sterben bereit ist, steht turmhoch über einem schriftsteller, der in ideen macht, statt des stile (dolch) sich des stiles bedient« (aussprüche, berlin 1929).

wilhelm II.: »grüner junge, ein dem pferd verwandtes, geisteskranker stier.« (parisjana, zürich 1899) »die korrekturbogen [von *psichopatia criminalis*], von denen sich ein stück erhalten hat, enthalten die widmung an wilhelm II. in folgendem wortlaut: dem großen megalomanen in tiefster ehrfurcht dargebracht der psichjater. auf der rückseite des inhaltsverzeichnisses stehen ferner die in der auflage fortgelassenen motti: *delirant reges, plectuntur achivi.* horaz, ep. I. 2. 14 – ihre fürsten sind unter ihnen brüllende löwen, und ihre richter wölfe, die am abend auf raub ausgehen; ihre priester entweihen das heiligtum und deuten das gesetz freventlich. zephanja 3.3–4.« (hayn/gotendorf, bibliotheca germanorum erotica et curiosa, VI, p. 19)

zürcher diskußionen, eine exil- und streitzeitschrift.
im zeitalter der selbstzensur, 1900 wie heute, ist der dichter und schriftsteller, dessen arbeiten eine gefahr für die gesellschaft sind, konsequenterweise

gezwungen, sein eigener verleger zu sein. in den *zürcher diskußionen* ist panizza in erster linie politiker, wenn politik kriegführung mit anderen mitteln heißt, in zweiter linie wissenschaftler und spötter.

PSICHOPATIA CRIMINALIS

ANLEITUNG

UM DIE VOM GERICHT FÜR NOTWENDIG ERKANTEN GEISTESKRANKHEITEN PSICHJATRISCH ZU ERUÏREN UND WISSENSCHAFTLICH FESTZUSTELLEN.

FÜR ÄRZTE, LAIEN, JURISTEN,
VORMÜNDER, VERWALTUNGSBEAMTE, MINISTER ETC.

VON

OSKAR PANIZZA.

ZURICH,
VERLAG DER ZÜRCHER DISKUSSIONEN
1898.

Druckfehler:
Seite 47, 29. Zeile: „*Einbecker* bier"

Vorwort.

Magnan bei den Franzosen, *Schüle* und *Krafft-Ebing* bei uns Deutschen, haben Zahl und Wesensverschiedenheiten der Geisteskrankheiten jüngst in ein festes Sistem gebracht, und es dürfte wohl keine Psichose, oder die Spielart einer solchen, aufgefunden werden, die dort nicht ihren Plaz gefunden hätte. Der wissenschaftliche Leser wird daher mit einigem Erstaunen und vielleicht Unwillen die Ankündigung aufgenommen haben, dass ihm hier eine neue Geisteskrankheit und ein neuer *terminus* zugemutet werden soll. Wenn ich es trozdem unternehme, eine neue Krankheitsform, die *psichopatia criminalis*, in das Lehrgebäude der Psichjatrie einzuführen, so tue ich es, in der festen Überzeugung des Bedürfnisses einer solchen, auf Grund eines reichen Tatsachenmaterials besonders auf forensischem Gebiet, und in der Erkentnis, dass hier in den wissenschaftlichen Konstrukzjonen und Einteilungen der meisten Lehrbücher eine fühlbare Lüke vorliegt.

Es ist aber noch ein anderer Punkt, der dem neuen psichjatrischen *genus* bei den verehrten Kollegen — und an diese wende ich mich in der vorliegenden Schrift vornehmlich — eine gewisse freundliche Aufnahme sichern soll: das Prinzip der Humanität, welches bei unseren heutigen, auf allen Gebieten aufgeregten Zeiten, besonders auch im Gerichtssaal immer wieder an die Spize gestellt wird, muss einer Krankheitsform die höchste Beachtung zuwenden, die, wenn richtig erkant und angewant, eine grosse Zahl von dem Gefängnis und Zuchthaus verfallener Individuen in die milderen Räume und freundlichen Badewannen der Irrenhäuser hinüberführt. Und bei dieser Translozirung mitgewirkt zu haben, ist wahrlich auch des Schweisses edler Psichjater wert.

Die *psichopatia criminalis* ist eine klar umschriebene, scharf gekenzeichnete, von Richter wie Sachverständigen kaum zu übersehende, Psichose, deren Bedeutung in politisch bewegten Zeiten eine geradezu akute wird, und deren Wert wahrlich durch den Umstand nicht vermindert werden kann, dass sie erst heute in ihrem vollen Umfang gewürdigt wird, während sie in historischen Zeiten stets als vorhanden nachgewiesen werden konte.

Man braucht in der Tat in der Geschichte nicht weit zurükzugehen, um die furchtbaren Verwüstungen, welche diese hartnäkige und anstekungsfähigste aller Psichosen im Leben der Völker zu Wege gebracht hat, zu erkennen. Und gerade jezt, wo die 50-jährige Erinnerung an die traurigen Vorkomnisse der Jahre 1848 und 1849 wieder eine Menge von Gedenk-Schriften und illustirten Büchern auf den Markt wirft, wird es uns, beim Durchblättern dieser Literatur, klar, was damals hätte vermieden werden können, wenn die Kentnis der *psichopatia criminalis* — um die es sich auch damals handelte — schon im Bereich psichjatrischer Forschung gelegen hätte. Mit einem Stab geschulter Richter, wissenschaftlich gebildeter Sachverständiger, einsichtiger Geschwornen, dialektisch gewanter Staats-Anwälte und geschikter Wärter hätte all' das unnüze Blutvergiessen, das Tirannengeschrei, Zuchthaus- und Folterqualen, Emigrirung der tüchtigsten Landessöhne vermieden werden können. Ein mässig grosses Irrenhaus zwischen

Nekar und Rhein, etwa von der Grösse der Pfalz, und auf eben diesem Boden, wo die turbulentesten Köpfe gediehen, errichtet, hätte über Nacht, in wenigen Wochen, die kriminelle Bewegung, ich wolte sagen: die epidemische Psichose, im Keime erstikt und unserem Vaterlande viel Leids erspart. — Die Heilung geht überraschend schnell vor sich. Die milde Behandlung, richtig temperirte Wannenbäder, die Ruhe, die Abgeschlossenheit, Nachtigallenschlag jenseits der Gitter, der gütige Zuspruch des Arztes — ein Bischen *Hyoscyamin*, und ein Bischen *Bromkali* — und die politische Einsicht all' dieser Internirter wäre bedeutend gewachsen.

Wenn man erwägt, zu welcher Wahnsinns-Höhe ganze Völker damals aufgestachelt waren, wie bis dahin vernünftige Bürger den verbrecherischen Versuch machten, die geheiligten Rechte der von Gott eingesezten Fürsten zu schmälern, wie einer der frivolsten Dichter damals vom „heiligen Geist“ unter Anderem sang:

„Dieser tat die grössten Wunder,
und viel grössre tut er noch;
er zerbrach die Zwingherrnburgen,
er zerbrach des Knechtes Joch.

„Alte Todeswunden heilt er,
und erneut das alte Recht:
Alle Menschen, gleichgeboren,
sind ein adliges Geschlecht . . . “*(!!)*

so schaudert man vor der Eventualität, die bei nicht rechtzeitigem, blutigem Eingreifen der Truppen hätte entstehen, und am Ende Deutschland in eine Republik hätte verwandeln können — einerseits, und andererseits vor der Höhe des Völkerwahns, der, von einem Punkte, von wenigen kranken Köpfen, ausgehend, mit Blizeseile, zum Teil mit Hülfe der Presse, um sich greift und ein ganzes Land an den Rand des Abgrundes bringen kann.

Ich darf daher wol hoffen, dass die gegenwärtige Studie, die auf der sorgfältigen Durchforschung historischen wie klinischen Materjals beruht, die Beachtung von Seite der Kollegen, der Herrn Verwaltungsbeamten, Richter, Professoren, eines hohen Adels und aller jener hohen und höchsten Herrschaften finden wird, denen die Zukunft unseres teuren, unverrükbar an den alten Tradizjonen festhaltenden Vaterlandes von Gott anvertraut ist.

Hochachtungsvoll

Zürich, im Hornung 1898.

Der Verfasser.

Der Tipus der psichopatia criminalis.

Leise und unheimlich ist der Beginn dieser wenig erforschten, schleichend verlaufenden Krankheit, die das Äussere des Menschen ebenso wie dessen Inneres, Leib und Seele, Gemüt wie Charakter, gleicherweise zerstört und untergräbt.

Heredität ist, wie dies nach neueren psichologischen Anschauungen leicht begreiflich, in den meisten Fällen deutlich nachweisbar. Entweder ist der Vater schon wegen politischer Reate gesessen; der Grossvater; der Onkel; oder die Mutter stamt aus inveterirt-demokratischer Familie; der letztere Fall ist der schlimmere. Auch Abkömlinge jener „Salzburger Emigranten", „Zillerthaler", „Hugenotten", „Böhmischen-" und „Mährischen Brüder", aller jener Sekten und Wiedertäufer-Gruppen, Schwarmgeister etc., die die Oposizjon gegen den rechtgläubigen Staat bis zur Selbstvernichtung trieben, sind stark gefährdet. Diese Leute solten nicht mehr heiraten, da der Keim kaum mehr eliminirbar ist. Man hat beobachtet, dass selbst bei fortgesezter Vermischung mit Lakaien der Keim solch alter, religjöser, oder staatsfeindlicher Oposizjon immer wieder hervorbrach und grosses Unglük anrichtete.

Bei Anderen fehlt dagegen jedes hereditäre Moment. Solche Leute können es einfach oft nicht mit ansehen, wie Hunderttausende vor einem einzigen Menschen auf der Strasse sich niederwerfen und von den Hufen seines Rosses sich bearbeiten lassen. Hier liegt dann meist Rinden-Zwang[1]) vor. Diese Menschen sind natürlich gemeingefährlich und müssen unter steter Aufsicht bleiben. Auch verlangt es das Gebot der Selbsterhaltung des Staates, solche Menschen nicht zum Fortpflanzungs-Geschäft zuzulassen.

Weitaus das gefährlichste Moment aber, welches solche Kranke bei ihrem Sichselbst-Überlassensein in voller Freiheit für die Sicherheit des Staates und für die ewigen Grundsäze der Sitlichkeit bieten, ist ihre grosse Anstekungsfähigkeit, ihre Infekziosität für die *Massen.* Man hat immer in der Geschichte beobachtet, dass es wenige abnorm veranlagte, von Haus aus auf Abwege geratene Menschen waren, mit explosiblen Gedankenreihen — „Erleuchtete" nennen sie ihre Anhänger — die den Zündstoff für die grossen Volksbewegungen abgaben. Während die grosse Masse, der grosse Plebs — den man durchaus nicht immer *misera* zu nennen braucht, und dem man durchaus nicht immer das Beiwort *contribuens* zu geben braucht — im Ganzen in glüklicher Ruhe und Apatie vegetirt, ohne die Regierenden in ihrer schweren Arbeit zu stören, oder an die Grundpfeiler der staatlichen Ordnung zu rütteln, sind es stets solche Einzelne, die, den Gedanken des Umsturzes mit unglaublicher Frivolität erwägend, die Zukunft einer neuen Gesellschaftsorganisazjon sozusagen mit spielender Fantasie sich ausmalen, und so die Schwachen und Widerstandslosen, die „Kinder" des Volkes, die Frauen, die Dumben, die Künstler, die Dichter für sich gewinnen. Eine Zukunfts-Gesellschaft, die noch gar nicht existirt, die gar nicht existiren kann, für die es in der realen Welt gar keinen Anhaltspunkt gibt, rein aus der Idee, sozusagen

[1]) Unter Rindenzwang versteht die moderne Psichjatrie den von der Gehirn-*Rinde*, als dem Siz der höchsten Gedanken-Reihen, ausgehenden Widerstand gegen Einflüsterungen und Sugestionen, so dass selbst die bestgemeinten Absichten der Regierungen an solch' individualistischen Starrköpfen wirkungslos abprallen.

aus dem Nichts. hinzustellen, und damit ganze Volkskreise, denen doch die Sicherheit und Nüzlichkeit der bestehenden Regierungsform täglich und sontäglich vor Augen geführt und gepredigt wird, zu verführen und auf ihre Seite zu bringen. Es hängt das mit jener bedauerlichen Empfänglichkeit der Massen für alles Neue und Ideelle zusammen. Was hat nicht schon in alten Zeiten *Caesar* darunter leiden müssen! Und Er war doch schon von Gottes Gnaden erwählter und im Voraus bestimter Herrscher seines Volkes — *Caesar*, Kaisar, das ist ja eben: Kaiser. So hemmend wirkten die Neuerungssucht und die Ideen-Empfänglichkeit der von ihm beherschten Völker auf seine Tatkraft und Entschlussfähigkeit ein, dass es ihm fast unmöglich wurde, die ihm von Gott vorausbestimten Herrschafts-Pläne durchzuführen und sein Volk den von ihm vorausgesehenen herlichen Tagen entgegenzuführen.

Man zieht meist das Beispiel der beiden *Gracchen* aus der Römischen Geschichte an, um die verderbliche Wirkung exaltirter Köpfe auf gesunde und friedliche Volksmassen zu illustriren. Aber man braucht nicht soweit zurük zu gehen, und Zeitperjoden zum Vergleich heranzuziehen, bezüglich deren es fraglich ist, ob der allmächtige Gott, der jezt so sichtbar das deutsche Volk leitet, schon damals wirklich die Geschike solcher Völker in der Hand hatte. Es ist ja richtig, das Beispiel der *Gracchen* ist ausserordentlich instruktiv; und es war ein Glük, dass der eine dieser Brüder, die immer „dem Volk Brod geben" wolten, rechtzeitig mit einem Stuhlbein erschlagen wurde, und der Andere in Erkentnis seiner furchtbaren Schuld sich rechtzeitig selbst den Tot gab. Aber wieviel unnüzes Blut wurde trozdem wegen dieser exaltirter Köpfe vergossen, und wie wurde die von Gott eingesezte Regierung in stete Sorgen um ihre eigene Existenz gestürzt! Hätten die Römer einen unserer heutigen Formale-ausfüllenden Gerichts-Ärzte zur Seite gehabt, oder eines der vortreflichen unserer heutigen psichjatrischen Lehrbücher in Latein vor sich gehabt, dann wäre schon gegen den älteren *Gracchus* ein Haft-Formular ausgefült, und mit Hülfe eines zweiten Formulars, welches die „Gemeingefährlichkeit wegen unheilbarer Geisteskrankheit“ konstatirt, seine Überführung in eine staatlich geleitete Irrenanstalt perfekzionirt worden. Während mit dem „Sich-in-sein-Schwert-stürzen“ oder mit dem „Von-einem-vornehmen-Senats-Mitglied-mit-dem-Stuhlbein-Erschlagen-werden“ diese Leute sich eine gewisse Idealität, die Märtirer-Krone, erringen und dann in die „Römische Geschichte“ kommen. Und darum ist's ihnen zu thun. Um nichts Anderes! — „Hunger“ —, lächerlich! — „dem Volk Brot geben“ — was soll das heissen? — Kein Römer ist damals direkt am Hunger gestorben (es sei denn, dass er direkt an Nahrungsverweigerung erkrankt war), es ist dies mehrfach aktenmässig, von *Mommsen* z. B., nachgewiesen worden [1]). Wozu also das Geschrei?! —

Doch, wie gesagt, es ist ein Zurükgehen auf jene alte Zeit durchaus nicht nötig. Die Zeit der Reformazion und des deutschen Bauernkriegs liefern Beispiele in Masse, um zu zeigen, wie durch das verwegene Denken Einzelner und die krankhaften Fantasien gewisser rabjater Köpfe, die ruhigen, friedlichen, gesättigten Volksmassen aufgerührt und zum Umsturz des Bestehenden getrieben werden. Wenn wir von Einem, dem hier eigentlich zunächst in Betracht kommenden Halluzinanten, *Martin Luther* aus Eisleben, absehen, so geschieht es, weil er als mässiger Liederdichter und guter Übersezer aus dem Lateinischen immer noch gern in der Literaturgeschichte genant wird, er auch als „Mann Gottes“,

---

[1]) *Mommsen, Th.*, Römische Geschichte. Bd. II. 5. Aufl. Berlin 1869. S. 87—94. Dort ist wol von „agricolem Proletariat“ und dem „Untergang des italischen Bauernstandes“ die Rede; aber nirgends steht ein Wort, dass ein Römer oder Italer direkt verhungert sei.

oder wie derlei *epitheta ornantia* lauten, von den deutschen Fürsten und ihren hohen Regierungen sozusagen noch immer in Anspruch genommen wird. (In die Irrenanstalt hätte er zweifellos gehört). Aber die Zahl der Aufrührer war in damaliger Zeit ausserordentlich gross. Man braucht sich nur eine Gestalt, wie diesen Nikolaus *Storch*, vorzustellen und seine Schiksale zu verfolgen, um die Gefährlichkeit eines solchen verwegenen Streuners ausserhalb der Irrenanstalt zu begreifen; wie er, von Ort zu Ort ziehend, überall ausgewiesen, heute in Zwickau, morgen in Böhmen, übermorgen in Thüringen, allerorts Spuren seiner geistesverbrecherischen Tätigkeit hinterliess, überall den Samen eines aufrührerischen, frechen, sich emanzipirenden Denkens ausstreute; Spuren, die nie mehr gutgemacht, nie mehr ausgewischt werden können, die durch die protestantische Ortodoxie hindurch, im Pietismus, in den Erwekungsphasen, im Herrnhutertum wieder zum Vorschein kommen, in's Teosophische, in's Mistische, in's Jakob-Böhmische, in's Zinzendorf-'sche, in's Berlenburg'sche, in's Wetterau'sche umgeschlagen, und schliesslich bei *Baader*, bei *Hegel*, bei *Schelling*, bei *Bruno Bauer*, bei *Strauss*, bei *Stirner* wieder herauskommen.

Das ist nämlich das Eigentümliche des Geistigen, dass es — da, wo es sich ausserhalb der Irrenanstalten zeigt — wo es sich selbst manifestirt, wo es sich in der Öffentlichkeit kundgibt, wo es seine Anstekungsfähigkeit im Hinblik auf die Massen erprobt hat, dass es wie ein fressendes Feuer um sich greift, wie eine gegebene Grösse nach dem Beharlichkeitsgesez von selbst weiter wirkt, dass es selbst nicht mehr ungetan werden kann, selbst nicht mehr in sich zurük kann,. dass es — und Andere — an den neuen Fäden weiterspinnen müssen, — es und Andere den Gährungsprozess fortsezen müssen, bis zum Uberschäumen —

„dass es fortzeugend Böses muss gebären“

das Böse, das ist hier das Geistige. —

In uns Allen stekt heute noch *Storch*, stekt *Carlstadt*, stekt *Luther*, steken die *Wiedertäufer*, stekt *Thomas Münzer*, stekt *Hutten* und steken alle die Andern. Diese *geistige* Ahnen-Reihe vererbt mit fast sicherer Unabänderlichkeit und Schiksalsschwere ihr unheimliches Ferment, als das edle blaue Blut unter dem Adel, das hochfürstliche, gottbegnadete Blut unter den Monarchen, oder das gemeine rote Blut unter den Bürgern und Arbeitern, nach der fisischen Seite hin sich fortsezt. Diese grosse Fänomenologie des Geistes, dieses unabänderliche *Karma* der Weltgeschichte, welche von geistiger Tat zu geistiger Tat rechnet, ist unauslöschlich, ist ein verzehrendes Feuer und geht von *Jesaia* bis *Nietzsche*.

Hier muss also die Polizei eingreifen. — In der Vergangenheit ist Nicht-Mehr-Gutzumachendes geschehen. — Aber in der Gegenwart, heute, wo der kranke Zustand solch' frevelnder Köpfe mit Hilfe der Wissenschaft deutlich nachgewiesen werden kann, muss die Obrigkeit, muss die Staatsanwaltschaft, müssen die Fürsten, muss der Staat, muss die Regierung mit starker Hand eingreifen, diese kranken Keime — in Badewannen oder sonstwie — eliminiren, um die grosse Masse intakter, monarchischer Hirne vor dem Zersezungsprozess zu bewahren. —

Die *psichopatia criminalis* zieht sich wie ein roter Faden durch alle revoluzjonären Bewegungen des Altertums wie der Gegenwart. Sie stekte in *Harmodius* und *Aristogeiton*, sie stekte in *Kleon* dem Gerber, sie wühlte in dem jeder sitlichen Basis entbehrenden *Aristophanes*, und sie ward in dem von einem fabelhaften Ehrgeiz getriebenen *Sokrates* manifest. Alle diese falschen Idealisten, die immer nur an sich denken, und dabei das Volk vorschieben, sind kriminelle Psichopatiker. *Psichopatia criminalis* war es, was die Plebejer auf den *mons sacer* hinauftrieb, sie beseelte die *Gracchen*, und sie entzündete den frevlen Mut eines *Catilina* und *Brutus*. *Psichopatia criminalis* war es, was den verwegenen *Arnold von Brescia* sich gegen die gottgeheiligte Majestät des unbeflekt empfangenen Papstes auflehnen liess, was *Wicliff* und *Hus* revoltirte, was *Savonarola* den Verstand raubte, was in *Luther* wütete, was die gesamten sektirerischen Geister im sechzehnten Jahrhundert ausser Rand und Band brachte. Das herliche deutsche Volk war dank der grossen Resistenzkraft seiner monarchisch gebauten Nervenfasern lange Zeit von der schreklichen Krankheit verschont, bis wälsche Einflüsse, besonders von Frankreich her, auch hier Bresche legten, und das ahnungsloseste Gemüt, das auf der Welt existirt, endlich ebenfalls über sich nachzudenken begann. Denken ist immer eine schlimme Sache. Die betrübsamen Zerstörungen, welche inzwischen sich im Bereich des deutschen Gemüts geltend gemacht haben, brauchen hier wahrhaftig nicht noch ausführlich dargelegt werden.

Soll das so weiter geduldet werden? Sollen wir erlauben, dass Jeder mit seiner respektiven Grösse, Jeder mit seinem bischen in seinem Kopfe steckenden Geistes-Ferment, mit seinem bischen Hirn auftrete, und die Massen vergifte und zum Staats-Ungehorsam erziehe? Heute, wo wir in den Regierungs-Maasregeln, in dem von Gott geleiteten fürstlichen Intellekt, Hilfsmittel und Ratschläge besizen, alle diese kleinen Rumorer, diese *dii minorum gentium*, diese kleinen Geister auf ihren Kakstühlchen, die auch Etwas produziren möchten, mit einem Schlag, mit einem Paragraf, vernichten können? Heute, wo wir in den prächtigen, parketbelegten Irrenhäusern, in den woligen Badewannen, Mittel besizen, diese turbulenten, germanischen Köpfchen ihr süsses Gedanken-Räuschchen ausschlafen zu lassen? Heute sollen wir noch Empörung dulden, freche Ideen *Schiller's* und *Stirner's*? Wo wir wissen, dass diese Ideen, auch nur ausgesprochen, in der Versamlung verkündet, auf Papier gedrukt, weiterfressen, länger fressen als der Wurm, der dieses Papier zernagt, und die folgenden Jahrhunderte beeinflussen?

Beeinflussen, wie wir heute die *Storchs*, die *Carlstadts*, die *Luthers*, die *Wiedertäufer*, die *Sektirer*, die *Sands*, die *Demokraten*, die *Wartburger* in unserem Gebein — ach so schmerzlich! — spüren? Was werden die folgenden Jahrhunderte von uns sagen? Dass wir den bürokratischen Aparat nicht bis zur Zitronenpresse, nicht bis zur Vernichtung aller nicht fürstlich-ortodox-Denkenden ausgenüzt haben? Werden sie uns „die Grossen" nennen? Nimmermehr!

Was den Ausgang der *psichopatia criminalis* anlangt, so ist er, wie bei allen politischen Gehirnkrankheiten, ein sehr trauriger. Hat der Paroxismus eine gewisse Höhe erreicht, so ist es die Glühhize der ausser aller staatlichen Ordnung geratenen Ganglienzellen selbst, die dem von Gott zum monarchischen Gehorsam bestimten Gehirn die schwerste Schädigung bringt, und es rasch einem tötlichen Marasmus oder Erschöpfungszuständen entgegenführt. Ehe, Tugend, Familienbande, Pietät, Militär-Gehorsam, Fahneneid und die höchsen Perzepzions-Begriffe im monarchischen Staat fallen jezt wie Spreu auseinander, und lassen den seinem Gott entfremdeten, aus dem Treuverband mit seinem Fürsten Gelokerten, mit seinem eigenen monarchischen Gewissen uneins gewordenen, wie ein Rohr hin- und herschwankenden, kläglichen Untertanen bald nur noch dem Schnaps oder einer nächtlichen Streif-Patrulje anheimfallen. Bringt also nicht eine frühzeitige Zuchthaustrafe in Folge eines flagranten Delikts dem erschöpften Gehirn die nötige Erholung mit Neuerwekung der monarchischen Begriffs-Formen (die aber selten gelingt), so endet meist ein akuter Anfall auf der Höhe der Krise das Leben des Schwer-Erschütterten (*Masaniello* im Fischer-Aufstand zu Neapel), oder er geht direkt im Konflikt mit der staatlichen Ordnung zu Grunde (Tit. Sempr. Gracchus, Thomas Müntzer). Aber auch bei langsamerem Verlauf und in Folge von Zuchthaus-Unterbrechung eingetretenen Remissionen ist das nun einmal in seinem monarchischen Bestand wankend gewordene Gehirn kaum mehr zu stüzen, und verfält, wenn auch oft langsam, aber schliesslich doch sicher, zulezt dem von allen psichjatrischen Lehrbüchern für diesen Fall vorgesehenen sog. „terminalen Blödsinn“, oder der „finalen Verblödung“, womit sich der Vorhang über diese traurigen Szenen des Lebens eines „entgleisten Untertanen“ definitiv senkt.

Mancher der aufmerksamen Leser, besonders solcher, die Psichjater von Fach sind, möchte vielleicht hier den Einwurf wagen, dass das hier Vorgetragene ja Geschichte, politische Geschichte, Literatur-Geschichte, Reformazjons-Geschichte, aber keine eigentliche psichjatrische Kasuistik, keine Darstellung von Psichopatieen seien. Dies wäre eine schwere Verkennung. Uns Psichjatern entzieht sich gar kein Geschehnis in Bezug auf seine Krankheitsmöglichkeit. Eine Tatsache, die wir für krank erkant haben, ist unter allen Umständen krank, mag sie sonst sein, was sie will, mag aus ihr die Reformazjon oder die Erzeugung des Dampfes, die sog. „Menschenrechte“, oder die Schafschur in Amerika, hervorgegangen sein, und mag ihr Träger *Luther* oder *Lafayette*, *Lincoln* oder *Luzian* geheissen haben. — Hat doch der trefliche Forscher *Rudolf Arndt* in seinem „Lehrbuch der Psichjatrie für Ärzte und Studirende“ die ganze Kultur- und Geistesgeschichte der Menschheit in *Oxy-* und *Par-üstesieen* eingeteilt, und auf diese Weise die gesamte Entwiklungsgeschichte des Abendlandes, alle Revoluzjonen und die „Räuber“ von *Schiller*, alle politischen Verträge und *Metternich* — mit alleiniger Ausnahme der Fürsten — in seinem hervorragenden Lehrbuche untergebracht![1]).

---

[1]) *Arndt, R.*, Lehrbuch der Psichjatrie für Ärzte und Studirende. 637 S. Gross-8⁰. Wien und Leipzig 1883. — Das bewundernswerte Lehrbuch ist bei weitem nicht genügend gewürdigt und noch immer in der ersten Auflage zu haben.

Uns entzieht sich gar nichts! —

Um jedoch den Neuling nicht allzusehr zu erschüttern, und die Aufnahme der gänzlich neuen, hier zum erstenmal vorgetragenen Gesichtspunkte zu erleichtern, auch den Ärzten und Studirenden den Gebrauch der älteren psichjatrischen Lehrbücher, besonders jener von *Arndt, Krafft-Ebing, Schüle, Griesinger, Esquirol, Gudden, Kräpelin, Ganser* und *Bumm*, noch immer zu ermöglichen, haben wir uns entschlossen — da man jede Tatsache von mindestens zwei Seiten betrachten kann — die Erscheinungen der *psichopatia criminalis* in Gegenwart und Geschichte nochmals unter den alten liebgewordenen Termini: Melancholie, Tobsucht, Verrüktheit, Paralise der Irren, Epilepsie und Histerie vorzutragen, wobei wir uns der Hoffnung hingeben, durch diese doppelte Betrachtungsweise neue und interessante Schlaglichter auf die diversen Krankheitsgruppen zu ermöglichen und so — bei sich mehrenden Neubauten von Irrenhäusern — der immer mehr zunehmenden Gesundung und Erstarkung unseres psichopatischen Vaterlandes unter der Ägide gesunder, kraftstrozender Fürsten die Wege zu ebnen.

Paralisis cerebri, die Gehirnerweichung,

als häufigster Simptomenkomplex der psichopatia criminalis.

Das früheste Simptom dieser Krankheit ist eine Änderung des *Charakters*. Es dürfte nun ein Leichtes sein, dieselbe bei unserer Kategorie von Kranken aufzufinden, da Leute, die dem Staat Oposizion machen, immer einen anderen Charakter annehmen, und meist schlechte Charaktere sind. Denn der menschliche Charakter, die menschliche Seele wird, wie *Thomasius* [1]), *Spener* [2]), *Heinroth* [3]) u. v. a. regierungsfreundliche Teologen gelehrt haben, immer ohne Fehler, ohne primäre Sünde, ohne Lust zum Bösen, zur Oposizion, geboren. Erst der Verkehr mit Angestekten, mit Taugenichtsen, mit Frondörs, mit Linksliberalen, mit der Vorfrucht des Irrenhauses, bringt den Keim in die Herzen dieser jungen Leute, von denen vielleicht Mancher ehemals in dem Verein christlicher junger Männer seinen Tee der Unschuld geschlürft hatte. Erst jezt erwacht der Gedanke und nimt, wie *Heinroth* so schön sagt, „die Form der prikelnden Lust zum Bösen“ an [4]). Jezt noch etwas oratorische Be-

---

[1]) *Thomasius, G.*, Darstellung der evang.-luth. Dogmatik vom Mittelpunkt der Christologie aus. Erlangen 1852. S. 175.

[2]) *Spener, Ph. J.*, *Pia desideria* oder Verlangen nach gottgefälliger Besserung. Frankfurt 1673.

[3]) *Heinroth, F. C. A.*, Störungen des Seelenlebens. Leipzig 1818. S. 127.

[4]) *Heinroth, F. C. A.*, Die Lüge. Beiträge zur Seelenkrankheitskunde. Leipzig 1834. S. 38.

gabung, der flammende Blik einer zweifelhaften Schönen nach einer gelungenen Rede, eine *Offenbach*'sche Operette. die revoluzjonären Klänge einer wüsten *Richard-Wagner*'schen Musik, das häufige Studiren politischer Programme, der Besuch der Reichstags-Tribüne, wo man sieht, wie charakterlose, vaterlandslose Gesellen von der Oposizion umringt und beglükwünscht werden, vielleicht noch der von Erfolg begleitet gewesene Besuch eines Bordells — und die unheimliche Zerstörung in den höchsten Lebenszentren der psichischen Genese wächst und wächst — bis der Betroffene entweder als rotglühender Agitator, mit dem Hauch der Majestäts-Beleidigung noch auf den Lippen, auf dem Schafott endet, oder den von der *psichopatia criminalis* Befallenen noch rechtzeitig eine gütige Landes-Irren-Anstalt aufnimt.

Schüle[1]) betont aber, dass, weil es sich hier um die frühesten und feinsten Veränderungen in der Cordical-Substanz handelt, wo die Oposizion ihren Siz hat, nicht früh genug von Seite des Arztes, der Angehörigen — hier also von Seite des Staates — eingegriffen werden könne. Es wird also Sache der Polizei sein, auf möglichst frühe und leise *Charakter-Änderungen* bei den Untertanen ihr Augenmerk zu richten — und wo kämen nicht leise und frühe Charakter-Änderungen bei jungen Leuten vor, die sich politisch heranbilden oder Söhne aus oposizionellen Familien sind? — damit es nicht zu spät wird und der Staat eingreift, wenn der Holzstoss schon brennt.

Sind junge Leute auf ein verhältnismässig unbedeutendes Simptom hin psichjatrisch internirt, so ist jedenfalls die grösste Gefahr vorüber, und selbst bei späterer Entlassung wird das durchgemachte Internat immerhin einen gewissen kräftigen, staatsfestigenden Eindruk hinterlassen. Natürlich sind während der Internirung die Studien bei gebildeten jungen Leuten auf Grund von vom Kultus-Ministerjum vor-

---

[1]) *Schüle, H.*, Klinische Psychiatrie. 3. Aufl. Leipzig 1886. S. 376.

geschriebenen Lehrbüchern fortzusezen. Tritt eine auffallende Besserung ein, sodass in den Gehirnganglien ein entschiedener und starker Zug nach Rechts verspürbar wird, so kann immerhin der Versuch einer bedingten Entlassung bis zur nächsten Wahlperjode gewagt werden. Aber selbst auf die Gefahr hin, dass ein Teil der Gimnasien und Hochschulen in psichjatrische Internate umgewandelt würden, dürfte der Staat nicht auf das Vorrecht verzichten, frühzeitigen *Charakter-Änderungen* seine Aufmerksamkeit zuzuwenden, und durch Sachverständige die Bedingungen des Eintritts dieses Früh-simptomes der Gehirn-Erweichung auf's Genaueste präzisiren zu lassen.

Häufige Stimmungs-Änderungen und *Neigung zum Weinen*, schon bei geringen Ursachen, werden von allen Forschern, bes. von *Baillarger*[1]), *Magnan*[2]), *Griesinger*[3]) als Früh-Simptom der Cerebral-Paralise anerkant . . . .

. . . .

Aber warum weint Ihr auch? — Warum ist Euer Hirn nicht stark? — Wenn Eure Gedanken sich bis zur Höhe der Individualität und der Individualitäts-Berechtigung sich erhoben, und Eure Seele mit den Adlern flog, warum weint Ihr, wenn Ihr dann vor dem Staat steht und bekennen solt? — Haben diese Leute, Eure besoldeten Peiniger, etwa mehr gegessen, weil sie so stark sind? Warum blikt Ihr ihnen nicht in's Angesicht und sagt das Unvermeidliche, das gesagt werden muss, und wenn es Blut wäre? Esst und stärkt Euch, und seid „stark im Geist“. Meint Ihr, Burgunder und Rheinwein sei nur für Staatssekretäre gewachsen? — Trinkt wenigstens *Eimbecker* Bier, wie *Luther*, als er vor dem Reichstag erschien, und seine Seele verzagen wolte. —

---

1) *Baillarger, J., Recherches sur le système nerveux.* Paris 1847.

2) *Magnan, V., Maladies mentales. 2ème édit.* Paris 1893.

3) *Griesinger, W.*, Pathologie und Therapie der psychischen Krankheiten. 2. Aufl. Stuttgart 1861.

Wer wird *weinen*? — Glaubt Ihr, *Brutus* hat geweint? — Oder hat etwa *Mirabeau* Tränen vergossen? — Hat die Geschichte von *Danton* Zähren überliefert? . . . .

Ja, wenn Ihr *weint*, dann hat der Staat leichtes Spiel, und der Sachverständige wird Euch immer als kondizjonelle Anstaltsreife in Anspruch nehmen können. —

Die neuere Forschung hat festgestellt, dass *Sifilis* sehr häufig der Vorläufer von Gehirnerweichung ist. Ganz ausser Acht lassen soll man dieses Moment nicht. Aber erwarten, dass nun diese Leute an Sifilis gelitten haben müssen, und ihr Vorleben darauf hin zu sondiren, halten wir für unnötig. Ganz im Gegenteil führt *jene andere Franzosenkrankheit*, an der die Franzosen selbst in den Jahren 1789—95 litten, und während deren sie den „Kultus der Göttin der Vernunft" errichteten, viel sicherer zur Verwirrung des Geistes und zur Erweichung des Gehirns, als jene erotische Anstekung, die meist den Umarmungen einer recht unvernünftigen Göttin ihre Entstehung verdankt. Nach *dieser* Franzosenkrankheit, den revoluzjonären Bestrebungen, soll also der Sachverständige besonders forschen, um das ätjologische Moment für den traurigen Gesundheitszustand, in dem der Angeklagte vor den Schranken des Gerichtes erscheint, aufzufinden. Und erst wenn diese Untersuchung im Stiche lässt, mag er nach körperlichen Narben suchen. Jedenfalls wird es mit Hülfe der *beiden* Franzosenkrankheiten gelingen, die beim Vorgeführten für notwendig erkante Geisteskrankheit nach der ätjologischen Seite hin klarzustellen.

Schüle spricht viel von dem „*Durchbruch des sittlichen Bodens*" [2]), und will diese komplete moralische Debilität als eines der wertvollsten diagnostischen Anzeichen für das

---

[1]) *Schüle, H.*, Handbuch der Geisteskrankheiten. 2. Aufl. Leipzig 1880. S. 513.

Bestehen oder doch Herannahen von Gehirn-Erweichung gelten lassen. Mit Recht. Viele haben nun gemeint, bei politischen Angeklagten liesse sich dieses Moment, in jenen Fällen, in denen der Nachweis von Gehirnerweichung gerichtlicherseits verlangt wird, schwer zur Geltung bringen, da ja gerade bei Idealisten — was politische Angeklagte meist sind — dieser sitliche Boden intakt sei. — Ganz falsch! Bei diesen Leuten bricht sogar der sitliche Boden sehr leicht durch. Und so etwa muss sich der Sachverständige den Beweis zurechtlegen: Wenn schon bei Staatsbeamten, Bürokraten, Richtern, hohen Verwaltungsbeamten, Ministern etc., die nicht auf dem Boden sitlicher Kraft oder individueller Verantwortlichkeit, sondern auf dem *Boden des Staates* stehen, überhaupt kein „Durchbruch des sitlichen Bodens“ erfolgen kann, weil kein solcher Boden da ist, — weil ihnen der Staat diesen Boden gegen ein bestimtes Gehalt abgekauft hat, weil sie meist aus Familien stammen, in denen seit Jahrhunderten kein solcher sitlicher Boden mehr vorhanden war, weil sie überhaupt keinen sitlichen Boden kennen, und daher einen solchen beim Angeklagten nicht voraussezen — wenn, muss sich der Sachverständige sagen, schon bei solchen Würdenträgern von einem sitlichen Boden nicht mehr die Rede sein kann, ist es dann zu verwundern, wenn bei Angeklagten, von denen hier die Rede ist, die mit allen Hunden gehezt sind, und die oft aus Gesellschaftskreisen stammen, in denen die Widerstandskraft in Folge allgemeiner Misere nicht mehr so gross ist, hie und da einmal „der sitliche Boden durchbricht“ — da wenigstens einer vorhanden war? — Nein, sagt sich der Sachverständige, das ist nicht zu verwundern. Also *kann* der „sitliche Boden“ auch bei solchen Leuten einmal „durchbrechen“. *Kann* er es, dann wird es dem Sachverständigen ein Leichtes sein, auch für den gerade vorliegenden Fall den faktischen „Durchbruch des sitlichen Bodens“ wissenschaftlich zu erweisen, und so die unumgänglichen Bedingungen zu schaffen für die Internirung des Angeklagten, wie für das eigene Vorrüken in die nächst höhere Gehaltsklasse.

Wir machen auf das hier Gesagte besonders aufmerksam, weil, wenn alle Psichosen fehlschlagen, und der Angeklagte, sei es in Folge nicht rechtzeitiger Vorbereitung von Kronzeugen, oder sonstwie, alle Versuche des beeidigten Sachverständigen, aus ihm eine vom Gericht für notwendig erkante Psichose herauszudiagnostiziren, durch seine Ruhe, Kaltblütigkeit und bärenmässige Gesundheit zu Schanden werden lässt, die *Gehirn-Erweichung* immer noch jene Form ist, bei der der Nachweis der gerichtlicherseits verlangten Geisteskranheit am besten gelingt. Denn die Anfänge dieses organischen Gehirnleidens sind bekantlich so fein, unscheinbar und hauchartig, die ersten Simptome noch so wenig von eigentlicher Gesundheit zu unterscheiden, dass es bei einiger Geschiklichkeit gelingt, jeden gesunden Menschen als in den *Anfängen* der Gehirnerweichung zu stehen zu erklären, somit der Sachverständige — dessen eigener sitlicher Boden hier nicht in Betracht komt — es leicht haben wird, den Angeklagten, gar wenn dieser verdattert ist, oder ein wenig stottert, oder leicht aufbraust, im Gerichtssaal selbst zu überführen und psichjatrisch zur Streke zu bringen.

Auch komt die Natur selbst den Wünschen des Staates in dieser Richtung weitherzig entgegen. „Die Konsistenz des Gehirns ist weich, ist teigartig“ — sagt *Hyrtl* in seiner „Anatomie des Menschen“ [1]). — Ist es dann ein Wunder, wenn das Gehirn überhaupt *weich* wird, wenn es sich zu jener Konsistenz verflüssigt, die der Staat braucht, um misliebige Gehirne aus dem Kampfe des Lebens auszuscheiden und sie in Sicherheit zu bringen?

Und auch die *Stimmung*, die die Natur den Gemüts-

---

1) *Hyrtl, Jos.*, Lehrbuch der Anatomie des Menschen. 20. Aufl. Wien 1889. S. 236.

Deutschen in's Herz gelegt hat, ist nicht zu weit entfernt von jenem Übertauen des Herzens, welches schon Anfangssimptom der hier behandelten Seelenkrankheit ist. „Die Leute *weinen* leicht“ — sagt *Mendel* in seiner Studie über die Paralise des Gehirns —[1]. Ja, zum Henker! warum weinen die Leute? — Weil sie Steuern zahlen müssen. Weil sie ihren lezten Blutstropfen für Militärforderungen hergeben müssen. Weil ihre Familien der Willkür einer brutalen Soldateska ausgesezt sind. Weil sie einer *avancement*hungrigen Justiz ausgeliefert sind. Weil sie ihre Schmerzen ihre Hülferufe nicht mehr aussprechen, nicht mehr druken lassen dürfen. Weil man sie zum Anbeten des „grossen Tier's“ zwingen will . . . .

Ja, was wolt Ihr weinerlichen Leute? — Warum wurdet Ihr auch weich? Der Gott, der Eisen wachsen liess, der wolte keine weichen Gehirne! — Warum wartetet Ihr, bis Euer Gehirn weich wurde? — Da es noch hart und elastisch war, und Taten — nicht Gedanken — gebären konte, da musstet Ihr handeln und Euren Mann stellen. Hat Euch der Staat erst angerührt, dann zerschmilzt, Euch Armen, unter seinen Eisenhänden Eure Triebkraft, und nun faselt Ihr, Hirn-Erweichte, in Eurer Fieberfantasie von Königsmord und Bürgertugend! . . . . Da Ihr noch rüstig waret, da musstet Ihr das Unvermeidliche, die rettende Tat tun . . . .

Immer ruft Ihr: Uns kann nur ein *Angiolillo* helfen! und wiederholt diesen Ruf, bis Euch das Gehirn weich wird; und nun muss Euch der Staat einsperren. Statt die Probe auf diesen *Angiolillo* einmal zu machen, um Euer Gehirn von dem furchtbaren Druk zu befreien; und den Staat einmal bluten zu lassen, statt immer selbst zu bluten, und mit starkem, rüstigen Gehirn aus dieser entsezlichen Krise hervorzugehen! . . . .

---

[1] *Mendel, C.*, Die progressive Paralyse der Irren. Berlin 1880. S. 97.

Mania — die Tobsucht,

als zweiter Simptomen-Komplex der psichopatia criminalis.

Die häufigste Form geistiger Erkrankung ist die Manie. Man braucht nun nicht etwa dabei zu denken, dass die Leute, wie der Laie oft meint, dabei die Wand hinauflaufen müssen. Ganz im Gegenteil! Es ist die stille Wut, das geheime, ruhige Konspiriren, das innere freche Denken, was diese Leute auszeichnet; es ist die *mania anti-gouvernementalis.*

Man versuche nur einmal, den Lebens- oder Bildungsgang solcher Menschen etwas genauer zu verfolgen. Das geht meist schon mit *Schiller* an, den sie auf den Schulen unter der Bank lesen. Es sind „die Räuber“, die frechen Frasen dieses unreifen Halb-Schenies — der gouvernementale *Goethe* verabscheute das Stük — die den jungen Leuten die Köpfe verrüken. Und wenn auch der Studienlehrer sich alle Mühe gibt, den Gegenstand sitlich, im Hinblik auf die sitliche Weltordnung — Gott erbarme sich dieser Braven! — zu wenden, so bleibt doch genug von dem Geist der Auflehnung, von dem „*in tirannos!*“, das der freche Feldscher mit einem Löwen auf das Titelblatt zeichnete[1]), um

[1]) Die Ausgabe von 1782 hat einen „rechtsspringenden“ Löwen auf dem Titelblatt, die Ausgabe vom folgenden Jahr einen „linksspringenden“ Löwen, damit nur Jeder die ihm passende Gangart vorfinde; als ob es nicht schon an *einem* Löwen genug wäre!

den zarten Jünglingen, welche diese geistige Kost neben *Thomasius* „Erste Religionsstufe[1]") in sich aufnehmen, für immer das Samenkorn der Auflehnung, des frechen Negirens, welches dann später in Raserei ausbricht, in die Seele zu legen. Die „Räuber" müssten immer und unter allen Umständen und allerorts verboten werden, und solten nur auf Biblioteken und nur für Literarhistoriker, wo gegen eine Nachahmung genügende Sicherheit geboten ist, gelesen werden können.

Dann, auf den höheren Schulen, ist es besonders *Kant* und sein Sistem des *Zurüknehmens der Aussenwelt in den Kopf, in das Denken*, welches so junge Leute veranlasst, *den ganzen Staat in sich hineinzufressen*, und dort mit dem Höchsten und Heiligsten, mit dem *gouvernement* und den höchsten Würdenträgern — ja mit der geheiligten Person Seiner Majestät des jeweiligen Landesvaters — zu manipuliren, *als mit Denkformen zu spielen*, und inneren Unfug zu treiben. Nein, das kann nicht so weiter geduldet werden! Diese Leute kommen später alle zur Raserei. Dieses kritische Sistem hat seine *schweren Gefahren* für den *Verstand der Untertanen*. Diese Leute werden später alle manjakalisch. *Kant* selbst war nahe daran, den Verstand zu verlieren. Der preussische Minister, Exzellenz von *Wöllner*, liess ihm sagen, er müsse sich *auf das Äusserste* gefasst machen, wenn er die Geschichte nicht gehen lasse (gemeint war Gefängnis oder Irrenhaus, je nachdem). Nein! — besser das Irrenhaus frisst diese Leute wahrhaftig und leibhaftig auf, als dass *sie* psichisch mittelst ihres kritischen Denkens *den Staat auffressen* und dort inneren Anarchismus und kritischen Landesverrat treiben. —

---

[1]) *Thomasius, Gottfried*, Erste Religionsstufe. Erlangen 1853 ff. Das oftmals aufgelegte vortrefliche Schriftchen des so früh Verblichenen, dessen Brust die höchsten Staatsorden schmükten, bildet eine ausgezeichnete Vorschule für den späteren Beamten.

Hat man also einen solchen Verdächtigen *in foro* zu untersuchen, und ihn auf Manie, *mania simplex*, hinauszuspielen — ich meine: ihn von *der* Seite der Anklage darzubieten —, so komt es vor Allem darauf an, dass man ein bischen in die Art des Angeklagten, zu reagiren, sich gesellschaftlich zu geben, oder Etwas von der Gemüts-Seite aufzunehmen, kurz in seine ganze frühere Krankheits-Geschichte eingeweiht sei. Meist sind es ja temperamentvolle, feurige und idealistisch angelegte Leute, die den schlimmen Pfad der Regierungs-Oposizion beschreiten. Und es komt nun darauf an, sie auszuholen und herauszukizeln. Dabei verfährt man gegenüber verschlossenen, wortkargen Menschen ähnlich wie die Jesuiten bei jungen Mädchen, wenn sie dieselben wegen Onanie examiniren. Geben leztere auf die Frage: „wie oft hast du's getan?" gar keine Antwort, so frägt der Jesuitenpater: „hast du's hundertmal oder zweihundertmal getan?". Darauf erschreken die armen Kleinen und sagen: „ach nein! höchstens acht- bis zehnmal". — So hier. Gelingt es, den Vorgeführten, dessen Manie man erweisen soll, so zu reizen und durch inquisitorische Fragen nach rein imaginativen Dingen, Notzucht, Unterschlagung, Päderastie etc. zur äussersten Wut zu entflammen, und so einen manjakalischen Anfall bei dem vielleicht leicht Erregbaren im Gerichtssaal selbst zu provoziren, dann nimt man gleich diese *mania*, diese zweite, experimentell erzeugte *mania*, als Beweismittel, und lässt die erste, die wissenschaftliche Manie, die *mania simplex*, fahren. Denn es ist durchaus nicht nötig, dass ein auf Konspirazjon gegen den Staat Verdächtiger an *mania duplex* leidet. Man nimt seine Manie, wo man sie findet. Und zur Beruhigung einer derartig flagranten Reizbarkeit, wie sie der Vorgeführte bewiesen, der vielleicht den ganzen Saal vollgespukt hat, sind mehrere Jahre Internirung, mindestens bis über die nächste Legislaturperjode, durchaus nicht zu viel. —

Wir gehen nun zur Kasuistik über, und bringen aus dem reichen Krankenmaterjal, welches die Geschichte aller Länder darbietet, einige besonders markante Fälle [1]).

Beobachtung 1. *Manjakalische Erregung in Folge ungemessener politischer Agitazjon. Demagogisches Auftreten als Beamter. Emporlodern des Aufstandes. Tot unter den Knüppeln der zur Gegenwehr schreitenden Aristokratenpartei.* — Tiberius Sempronius Gracchus, 30 Jahre alt, aus guter Familie, begabt, aber kränklich, sieht sich die seiner aristokratischen Abstammung entsprechende Laufbahn verschlossen, lässt sich zum Volkstribun wählen und bringt, um sich bei den Massen einen Halt zu geben, ein komunistisches, die patognomonischen Merkmale einer verrükten Utopie auf der Stirn tragendes *Akergesez* ein, welches den Apetit der Massen auf's Äusserste reizt. In Folge der begreiflichen Widerstände, die dieses Vorgehen bei der ordnungsliebenden Aristokratenpartei findet, steigert sich der an und für sich labile und zu Erschöpfung neigende Gehirnzustand des Agitators zur Exaltazjon und manjakalischen Aufregung (*Mania simplex*). Ideenflüchtige Reden mit megalomanischem Charakter: das Volk wolle ihn zum König krönen. Eben, da das in seinen Magen-Hoffnungen sich getäuscht sehende Volk eine bedrohliche Haltung einnehmen will, komt die gut organisirte und disziplinirte Senats-Partei zuvor. Es bricht ein Aufstand aus, und Tiberius Gracchus wird im Strassenkampf mit 300 seiner Anhänger mit aristokratischen Stuhlbeinen erschlagen (133 v. Chr.).

„Solch einen Tag hatte Rom noch nicht erlebt!“ ruft *Mommsen* [2]) aus. Begreiflich! Wenn man das Irrenhaus auf die Strasse verlegt, kann man jeden Tag 'was Neues

---

[1]) Bei der *Kasuistik* der *psichopatia criminalis* mussten wir gelegentlich bis auf das entfernteste Altertum zurükgreifen, da gerade in jenen älteren Zeiten, da eine psichjatrische Erkentnis politischer Gehirnprozesse noch nicht möglich war, einzelne Fälle sich in voller Klarheit, ausserhalb des Irrenhauses, in breitester Öffentlichkeit, abspielten, und in schauerlich-schöner Weise zeigen, wie die kranken Ideen eines Einzelnen das gesamte politische Leben eines Volkes auf's Schlimmste beeinflussen können.

[2]) *Mommsen, Th.*, Römische Geschichte. Berlin 1869. 5. Aufl. Bd. II. S. 92.

erleben. Es frägt sich nur, wo der Staat auf diese Weise hinkomt und was aus den ewigen Gesezen der Sitlichkeit wird.

Es ist klar, dass heutzutage in einem geordneten Staatswesen solche Vorgänge unmöglich wären. Um sie aber überhaupt und für immer unmöglich zu machen, ist es Pflicht des Sachverständigen, sich die leisesten Anfänge der *psichopatia criminalis* als Beobachtung zu eigen zu machen, und, insolange ein eigener Lehrstuhl für die politischen Gehirnprozesse noch nicht errichtet ist, und sich unsere Disziplin unter die Fittiche der gemeinen Psichjatrie flüchten muss, keine Gelegenheit zu versäumen, um sich aus der politischen Geschichte der Volkserhebungen psichologisch und psichjatrisch zu bilden. Die ersten Anfänge der kriminellen Psichopatie sind leise und flüchtig. Unter dem Lehrerstand, unter den jungen Assessoren, bei wilden, nicht rechtzeitig untergebrachten und verheirateten Teologie-Kandidaten (bes. in Würtemberg), bei Rechtsanwälten, jungen Doktoren, Privatdozenten findet man oft die wunderlichsten Geisteszustände. Und Leute, die von der Lektüre *Nietzsche's*, *Feuerbach's*, *Stirner's*, *Bruno Bauer's*, *David Strauss'*, also meist ganz exaltirter, verfahrener Köpfe, kommen, sind während einer gewissen Zeit, in denen Heroentum und idealistische Aufopferungsfähigkeit allen Sugestjonen willkommenen Eingang gewähren, äusserst gefährdet. Hier fasst der Bazillus einer geistigen Lepra, mit ihren Knollen und Auswüchsen eines hässlichen Demagogentums, nur zu leicht Wurzel. Ein halbjähriger Präventiv-Aufenthalt in einem gut-geleiteten psichjatrischen Internat ist um diese Zeit meist von äusserstem Nuzen. — Es ist klar, dass wenn Tiberius Sempronius *Gracchus* rechtzeitig sistirt und detinirt worden wäre — was natürlich eine rechtzeitige wissenschaftliche Erkentnis der Krankheit und das Vorhandensein tüchtig-geleiteter Provinzjal-Irrenanstalten zur Voraussezung hat, — nicht nur die schwere Erregung und Schädigung der römischen Volksseele vermieden worden wäre, sondern auch sein Bruder *Gajus* das gleich frivole und niederträchtige Spiel nicht zwölf Jahre später mit noch grösserer Leidenschaft hätte wiederholen können. Denn sobald diese Leute merken, dass man keine Märtirer-Kränze mehr erringen, und von den Stuhlbeinen der Gegner nicht mehr erschlagen werden, sondern im Irrenhaus mit seinem bischen Gehirn verfaulen kann, lassen sie die Hände davon und hüten sich, gegen die von Gott — von wem? — von Gott, oder Jupiter, das ist in diesem Falle ganz gleich! — eingerichtete staatliche Ordnung sich aufzulehnen.

Beobachtung 2. *Raptusartige Wutanfälle auf alkoholischer Grundlage. Schwere Majestäts-Beleidigungen durch die Presse. Verurteilung. Nach zehnjähriger Einkerkerung bedeutende Besserung. Rükkehr zur menschlichen Gesellschaft und zu geordneter Presstätigkeit. Stirbt von seinem Fürsten dekorirt.* — Chr.F.D.Schubart, 38 Jahre alt, Kantor und Schulmeister, wie es scheint nicht belastet, ausser durch einen unwiderstehlichen Hang, Verse zu machen, von guter musikalischer Begabung, ergibt sich früh dem Trunke und der Ausschweifung, kann sich auf der Universität nicht halten, wird wegen Schulden verhaftet; nach der Entlassung ruhiger geworden, verlebt er mehrere Jahre an einem stillen Ort als Schulmeister; seine beste Zeit; doch hält es den Ruhelosen, der sich inzwischen verheiratet, nicht, er komt in die Residenz, wo er den Fürsten und die Hofdamen durch sein glänzendes Orgelspiel fesselt; übermütig stürzt er sich in die tollsten Ausschweifungen, infizirt sich sexuell bei Hofe, infizirt die Familje, macht Spottgedichte auf die heiligste Litanei und den allerheiligsten dreieinigen Gott, die er in Musik sezt und mit schnörkelhaften Verzierungen dem Schlussgottesdienst anfügt. Er muss fliehen, treibt sich bald da, bald dort, herum, immer *in Bacho et Venere* exzedirend, Frau und Kinder vernachlässigend. Endlich komt er in eine süddeutsche Reichstadt und gründet dort eine Zeitung. Auch hier zeigt sich sofort sein stark exzedirendes Benehmen, er stösst revoluzjonäre Rufe aus, wie: „O England, nur diesen Hut voll von deiner Freiheit! . . . . .“, wird wegen dieser Äusserung ausgewiesen — flieht in die nächste Reichsstadt, wo er seine Zeitung fortsezt und durch den frechen Ton derselben bedeutenden Absaz findet; er beschimpft alle 48 deutschen

Potentaten auf's Maasloseste, indem er ihre Mätressen aufzählt und ihnen verbieten will, zur Unterhaltung ihrer Privat-Bordelle und Balett-Häuser die Landessöhne als Soldaten in's Ausland zu verkaufen. Endlich wird der Gauner, dessen Nervensistem vollständig zerrüttet ist, und der unter der toxischen Einwirkung von Bier und Tabaksqualm die maaslosesten politischen Konjekturen über die Einigkeit Deutschlands und die Selbstbestimmungsfähigkeit des deutschen Bürgerstandes produzirt hatte, verhaftet und in Kerkerhaft abgeführt. *Der Zustand bessert sich sofort.* Er verlangt zum Abendmahle, betet brünstig zu Gott, lässt alles irdische Versemachen bleiben, nimt dreissig Pfund ab; die „raptus"-artigen Entwürfe und temperamentvollen Einfälle bleiben gänzlich aus; ein tiefer Seelenfriede zieht in sein Inneres ein. Als er nach zehnjähriger Haft durch einen Zufall entlassen wird, ist er ein ganz Anderer geworden. Als Hoforganist gelingt es ihm, in meisterhafter Weise vor der Mätresse des Allerhöchsten die Orgel zu spielen. Er gewinnt voll die Gunst seines Fürsten. Auf dessen Wunsch sezt er die Zeitung zum Vorteil der Hof-Schatulle fort, aber ganz in Geist und Auffassung des Gottesgnadentums der Monarchen und der von Gott für die Völker aufgestellten Führer und Leuchten. Geachtet von allen Ehrlichen des Landes stirbt er bald darauf dekorirt von seinem Fürsten.

Es ist dies einer der wenigen Fälle in der Geschichte menschlichen Geistes und menschlicher Ausartung, in dem der *nexus* von Ursache und Wirkung so eklatant zu Tage tritt. Derartige Fälle aber ereignen sich jeden Tag. Nicht nur zu jener Zeit, wo der eben berührte Fall sein Ablaufen hat, im 18. Jahrhundert, sondern auch heute üben Bier und Tabaksqualm ihre verderbliche Wirkung auf die Gehirne von Untertanen. Und wenn auch nicht immer ein so auflodernder Geist, eine so dichterische Anlage, eine so exzedirende Fantasie dem Verbrechen zu Hülfe eilt, wie in dem Fall des Rubrikaten, so ist es doch wichtig für den Sachverständigen, den Zeitpunkt zu kennen, wann die Ideen von Untertanen auch ohne die verstärkenden Wirkungen des Temperaments einen Grad von Selbständigkeit, oder Neigung zu manjakalischem Räsonnement, angenommen haben, dass ein längerer

Verzug in der Freiheit gefährlich werden könte, und die Grenzen der ausserhalb der Irrenhausmauern möglichen geistigen Freiheit überschritten sind.

Einzig betrübend an dem Fall des quäst. *Schubart* ist der Umstand, dass in damaliger Zeit die Schranken, innerhalb deren der Untertanen-Verstand sich bewegen konte, viel weiter gezogen waren, wie heute, und dass bei offenkundigem Ausbruch der Geisteskrankheit, sei es in der Presse, sei es durch ausgestossene Majestätsbeleidigungen, die Ergreifung des Erkrankten in Folge mangelhafter Auslieferungs-Verträge mit den Nachbarstaaten so erschwert ward.

In jedem Fall wird der Sachverständige aus diesen beiden Zeugnissen, die der öffentlichen Geschichte angehören, soviel gelernt haben, dass es genau darauf ankomt, den Zeitpunkt zu bemerken, da die Ideen bei gewissen Untertanen zu lebhaft, zu reich, zu üppig, zu sehr auf den Hof gerichtet, sich erschliessen, um Vorkehrungen zu treffen, dass bei erstem Ausbruch von manjakalischer Erregung oder politischer Tobsucht, welches beides Teile der *psichopatia criminalis* sind, Sistirung des Erkrankten bewirkt werde, beides, um den Hof und die menschliche Gesellschaft vor ihm zu schüzen, und ihn selbst der Heilung entgegenzuführen.

Melancholia — Melancholie

als dritte Form der psichopatia criminalis.

Die Melancholie, das ist nun eine echt deutsche Krankheit! Vergissmeinnicht-Krankheit — „Röslein-Röslein-rot“-Krankheit — Blizblaue-Äuglein-Krankheit. —

Bis in die süssesten Geheimnisse des Herzens dringt diese Psichose und offenbart all' Eure Sehnsucht, all' Eure Liebe, all' Euer Jammern über das verlor'ne Glück, das immer da ist, wo Ihr nicht seid. Und Eure Lieder, Euer Singen und Sagen, Euer Flehen um die Herzallerliebste, um's „Resele“ und um's „Bärbele“, Eure Gesänge von *„helden lobebaeren“*, und Euer tiefes Verlangen nach der „blauen Blume“ und dem Jenseits liegt in dieser *melancholia germanica.* Ihr seid das tiefsinnigste und melancholischste Volk dieser Erde. Und man braucht nur in Eure Augen zu sehen, um die Tiefgründigkeit Eures Empfindens, Euren Sehnsuchtsschmerz zu erkennen.

Und weil Ihr denn das Sehnen nicht lassen könt, so sehnt Ihr Euch *nach anderen politischen Zuständen.* Ja, zum Henker, was geh'n Euch die politischen Zustände an? Kümmert ihr Euch um die politischen Zustände *anderer* Länder. Schreibt über englische Verfassungs-Geschichte [1]),

[1]) *Gneist, Rud.*, Englische Verfassungs-Geschichte. Berlin. 2. Aufl. 1889, ein vorzügliches Werk.

oder über die französische Revoluzjon[1]), oder über Römische Geschichte[2]), wie Ihr das bisher zur Zufriedenheit dieser Länder gethan habt, aber was gehen Euch Eure politischen Zustände an? Wisst Ihr nicht, dass diese ein für allemal durch die von Gott über Euch bestelten Fürsten geregelt sind? Und dass diese Fürsten zum Teil schon seit 800 Jahren über Euch regieren? Und dass diese Fürsten sich auf diese lange Regirungszeit berufen?: dass man doch nach *so langer* Zeit keine Veränderung herbeiführen könne?

Die seit 800 Jahren regieren, berufen sich auf die 800 Jahre. Und die seit 600 Jahren regieren, berufen sich auf die 600 Jahre. Und die seit 50 Jahren regieren, berufen sich auf die 50 Jahre. Und die seit 10 Jahren regieren, berufen sich auf die 10 Jahre. — Nach *so langer* Zeit! —

Und Ihr, deren Gedanken vielleicht erst seit Vorgestern datiren, wolt dagegen aufkommen! — Gerade in dem Punkt, in dem es nichts zu „sehnen" gibt, kaprizirt Ihr Euch auf's „Sehnen"! — Warum soll denn ein „angestamtes Fürstenhaus", das seit 800 Jahren regiert, nicht noch einmal 800 Jahre regieren, und dann erst recht noch einmal 800 Jahre — und dann wiederum erst neuerdings 800 Jahre — und dann immer und immer wieder 800 Jahre? . . . .

Ja, wie lange denn?

Immer, immer, immer, immer! — Wenn erst ein Fürstenhaus viermal 800 Jahre, 3200 Jahre über Euch geherrscht hat,

---

[1]) *Sybel, H. von*, Geschichte der französischen Revoluzions-Zeit 1789—1800. 5 Bde. Stuttgart 1853—1879. Das Beste, was man in der Art lesen kann!

[2]) *Mommsen, Theodor*, Römische Geschichte. Bd. I, II, III und V. Berlin 1854. 8. Aufl. ebd. 1888. Bekantes Meisterwerk! Hätte der ehrwürdige Verfasser es vermieden, sich in die politischen Zustände seines Landes zu mischen, wofür er, wie gebührend, — da man wegen so kurzer Krankheiten die Leute nicht interniren kann, — vom Strafrichter abgeurteilt wurde, dann wäre er um eine empfindliche Lekzjon ärmer, um einen Orden reicher und der so sehnlichst erwartete *vierte* Band der „Römischen Geschichte" wäre erschienen.

werdet Ihr dann nicht endlich Euer „Sehnen“ aufgeben? — Sehnt Ihr Euch nach Veilchen, nach hübschen Mädchen, nach Turnerfesten, nach Gesangsvereinen, nach Manöver, von mir aus auch nach Gott, Himmel und Erde, aber lasst Euer Sehnen nach neuen Regierungsformen, auf welchem Gebiet Euch jedes Urteil abgeht, und eine Ansicht nimmermehr zusteht[1]).

Da skandalisirt Ihr und schreit so alberne Frasen hinaus, wie: „es genüge nicht der Besiz einer gestikten Pferdsdeke, um über die Deutschen herschen zu dürfen!“ — Ich sage Euch: es *genügt* der Besiz einer gestikten Pferdsdeke, um über die Deutschen herschen zu können! Und wer das nicht einsieht, und verlässt sich auf sein seelisches Grundfänomen des „Sehnens“, und lässt sich die Augen übergehen, und seufzt und tut, und wird melancholisch, der leidet an *psichopatia criminalis*; denn Melancholie und falsches Sehnen, regierungswidriges Sehnen, sind Teile und Simptome der *psichopatia criminalis.* Ihr braucht keine revoluzionären Handlungen zu begehen, Ihr braucht Niemanden von der „gestikten Pferdsdeke“ herunterzureissen, Ihr braucht nicht Zeter-Mordjoh zu schreien, Eure verdamte Sehnsucht genügt mir, Euer Singen von allzu patrjotischen Liedern, in denen der Name „Teutsch“ eigentümlich betont wird, ohne dass vorher das Hoch auf die Majestät ausgebracht ist, Euer Pokuliren und Singen von Freiheitsliedern — was ist das „Freiheit“? — Euer Amüsiren und Hochzeitsfeiern, ohne dass Ihr an den Allerhöchsten denkt und ihm das erste

[1]) Es muss als ein glüklicher Zug bezeichnet werden, dass die deutschen Regierungen dem in lezter Zeit unter den gebildeten Massen so lebhaft aufgetretenen Bedürfnis nach *Ansichts*-Postkarten nach Möglichkeit entgegengekommen sind, da — abgesehen von den erhöhten Einnahmen des Staats — das Publikum auf diese Weise seine verbrecherische Lust, eine *Ansicht* über die Politik seines Landes zu gewinnen, wenigstens in Form von *Ansichts*-Postkarten befriedigen kann; statt *Einsicht* in die Politik zu verlangen, wo ihm nach Lage der Umstände derzeit wenigstens jede *Einsicht* notgedrungen abgesprochen werden muss. —

Glas dargebracht — das Alles ist mir ein Greuel, das Alles sind Simptome nicht geregelter seelischer Gesundheit — o Ihr braucht nicht zu randaliren in diesem Kapitel (wir stehen jezt bei der Melancholie), es genügt, dass Ihr stumpfsinnig beim Glas Bier sizt und denkt — an was denkt? – und zwischen den Zähnen murmelt

„Freiheit, die ich meine,
süsses Engelsbild . . . .“,

ja, was meinst du, Kranker, für eine Freiheit?

Reden wir ein bischen vom Irrenhaus!

Es gibt wol keinen Abschnitt in der ganzen deutschen Geschichte, in der das Verlangen nach Irrenhäusern ein so mächtiges war, wie in der Zeit von der Gründung des deutschen Bundes an bis zum Jahr 1848. Alles was die Leute damals auf ihren Schüzen- und Turnerfesten, die Studenten und Professoren auf ihrem *Wartburgfeste* (1817), die Liberalen und Demokraten auf ihrer *Hambacher* Verbrüderung (1832) zusammen-„sehnten“, -sangen, -turnten und -schrieen, war melancholisches Gewäsch, zum Teil unter manjakalischer Aufführung, was viel besser, besser für die Beteiligten wie für die Zuschauer, sich in den kühlen Korridors und den bequemen Bade-Räumen razionell geleiteter Dentenzjons-Anstalten abgespielt hätte. Diese Leute wolten alle die Einheit Deutschlands, die Freiheit, die Verbrüderung, umarmten und umhalsten sich in ihrer „Vergissmeinnicht-Sehnsucht“ und verschmolzen mit ihren Seelen unter dem mistischen Simbol der „blauen Blume“ — aber sie wolten das Alles *ohne die deutschen Fürsten*; ohne die deutschen Fürsten, die doch von Gott zur Überwachung der deutschen patrjotischen Gelüste eingesezt waren.

„Fürsten zum Land hinaus,
Jezt komt der Völkerschmaus . . . .“

derartig frivole, gotteslästerliche Verse (denn wer die Fürsten schmäht, lästert Gott, der die Fürsten eingesezt hat), oder:

„Fürsten gebt die grossen
Purpurmäntel her,
daraus macht man Hosen
für das Freiheitsheer ....“!!

Das ist Irrenhaus-Poesie, wie sie erst jüngst von *Lombroso* und *du Prel* in ihren Studien zur Mistik des Irrenhauses vortrefflich charakterisirt wurden.[1]) Wie schon in der Einleitung gesagt: ein mässig grosses Irrenhaus zwischen *Frankfurt* und *Karlsruhe* hätte diese ganze jammervolle Bewegung, vor der der Genius der deutschen Fürsten traurig die Fakel senkt, im Keime erstikt, und sie, statt in der deutschen Geschichte, auf die Krankenbögen einer human geleiteten Provinzjal-Irrenanstalt verzeichnet. Leider waren die Simptome der *psichopatia criminalis* damals noch so wenig studirt, einerseits, andererseits die Sicherheit und das Selbstbewusstsein der deutschen Fürsten im Hinblik auf ihre Unentbehrlichkeit und ihr Gottesgnadentum noch nicht auf der glüklichen Höhe angelangt, wie heute.

Aus der Fülle des aus jenen Jahren vorliegenden Kranken-Materjals geben wir hier nur einige der markantesten Fälle, wie sie sich gerade der junge Arzt und der junge Verwaltungsbeamte einprägen muss.

Beobachtung 3. *Paranoïsche Veranlagung. Forsirtes Autodidaktentum zur Stüze der wahnhaft gehobenen Persönlichkeit. Religiöser Wahnsinn. Gotteslästerung. Wiedertäuferische Allüren. Gefängnis. Später rapide geistige Erschöpfung und Tot. — Wilhelm Weitling*, Schneider, wie alle deutschen Schuster und Schneider von einem spekulativ-mistischen Trieb beherrscht, der unbegreiflicher Weise selbst vor den heiligen Tronen der Allerhöchsten nicht Halt macht. 38 Jahre alt, mit wertlosem Wissen den Kopf vollgepfropft, begint er, nachdem er sich auf der Wanderschaft viel herumgetrieben, in Genf ein gut charakterisirtes paranoïsches

[1]) *Lombroso, C., Il genio nei pazzi: L'uomo di genio.* 5a *ediz. Torino* 1888. p. 150ff. — *Carl du Prel,* Mystik im Irrsinn. Psychische Studien, Zeitschrift der Untersuchung der Phänomene des Seelenlebens gewidmet. Leipzig. 16. Jahrg. 1889.

Glükseligkeits-Sistem vorzutragen, welches, wie dies so oft geschieht, — siehe: Christus' Erfolg bei Zöllnern, Fischern, Prostituirten — bei unwissenden, blutleeren, sugestiblen Proletarjern Anhang findet. — In seinen Büchern heisst es z. B.:

„Brüderlichkeit durch Wiedereinführung des Du-Wortes, durch Übung im Verzeihen jedweder Beleidigung, durch die Gewohnheit, jedes Vergehen als eine Krankheit zu betrachten [1]) . . . .

„Mässigkeit in allen Lasten und Genüssen beobachten, soviel dies jezt nur immer möglich ist, weil man sich dadurch einen Schaz erhält, der Gesundheit heisst und über Reichtum und Ehre geht . . . .

„Jede Ohrenbläserei mit Beschämung des Ohrenbläsers zurükzuweisen, selbst wenn sie Wahrheit enthält. Jede Unzufriedenheit mit dem Betragen eines der Brüder ihm selbst unter vier Augen äussern, und nicht vorher gegen einen andern, darum auch jeden, der uns öffentlich beleidigt und beschimpft, als einen Kranken ansehen, der in demselben Augenblik nicht Herr seiner selbst ist, ebenso jeden Verbrecher, und deshalb auch Niemanden, der zu Gefängnisstrafen und dergleichen verurteilt wird, verachten . . . . [2])"

Soviel Worte, soviel Unsinn. Fast jeder Gedanke regierungsfeindlich. Bald begann der Kranke in psalmodischer Sprache zu reden und sich Christusähnlich herauszudrapiren:

„Kommt Alle her, die Ihr arbeitet, die Ihr mühselig, beladen, arm, verachtet, verspottet und unterdrükt seid; wenn Ihr Freiheit und Gerechtigkeit für alle Menschen wolt, dann wird dies Evangelium Euren Mut von Neuem stählen und Eure Hoffnung frische Blüte treiben . . . . [3])

---

[1]) Den Forscher und Patologen wird es interessiren, wie die moderne, bibelwidrige und von den Regierungen nicht anerkante Lehre von der Auffassung des Verbrechens als einer Krankheit, als einer Zwangshandlung, so weit und auf so kranke Spur zurükgeht, wie hier.

[2]) Aus den gerichtlicherseits beschlagnahmten Manuskripten *Weitlings*.

[3]) Es ist dieselbe aufreizende Sprache, die man auch heute, erst neuerdings bei Gelegenheit des grossen Hamburger Hafenarbeiter-Streiks, von verschiedenen Seiten hören konte, und die immer und unter allen Umständen pervers, und niemals bei den Fürsten Gefallen finden kann.

„Es wird die bleichen Wangen der Sorge wieder färben, und in das Auge des Kummers einen schönen Strahl der Hoffnung werfen.

„Die entmutigten schwachen Herzen wird es stärken, und in das Hirn des Zweiflers die Macht der Überzeugung giessen.

„Auf die Stirn des Verbrechers wird es den Kuss der Versöhnung drüken, und die finstern Mauern ihres Kerkers mit einem Schein der Hoffnung lichten“. [1]

Gegen diese Beschönigung des Verbrechens und *Schiller*'schen Frasen-Schwulst schritt endlich die Regierung ein. *Weitling* wurde wegen Gotteslästerung und Angriffs auf das Eigentum in's Gefängnis geworfen. Viel zu spät! denn während Jahrelanger Agitazion hatte der selbstbewusste Schneider Tausende angestekt. Charakteristisch ist, dass sich *Weitling* auf *Luther*, *Karlstadt* und *Thomas Münzer* berief, Leute, die die inzwischen rührig fortschreitende Wissenschaft längst selbst als geisteskrank erkant hat. Das Resultat seines Gefängnis-Aufenthalts, einen Haufen verschrobener, weinerlicher Fantasieen — zu was weinen diese Leute? — gab der bekante, selbst revoluzjonäre *Heine*-Verleger, Hoffmann und Campe in Hamburg, der ohne einen einzigen preussischen Orden gestorben ist, im Druk heraus. [2] *Weitling* selbst flüchtete sich bald darauf nach Amerika, wo ihn ein später, geistiger Tot ereilt hat. — Eigentümlich ist, dass *Weitling* noch immer in Konversazjons-Lexika genant wird. Dort gehört er doch nicht hin; sondern in die Fach-Literatur. [3]

---

[1] *Weitling, W.*, Das Evangelium des armen Sünders. Bern 1845. — So geht es, wenn man diesen Leuten die Bibel in die Hand gibt. Die katolische Kirche hatte in dieser Beziehung einen richtigen Blik, den Laien die Bibel gänzlich zu versagen. Sie lernen nur die poetische Sprache und beweisen Einem schliesslich die Haltlosigkeit des Christentums aus der Bibel, was nicht im Interesse der Fürsten sein kann.

[2] *Weitling, W.*, Kerkerpoesieen. Hamburg 1844.

[3] Auch die geisteskranken Elaborate *Weitlings* werden immer noch gekauft und neu aufgelegt. „Evangelium des armen Sünders“, Bern 1845, erschien schon 1848 in dritter Auflage. 1843 erschien eine französische, 1846 eine norwegische Übersezung. Ende der achtziger Jahre erschien ein anastatischer Nachdruk der Berner Ausgabe. München 1894 erschien ein Neudruk, herausgegeben von *Eduard Fuchs*, und von dieser Ausgabe 1897 schon die 2. Auflage. — Von „Die Garantieen

Handelt es sich bei *Weitling* um einen dünnfadigen Schneidergesellen mit verschlissenen Gefühlen und wasserblauer Vaterlandsliebe, so steht mit der folgenden Figur ein mehr trunkener, vollblütiger, schulternbreiter und troziger Mensch vor uns, der mit pochendem Herzen und wildem Patos sich „an's Vaterland, an's teure, anschliessen" wolte, statt an die Bezirksgerichtlichen Verordnungen seiner Gemarkung. Diese Sorte von *melancholia atra* und *attonita* mit ihrer wilden Geste, ihren rollenden Augen, Brustton der Überzeugung und mit dem Prunken eines kolossalen Gefühls, ist nicht weniger gefährlich als die wasserblaue, dünnfieslige *melancholia subtilis* und *sentimentalis.* Schleicht diese sich mit flüsterndem Zweifel und Herrnhut'schen Lämleins-Frasen in die Herzen regierungsfreundlicher Untertanen, so reissen jene mit dem blutigen Anprall eines *Schiller*'schen Patos und den Mörsern donnernder Beredsamkeit ihre Zuhörer in einem Augenblike nieder und drüken ihnen erbärmliche Stimmzettel in die Hand. In beiden Fällen ist die Irrenstazjon die einzige Rettung für solche Ästetiker. Hier, der Schneider, auf die ruhigere Abteilung, dort, der Gerber, der Mezger, der Gürtler, oder was er gerade ist, auf die unruhige Abteilung. Kein Wunder, dass auch der Held des vorliegenden Falls, da er in der Freiheit behandelt werden musste, binnen Kurzem vor dem Peletonfeuer östreichischer Gardisten sich in seinem Blute wälzen musste.

Beobachtung 4. *Schwärmerische Vaterlandsliebe (patriotismus exaltans). Grössenwahnsinnartige Ausgeburten und patrjotische Gründungen (megalomania patriotica). Erschöpfung und Tot durch die*

---

der Harmonie und Freiheit" (die in keiner psichjatrischen Bibliotek fehlen solten), Vivis 1842, erschien 1845 die zweite, 1849 die dritte Auflage. 1846 eine norwegische, 1849 eine französische Übersezung. Eine kritische Ausgabe der sämtlichen Schriften *Weitlings* soll sogar von *Dr. C. Hugo* in Stuttgart in Angriff genommen sein. Wohin soll das führen? Die deutschen Fürsten solten das nicht erlauben. Von solcher Poesie haben wir doch wahrhaftig schon an *Schiller* genug.

Regierung. — *Robert Blum*, 41 Jahre, mit von Hause aus geordneten und gutmütigen Anlagen, komt durch seine Beschäftigung mit dem Teater und der Welt des Scheins zu der Anschauung von der spielenden Leichtigkeit der Herbeiführung politischer Ereignisse und Staatsakzjonen. Mangelhalfte Selbstkritik. Überwuchern des Anschauungslebens. Als er, von Köln nach Leipzig übergesiedelt, in literarische Zirkel komt, sieht er, von unläugbarer oratorischer und schriftstellerischer Fähigkeit unterstüzt, wie leicht es gelingt, Ideen in Wirklichkeit umzusezen. Er verfält nun ganz dem Grössenwahn, gründet „Vaterlands-Blätter“, „Vaterlands-Vereine“, „Vaterlands-Handbücher“, ganz im Sinne seiner überquellenden patriotischen Begeisterung. Die Behörden werden auf den Exaltirten aufmerksam. Da es an tüchtigen psichjatrischen Lehrbüchern fehlt, wird er unter das politische Gesichtsglas genommen, und die „Paragrafen“ normirt, unter denen er früher oder später gefasst werden kann. In Frankfurt, wohin er von einer urteilslosen, selbst erkrankten Wählerschaft geschikt wird, reisst er die in vornehmer Sitlichkeit beratenden Mitglieder des Bundestages zu unüberlegten Beschlüssen hin, und bringt das ganze Staatsschiff in gefährliches Schwanken. Nach Wien delegirt, stürzt er sich mit maasloser Begeisterung in diese Missjon, um die guten östreichischen Bürger von ihrem edlen Herrscherhause loszureissen und an's teure Vaterland anzuschliessen. Der Fall wird dadurch zu einem Grenzfall von *melancholia atra* und *mania complicans.* Noch rechtzeitig gelingt es dem edlen Fürsten Windischgrätz, die belagerte Stadt einzunehmen, bevor unter den so leicht empfänglichen Wienern eine allgemeine Manie und Vaterlands-Verbrüderung Plaz gegriffen. Der Kranke wird in einem Zustand tiefster Erschöpfung in einem Gasthaus aufgegriffen, unter einen der rasch gezimmerten fürstlichen Paragrafen eingeschachtelt und zum Tot durch den Strang verurteilt. Auch hier liess der edle Fürst Milde walten und begnadigte den Kranken, dessen Zustand der edle Fürst vielleicht erkante, zum Regierungstod durch Blei. Tot durch die Regierung am 9. November 1848. Wegen der Schnelligkeit des Begräbnisses konte eine Sekzjon der Leiche nicht stattfinden, die zweifellos ein turgeszentes Gehirn und die nötige Verwachsung der Gehirnhaut mit der Schädelkapsel ergeben hätte.

Wir begnügen uns mit diesen beiden Krankheitsfällen zur *melancholia subtilis* und *atra* in ihren regierungsfeindlichen Formen. Dem verständnisvollen Leser wird klar geworden sein, wie es sich gerade hier darum handelt, möglichst frühzeitig die ersten Simptome dieser schweren Staats-Psichosen zu erkennen, früher, als die davon Befallenen ihre melancholischen und sentimentalen Schriften und Drukwerke über die Hinfälligkeit der alten Regierungsformen und die Entbehrlichkeit der von Gott bestelten Fürsten veröffentlicht haben. Das Jahr 1848 und die ihm vorausgegangenen Zeiten bieten auf Schritt und Tritt eine Fülle von kasuistischem Materjal für die staatsfeindlichen Gehirn-Erkrankungen, das leider auf den Universitätskliniken und in den psichjatrischen Hörsäälen noch immer nicht genügend ausgenüzt ist, so dass es den Studenten oft schwer, und nur gelegentlich aus der Beschaffenheit der Knopflöcher ihrer Professoren möglich, wird, zu erfahren, wie selbe über diese politischen Krankheitsformen denken. Besonders die lirischen Psichosen der dreissiger und vierziger Jahre mit ihrem staatsfeindlichen Augen-Aufschlagen und fürstenwidrigen Jammern, mit ihren illegalen Gefühlen und erotischen Stammeln vor Kommerzjenratstöchtern (die man nun und nimmer heimführen kann), diese und ähnliche mit unstatthaftem Weltschmerz und Seelen-Zerrissenheit einhergehenden Erscheinungen sind noch lange nicht genügend in ihrem patogenen, Trone-erschütternden und Fürstenmätressen-beunruhigenden Wert erkant und gewürdigt. Und gerade hier wäre eine eingehende und scharfe Instrukzjon der jungen Ärzte und angehenden Kreisphisici von ungeheurer Wichtigkeit; besonders in unseren heutigen so traurigen, fürstenverachtenden Zeiten, in denen leicht wieder eine *mania* wie in den dreissiger und vierziger Jahren dieses Jahrhunderts Plaz greifen kann, deren erkrankte Geister dann das treue, vertrauensvoll zu seinem — oder seinen — Fürsten aufblikende Volk schneller anstekt, als man glauben mag, und wobei dann Hülfe zu spät komt.

Paranoia — Verrüktheit
als lezte Äusserungsform der psichopatia criminalis.

Es ist vielfach behauptet worden, die Geschichte der deutschen Seele sei nur ein Abschnitt aus dem grösseren Kapitel *Paranoia* eines Lehrbuches der Psichjatrie, — und es ist richtig: die deutsche unsterbliche Seele ist eine kranke, verrükte Seele. Aber nicht darum handelt es sich hier. Hier handelt es sich darum, die einzelnen Angehörigen dieses unglüklichen Volkes *in foro*, vor Gericht, nach den Grundsäzen der von Gott in Deutschland eingerichteten Fürstentümer — *at her majesty's pleasure*, wie es in England heisst — noch einer besonderen, bitterbösen, unverzeihlichen, tief im Herzen ruhenden und daher unkurirbaren, Verrüktheit zu zeihen, und dieselben entsprechend zu verwahren und unterzubringen.

Diese Verrüktheit, diese Herzenshärtigkeit, diese *paranoia* der Gesinnung, ist ein Teil der *psichopatia criminalis*, von der wir in diesem Buche handeln.

„Der innerste Kern dieser grossen Krankheitsgruppe (*paranoia*) ist eine primäre Störung im Vorstellungsleben in Form einer Hemmung oder Förderung der Ich-Gruppe mit allegorisirender Apperzepzion", sagt *Schüle*[1]). — Vortrefflich! Was wollen die Leute mit ihrem Ich? Da werden in Landtagen und Volksversamlungen, auf Schüzenfesten und bei Bierbank-Gesprächen immer diese Iche gefördert, geschwelt, in's Unendliche getrieben, sogar noch Diäten für

[1]) *Schüle, H.*, Klinische Psichjatrie. 3. Aufl. Leipzig 1886. S. 131.

sie verlangt — und schliesslich können diese Leute nicht mehr richtig perzipiren — von der Apperzepzion zu geschweigen — konstruiren total falsche Allegorien vom „suweränen Ich", vom „suweränen Volk", von der „Mutter *Germania*", „Deutschland über Alles" etc., und die nur bei einer tadellosen Apperzepzion sich bildenden höchsten Ideen-Gruppen „Gott", „Fürst", „königliches Begnadigungs-Recht", „Staatshoheit", „Gottesgnadentum", „Salbungsordnung des Adels", „Post- und Paket-Freiheit für den Hof" etc. etc. gehen verloren. Solche Leute finden sich natürlich in der monarchischen Aussenwelt nicht mehr zurecht, und was bleibt übrig, als die schwer Entgleisten möglichst frühzeitig einem Asil zu übergeben? —

„Der Kranke bleibt bei dieser inneren Erweiterung des persönlichen Ich nicht stehen, sondern macht darüber hinaus den Sprung in's Objektive. Damit begeht er aber einen grossen Trugschluss, insofern er eine *innere* Ursache in der *Aussenwelt* sucht." [1]) — Wiederum ganz vorzüglich! Was hat der kranke Deutsche in der *Aussenwelt* zu suchen? Er bezahle seine Steuern in der Aussenwelt, und gehe dann fröhlich schlenkernd vom Rentamt nach Hause. Er hat Nichts von seiner *Innerlichkeit* zu objektiviren. Seine Innerlichkeit, der Siz der Seele, das ist jener erbärmliche Zustand, mit dem der Deutsche schon zur Zeit des heiligen römischen Reichs niemals fertig wurde. Er bleibe uns zu Hause mit dieser miserablen Hülflosigkeit. Will er seine kranke Innerlichkeit pflegen, und schluchzend seiner Seele nachgehen, dann mag er früh, wenn der Tau noch auf den Feldern liegt, hinausgehen und sein „Sah ein Knab' ein Röslein stehen" singen, seine Vergissmeinnicht-Blumen pflüken, die Lerchen schmettern, und die Bächlein murmeln hören. Aber sobald die Sonne der Majestät am Himmel steht, hat er in der Aussenwelt nichts zu suchen, hat ruhig zu sein und seinen Geschäften nachzugehen. Er verschliesse seine Inner-

---

[1]) *Schüle* a. a. O. S. 131.

lichkeit, diese deutsche Seele. Diese deutsche Seele ist verrükt, ein hilfloses, jämmerliches Gebilde, ein trauriges Gespenst, das sich im Sehnen verzehrt, und scheu den Taten aus dem Wege geht. Steigt es aus seinem mistischen Gehäuse empor an die Öffentlichkeit, und will sich sehen lassen, sich manifestiren, sich objektiviren, sich in Aussenwelt umsezen, dann ist dieses Gespenst, diese Seele, sofort als „Trug", als „Wahn" zu paken und festzunehmen, einzusperren und abzustrafen. Denn das Wesen der deutschen Seele ist — Seele zu bleiben und niemals Tat zu werden.

Es ist nun für den jungen Arzt, für den Juristen, für den Polizeibeamten wichtig, den äusseren Habitus sowohl, wie die ganze psichologische Struktur solcher Individualisten, solcher „erweiterter Ichs", solcher Seelenmenschen, die von der grössten Gefahr für den monarchischen Staat sind, kennen zu lernen. Man erinnert sich noch an die Beschreibungen der „verbissenen Demokraten" aus den achtundvierziger Jahren, mit ihren energischen Bärten, ihren Höker-Hüten, ihren frechen Wämsen, gelegentlich ihren Loken eines „tewtschen Jünglings" u. drgl., daran hat sich im Grossen und Ganzen nicht viel geändert. Nur sind jezt von zwei Seiten Angliederungen erfolgt, deren jede wieder ihre besondere Fisionomie hat: auf der einen Seite proletarische Gesellen mit dem trozigen Blik des Schmieds, der listigen Visasche des Schreiners, dem superintelligenten Gesicht des Schneiders etc., Leute, die verhältnismässig verdamt viel gelesen und den ganzen Materjalismus der sechziger Jahre inne haben. Dann, von der andern Seite, jene verzweifelten Doktoren, Professoren, Schurnalisten, Redaktöre und Privatgelehrte, die meinen, sie haben ein kompletes, neues, filosofisches Sistem, oder eine wirtschaftliche Welt-Ordnung, in ihrem Tintenfass. — Vor Gericht ist es mit ihnen Allen immer dieselbe Geschichte. Sie erscheinen in möglichst tadellosem Anzug, wie zu einer Beerdigung, geben sich so das *air* wakerer Männer, berufen sich auf irgend ein idealistisches Sistem — *Kant, Luther, Hegel* — das in ihrer gewaltigen Brust festverschlossen, wie in der Höhle *Xa-Xa*, schlummert, — atmen falsch, sprechen falsch — verhunzen die deutsche Sintax — frösteln, wenn der Herr Präsident sie anspricht — und *merken nicht, dass sie krank sind.* Ein einziges Wort von Seite des königlichen Präsidenten — „*Dolus!*“ — und ihr ganzes idealistisches Gebäude, welches sie auf Kateder und Bierbänken Jahrzehnte hindurch gefeilt und memorirt haben, bricht unter dem spöttischen Mitleid der beisizenden königlichen Herrn Räte jämmerlich zusammen. — Man sieht förmlich, wie diese Angeklagten anfangs mit ganzen Wagons Idealismen für ihre Verteidigung angefahren kommen, — immer neue Massen — Geschichte, Literatur, Reformazjon, Nazjonal-Ökonomie — wie sie gar nicht glauben können, dass sie Unrecht haben *könten* — und vor dem Lippenkräuseln des königlichen Herrn Präsidenten, vor einem einzigen Strahl seines, selbst von der kaiserlichen Gunst beleuchteten, Antlizes, und damit erleuchteten Intellekts, schmelzen alle diese Einwände und konstruirten Eisklöze dahin, wie der Frühlingsschnee vor der *Majestät* der Sonne.

Es handelt sich nun darum — und damit stehen wir auf der Höhe der Humanität — nicht das *Verbrechen*, sondern die *Krankheit* dieser Leute — wir reden von den *Angeklagten!* — zu erweisen. Wer auf Grund und unter Berufung auf irgend eine Idee — von *Plato* bis *Smith* — von *List* oder *Lasalle* — von *Campanella* oder *Marx* — zu der Schlussfolgerung von einer Einschränkung, Herabminderung, Herabwürdigung, oder gar Entbehrlichkeit, der von Gott von Ewigkeit her beschlossenen, und von IHM SELBST eingesezten deutschen Monarchieen (*inclusive* Lichtenstein), komt, der ist *a priori* krank, er hat den *dolus criminis laesae majestatis* wie einen Pfahl im Fleisch steken, ohne dass er es merkt, er ist durch die Schlussfolgerung an und für sich schon — ohne dass der königliche Herr Präsident ein Wort zu sprechen braucht — zum Verbrecher geworden. Der moderne Staat will aber an des Jahrhunderts Neige, und mit Rüksicht auf die *Idee* — von der man noch nicht ganz genau weiss, ob sie von Gott stamt (von dem auch das Gottesgnadentum der Fürsten stamt), diese Leute in Asilen, in Krankenhäuser, in Ideen-Anstalten, unterbringen. Und für den jungen Arzt, für den Polizeibeamten, handelt es sich nun natürlich darum, möglichst frühzeitig die ersten Simptome dieser unsichtbaren, deletären, verbrecherischen, — meist durch Bücher sich fortschleichenden — Geistes-Zustände zu erkennen, um nicht lange mit Dispensirungen vom Amt, Remozionen oder Kaltwasserkuren zu operiren, sondern so rasch wie möglich den erkrankten Geist der Ruhe geschlossener Provinzjal-Anstalten zuzuführen.

Es ist nicht immer leicht, diese Leute *in foro* straks zu überführen. Mit einem Haufen verderblichen Wissens vollgepfropft, überfluten sie oft den Präsidenten mit Zitaten aus *Platons* „Gastmahl", oder den *Upanishads*, so dass diesem ganz schwül zu Mute werden kann. Diese Leute glauben wahrhaftig, weil es einen *Muzius Skävola* oder *Wilhelm Tell* gegeben habe, oder weil *Schiller* die „Räuber" geschrieben hat, sei ihnen Alles zu denken erlaubt.[1]) In solchem Fall wird der Vorsizende alles unnötige Dozenten-Geschwäz,

[1]) Es ist nebenbei gesagt ein Unfug, den jungen Leuten auf Gimnasien und humanistischen Lehranstalten, zu einer Zeit, wo die jugendliche Psiche sich so aufnahmefähig und sugerirbar zeigt, Erzählungen wie die von *Muzius Skävola* u. dgl. *ohne jeden Komentar* — ohne die Erläuterung: dass man sich nur zu Gunsten des von Gott eingesezten Landesfürsten die Finger verbrennen dürfe — nicht für die Republik! — lesen zu lassen. Bei diesen Leuten muss später, wenn sie Beamte geworden sind, eine gewisse Verwirrung eintreten. Es wäre doch wahrhaftig für diese jungen Leute besser, wenn sie irgend ein tüchtiges, mustergültiges Geschichts-Buch, etwa Professor *Oncken's* „Geschichte des grossen Heldenkaisers" in solchem Falle lesen würden. Von *Schiller's* Prosa solte grundsäzlich aus der Zeit vor dessen Wendung zum Ewig-Sitlichen — also etwa vor 1790 — Nichts auf die Schule kommen. Eine Nazion, bei der *Schiller's* „Räuber" von jeder unschuldigen Seele für 20 Pfennig gekauft werden kann, muss dem Untergang entgegengehen.

welches sich nicht unter einem Strafgesezbuch-Paragrafen subsumiren lässt, einfach ablehnen, und die monarchische Herzens- oder Gesinnungs-Probe mit dem Angeklagten anstellen. Bei bekanter Kriegervereinslosigkeit, bei bekanter Reserveoffizierslosigkeit, bei mangelndem Hurrahrufs-Entusiasmus, der sich aus dem Vorleben des Bezichtigten mit Hülfe der Lokal-Polizei-Behörde leicht feststellen lassen kann, wird man bald dem Stand der Dinge und der Seele auf den Grund sehen. Ist man einmal bei dem Vorgeführten über die mangelnde monarchische Gliederung der Zerebral-Ganglien, als des für ihn gegebenen Denk-Substrats, sich im Klaren, dann geht man direkt auf sein Ziel los. Irgend etwas ist bei diesen Leuten immer schief — mögen sie sich auch sonst im Kreuz-Verhör tapfer halten. Entweder sie sind schlecht gekämt, oder der Scheitel sizt schief, entweder die Röke sind ausgefranzt, oder die Rok-Knöpfe sind abgegriffen — oder gar abgedreht (bei deutschen Professoren sehr beliebt) — die Brillengläser sind ungleich geschliffen, und der Blik hat jene infame Konvergenzstellung, die auf gewisse *Macchiavellismen* wie Scheidewasser wirkt, — ein Ohrläppchen ist angewachsen, oder die *Schiller*-Nase sizt, wie ihrem Ur-Eigner, schief im Gesicht — *Lombroso* hat eine Menge solcher Simptome für diese Fälle angegeben — irgend ein antimonarchisches Degenerazjons-Zeichen wird sich bei der Menge von Möglichkeiten immer finden. Und geht es nicht *e re ipsa*, dann geht es *ex adjuvantibus*. Bei der originär sowieso gegebenen verrükten Anlage der deutschen unsterblichen Seele, von der wir Oben des Weiteren gesprochen, müsste es sonderbar zugehen, wenn sich nicht bei einem Professor, bei einem Dozenten, bei einem denkenden Proletarjer, bei einem verbissenen und verbohrten Demokraten, bei einem fingerkauenden Schurnalisten und Schriftsteller, einem freisinnigen Teologen die nötige Porzjon fände, um die Bedingungen für das Zustandekommen der *psichopatia criminalis* juristisch als gegeben zu erachten, und damit die Überführung in die rettende Staats-Anstalt zu ermöglichen.

Beobachtung 5. *Pessimistische Anwandlungen auf teologischer Basis. Wendung zur Filosofie. Megalomanische Uebersättigung des „Ichs" auf Hegel'scher Grundlage. Schrankenloser Grössenwahn. Frühzeitige Erschöpfung, und endlich Tot* (ohne Eingreifen der Regierung) *im Zustand gänzlicher Perversität. — Max Stirner*, 39 Jahre alt, von leidlicher Vorbildung, Sohn achtbarer, monarchisch gesinter Leute, aus dem Bayreuthischen, wurde, vielleicht in Folge des plözlichen Übergangs des Landes aus der Krone Preussens in die Bayerns, und des dadurch hervorgerufenen rapiden Wechsels in der Richtung seiner monarchischen Gesinnungen, in seinem Innersten schwer erschüttert; wenigstens datiren von diesem Zeitpunkte an die ersten Zweifel des jungen Teologen am „Dogma des Gottesgnadentum" und am „Blut des Lamms". — Er wendet sich der Filosofie zu, wo der nun haltlos Gewordene in die radikalste Strömung der sog. Hegel'schen Linken gerät. Er veröffentlicht ein filosofisches Opus, das heute gänzlich vergessen ist und dessen Titel selbst uns momentan entfallen ist. *Stirner* bietet das flagranteste Beispiel jener Vorstellungskrankheiten, die *Schüle* so präzis als *„Förderung der Ich-Gruppe"*, „Erweiterung des persönlichen Ichs" bezeichnet. Da finden sich Wendungen wie:

> „Ich leite alles Recht und alle Berechtigung aus *Mir* her; Ich bin zu allem *berechtigt*, dessen ich mächtig bin. Ich bin berechtigt, Zeus, Jehova, Gott u. s. w. („und so weiter"!) zu stürzen, wenn ich's *kann* . . . .
>
> „Ich gebe oder nehme mir das Recht aus eigener Machtvollkommenheit, und gegen jede Übermacht bin Ich der unbussfertigste Verbrecher. Eigner und Schöpfer meines Rechts — erkenne ich keine andere Rechtsquelle als — Mich, weder Gott, noch den Staat, noch die Natur, noch auch den Menschen selbst mit seinen ‚ewigen Menschenrechten' . . . .
>
> „Das Göttliche ist Gottes Sache, das Menschliche Sache ‚des Menschen'. Meine Sache ist weder das Göttliche noch das Menschliche, ist nicht das Wahre, Gute, Rechte, Freie etc. (*„et cetera"*!! —) sondern allein das *Meinige*, und sie ist keine Allgemeine, sondern ist — *einzig*, wie ich einzig bin. — Mir geht nichts über Mich." [1]) —

---

[1]) Siehe das vor einem halben Jahrhundert viel gelesene und an-

Dieser Wahnsinnige schrieb SICH gross und meinte sogar, die Gedanken, „die so umherflögen, seien nicht vogelfrei, sondern seien *seine* Gedanken". — Es ist klar, dass bei solcher Erweiterung des Untertanen-Ichs der Monarch und seine heiligen Rechte zu kurz kommen müssen. — Irrenhäuser gab es für solche Leute damals noch nicht, und die psichjatrische Forschung war damals noch bei Weitem nicht genügend vorgeschritten, um zu erkennen, dass dieser ganze sogenante linke Flügel der Hegel'schen Schule viel besser gleich von Anfang an als Annex zu einer tüchtig geleiteten Provinzial-Irrenanstalt ausgebaut worden wäre. Man liess diese Leute, wie *Bruno* und *Edgar Bauer*, *Arnold Ruge*, *David Friedrich Strauss* u. a. aus lauter falschem Respekt vor sog. Filosofie oder „Gedankenfreiheit", wie das heisst, ihre radikalen Gedichte und majestätsverbrecherischen Gefühle offen dem Volke zeigen. Ja, *Stirner* war sogar eine Zeit lang Lehrer an einer Töchterschule und durfte diesen später für den Hof zum Teil bestimten süssen Geschöpfchen den Samen respektwidriger Empfindungen in die Seele pflanzen. Doch zulezt erlosch der Vulkan von selbst. Und ein trauriges Schlakenmeer perverser Ich-Erweiterungen und erkalteter Majestäts-Gedanken-Verbrechen traf der Tot an, als er die von keinem Adler-Orden geschmükte Leiche des frechen Denkers am 26. Juni 1856 in Berlin berührte.

Die Zahl kranker Denker aus den dreissiger und vierziger Jahren, wie wir soeben schon einige nanten, mit denen sich der Staat mangels ordentlicher Irrenhäuser in Festungen und unter dem Galgen herumschlagen musste, ist ausserordentlich gross. Es finden sich die „glänzendsten" Namen darunter. Das heisst: die Namen und ihre Träger wurden in den Augen des Publikums „glänzend", und erschienen als Leuchten des Gedankens, weil der Staat deren verbrecherisches Denken nicht zur rechten Zeit abschnitt. Denn eine einmal durch Anstekung in das Volk gedrungene und dort nach-gedachte Denkfunkzjon und manifest gewordene Idee ist daselbst nicht mehr auszurotten — ausser durch Massenköpfungen — sondern besteht dort als solche,

---

gestaunte Buch *Stirner's* — der Titel fält mir momentan nicht ein —; auch es ist für 20 Pfennig in der Reklam-Bibliotek zu haben!!! —

mit dem ganzen Selbverständlichkeits-Recht der Idee, als autochtone Funkzion des Gehirns. Es ist deshalb nötig, dass zunächst diejenigen, die mit solchen Gedanken-Frevlern zuerst in Berührung kommen, Ärzte, Juristen, Psichjater, Vormünder, Verwaltungsbeamte, Minister, die Anschauung aufgeben, als wäre das Denken 'was Besonderes, vor dem man Respekt haben müsse, vor dem man Halt machen müsse, oder das man etwa auf seine Uneigennüzigkeit oder seinen idealen Charakter zu untersuchen habe. Nichts von Alle dem! Gedanken sind wie Raupenhelme, oder Uniformstüke; man schaft sie ab, oder verbietet sie, oder färbt sie. Man teilt die Gedanken ein in Untertanen-Gedanken und Herrscher-Gedanken; und gibt Jedem die Gedanken, die seinem Stand angemessen sind. Findet sich, dass ein Einzelner, der sich speziell mit Denken abgibt, Herrscher-Gedanken in sich nährt (während er Untertan ist), und solche im Volke bei seinesgleichen verbreiten will, so leidet er offenkundig an „erweitertem Ich" (Schüle). Er ist dann in jedem Fall zunächst zu observiren. Findet sich, dass seine Krankheit bis zum „Sprung in's Objektive", bis zur „Objektivirung seiner Innerlichkeit in der Aussenwelt" (Schüle) fortgeschritten ist, und hat dieselbe antimonarchischen, auf den Umsturz des bestehenden „Dogmas des Gottesgnadentums der deutschen Fürsten (*inclusive* Lichtenstein)" gerichteten Charakter, so ist die *psichopatia criminalis* manifest. Es kann dann unter keinen Umständen ferner gestattet werden, — soll das Volk nicht tiefen sitlichen Schaden leiden — dass der Betreffende ruhig weiter seine Bücher schreibe und publizire. Er ist — heisse er nun *Kant*, *Lassalle* oder *Bruno Bauer* — in einer fürsorglich geleiteten Staats-Irren-Anstalt in temperirte Wannenbäder zu versezen, und dort während der Dauer der bestehenden Regierungsform festzuhalten.

---

[1]) Siehe, was wir darüber im ersten Abschnitt gesagt haben.

Schlusswort.

Ich kann wol kaum erwarten, dass die hier vorgetragenen, gänzlich neuen Gesichtspunkte allzurasch bei den hohen Regierungen und bei den verehrten Fachkollegen Eingang finden werden. Das wirklich Neue muss sich ja immer auf bestimte Widerstände gefasst machen. Und — was haben wir uns in den lezten zehn Jahren nicht für neue Krankheiten, neue Bazillen und neue Serum-Terapieen zumuten lassen müssen! So werde auch ich mit der Möglichkeit rechnen müssen, dass meine grundlegenden Ideen vielfachem Zweifel, vielleicht sogar spöttischem Achselzuken begegnen werden. Besonders nazjonalliberale Psichjater werden mir vielleicht entgegnen, dass für bestimte Ideen und Ideengruppen doch auch die Möglichkeit einer Inizjative im Volk, in den beherrschten Massen, als gegeben zu erachten sei. Ich will auf diesen Einwurf jezt nicht antworten. Ich vermag nicht an seine Berechtigung zu glauben. Jedenfalls könte er mich nicht hindern, auf eine Krankheit, als eine Spezjalform, aufmerksam zu machen, die seit mindestens 100 Jahren bei uns im Abendland besteht und immer grössere Dimensjonen anzunehmen droht.

Dass diese Neuform psichischer Entartung aus dem Sammelsurium politischer Vertraktheiten und revoluzjonärer Allüren als Tipus jezt endlich herausgeschält werden muss, das ist für mich das Postulat einer wissenschaftlichen Überzeugung und das Resultat vieljährigen, emsigen Studiums und genauer Beobachtung der Zeitläufte. Es komt ja so oft vor, dass man die manigfachsten Simtome für lange Zeit, für Jahrhunderte, zusammenwirft, sie vermengt, weil es noch an Schärfe der Sinne, an der nötigen Distinkzjons-Gabe fehlt, vor Allem, weil die Krankheit noch nicht so häufig aufgetreten ist. Ich erinnere an die allgemeine Paralise der Irren, an die *tabes dorsalis*, die spastische Spinalparalise, die Neurastenie, die multiple Sklerose, gewisse Augenkrankheiten, die alle erst im Laufe dieses Jahrhunderts als solche erkant wurden; bis eine Krankheit sich häufiger zeigt und gewisse Simptome sich immer wieder zusammenfinden, und nun plözlich der Tipus klar heraustritt und sich offenbart.

So mit der *psichopatia criminalis*. Sie ist eine verbrecherische Vernunft-Form, eine Art Influenza des Denkens, welche früher nur in einzelnen Köpfen hauste, sich in Singulär-Erscheinungen, wie *Arnold von Brescia*, dem Abt *Joachim*, *Savonarola*, dem *Pfeifer von Nicklashausen* u. a. manifesirte, oder in kleineren sektirerischen Epidemien, wie den *Waldensern*, den *Begharden*, den *Taboriten* u. a. ihren Ausdruk fand. Die Leute meinten, *ihr* Denken sei *das* Denken, sei *das* Leben und sei allgemeingültig. — Doch da die Krankheit nicht weiter um sich griff, und die patogenen Keime in den Köpfen der Gehenkten — oder, noch vorsichtiger: der Verbranten — erstarben, so wurden die Simptome immer noch vielfach übersehen. Erst mit dem sechzehnten Jahrhundert zeigte sich in Deutschland ein neuer Nachschub, dann in England im achtzehnten, und schliesslich zu Ende des vorigen Jahrhunderts in Frankreich, ein derartiges Anwachsen der Epidemie, dass nun die Ärzte genötigt waren, sich genauer mit den Erscheinungen zu befassen, ihre Ätiologie zu studiren und den *Tipus* derselben festzustellen.

Im Mittelalter wäre es z. B. keinem Menschen eingefallen, das freie Verfügungsrecht des von Gott eingesezten Fürsten über Leib, Leben und *Gedanken* seiner Untertanen anzuzweifeln.[1]) Einzelne verirte Geister, wo sie vorkamen, wurden rasch hingerichtet und entfernt. Als aber vor 200 Jahren die englischen *free-thinkers*, die Frei-Denker in England — „*Frei*-Denker“, welches Wort!! — ihre feindliche Geistestätigkeit begannen, genauer: als man im Abendlande erkante, dass Fürsten im Hinblik auf ihre Gedankengebilde wirklich abgeschaft, nämlich geköpft werden können, also seit der Hinrichtung Karl's I. von England, verdichteten sich diese dissoluten, aufrührerischen Meinungen zu der Tese: als gäbe es „Menschenrechte“ — soll heissen: Untertanenrechte — neben den Fürstenrechten. Ein ganz wahnhaftes, luftiges Gedankengebilde; das Resultat jener englischen und französischen Denker und entgleisten Gesellen, die nicht rechtzeitig in ein *lunatic asylum*, oder in die *Bastille*, gebracht wurden, oder wenn sie dahin kamen, nicht festgehalten wurden.

Es ist das Verdienst der heutigen Psichjatrie und der wissenschaftlichen Untersuchungen über Sugestjon und psichische Anstekungen, erkant zu haben, auf welchen Bedingungen das Weiterfressen und Umsichgreifen krankhafter, antimonarchischer Gedankengebilde beruht; und dass es nur des rechtzeitigen Eingreifens des Arztes und der amtlichen Behörde bedarf, um die den deutschen Fürstenhäusern drohenden Gefahren und ungünstigen Gedanken-Konklomerate aus der Welt zu schaffen.

Somit steht denn der Tipus der *psichopatia criminalis* heute klar und unverrükbar fest.

Sie erscheint unter den mannigfachsten Simptomen, die wir hier unter den landläufigen, weil leichter verständlichen, Krankheitsformen: *mania*, *melancholia*, Gehirnerweichung, Verrüktheit, zur Darstellung gebracht haben. Und beson-

---

[1]) Siehe den bekanten Grundsaz im Hinblik auf religiöse Anschauung: „*cujus regio, ejus religio.*“ —

ders unter dem Bild der *paranoia* entwikeln sich vielfach die Krankheitssimptome dieser kriminellen Psichose.

Man möge sich nicht durch den luftigen, hauchartigen Charakter, der überhaupt den Äusserungen der Psiche innewohnt, über die grosse Virulität der in Rede stehenden Keime täuschen lassen. Die Gefahr ist da. Sie ist iminent. Und bei dem stets fortschreitenden Prozess der politischen Gehirn-Erkrankungen im Abendlande wird es sich bald deutlicher herausstellen, dass wir hier vor einer der gefährlichsten und folgereichsten Massen-Epidemien stehen, und es Zeit ist, den Monarchen zuzurufen: „Fürsten Europa's, wahret Eure heiligsten Güter!"

Münchener Flugschriften.

Herausgegeben von Dr. M. G. Conrad,
Vorsitzender der „Gesellschaft für modernes Leben“.

I. Serie Nr. V & VI.

Genie und Wahnsinn.

Vortrag,

gehalten in der „Gesellschaft für modernes Leben“, Centralsäle, am 20. März 1891

von

Dr. Oskar Panizza.

München 1891.

Verlag der Münchner Handelsdruckerei & Verlagsanstalt M. Poeßl.

Preis 20 Pfennig.

Druckfehler:
Seite 99, 9./10. Zeile: „... Rasieren ..."

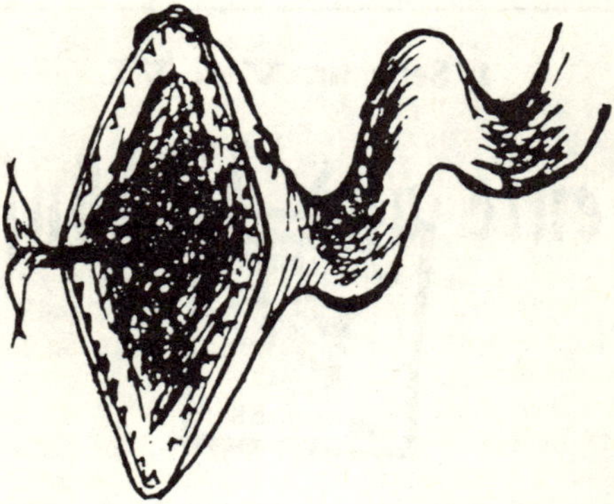

Genie und Wahnsinn.

Verehrte Anwesende! Die Pathologie der Seele behauptet gegenwärtig, wie Sie alle wissen, eine hervorragende Stelle in der dramatischen wie erzählenden Literatur. Ich brauche Sie nur an die am letzten öffentlichen Abend hier zum Vortrag gekommene Novelle „Der Muttermörder" von Ola Hansson zu erinnern, oder den Namen Ibsen zu nennen. Der Hauptsatz, der durch all' diese Literatur-Erzeugnisse geht, ist, der Mensch muß so handeln, wie er handelt, auf Grund seiner Vererbung, oder, wenn diese Vererbung eine ungünstige ist, auf Grund seiner Belastung. Die Entdeckung und Ausnützung dieses Satzes war für die Belletristik ein Ereignis allerersten Ranges. Schon das enorme Strafmaterial gab auf Jahre hinaus Stoff für Beschäftigung. — Doch darf nicht vergessen werden, daß die Behauptung von dem Handelnmüssen des Menschen, die heute in der Gesellschaft eine brennende geworden, in Gerichtssälen und Irren-Anstalten längst entschieden und sozusagen zur Ruhe gekommen ist. Schon Anfangs der siebziger Jahre hat Benedict, — um von Gall nicht zu reden, — in seinen „Verbrecher-Gehirne" nicht nur die Meinung ausgesprochen, sondern den Beweis gewagt, daß krankhafte Handlungen auf Grund eines pathologisch veränderten Organs bestehen können, und damit „eine bis über ferne Zonen und Zeiten ausgehende Bewegung" prophezeit. Heute weiß jeder Richter, daß Menschen, besonders Verbrecher, unter Umständen Zwangshandlungen begehen; und kein Schuldig! dürfte heute gesprochen werden, ohne daß der psychiatrische Sachverständige reichlich zu Rathe gezogen. — Hier sind also Juristen und Aerzte einmal der divinatorischen Begabung der Dichter zuvorgekommen. Dieß hindert nicht, daß jetzt, wo die gebildeten Massen von diesem interessanten Problem ergriffen sind, eine nochmalige Durchseiung aller einschlägigen Fragen stattfinden wird. Und jedenfalls mit großem Nutzen.

Bei dieser Sachlage werden Sie es vielleicht nicht ungünstig aufnehmen, wenn wir heute Abend eine andere Menschen-Classe zum Gegenstand einer Besprechung machen wollen, von der ebenfalls von jeher behauptet worden, daß sie bei Hervorbringung ihrer Werke unter dem höheren Zwang eines Müssens stehn; womit sie natürlich, ebensogut wie der Verbrecher, in das Bereich des Krankseins kamen; und da es sich hier um seelische Vorgänge handelt, in das Bereich der Seelenkrankheit, des Wahnsinns, — nämlich die Genies. — Das Genie also, die Art seiner seelischen Verfassung und seine Verwandtschaft zu den Seelen-Erkrankungen, soll uns heute Abend beschäftigen.

Unter Genie hat man zu verschiedenen Zeiten recht Verschiedenes verstanden. Im letzten Drittel des vorigen Jahrhunderts gab es eine Zeit der sog. Kraftgenialität, oder der Ur-Genies. Jeder, der mit einiger Keckheit die neuen Forderungen des damaligen Menschheits-Ideals sich zu eigen machte, und mit einer gewissen Verve vortrug, wurde Genie genannt. In Julian Schmidt's Geschichte des geistigen Lebens in Deutschland findet sich u. a. auf die damalige Zeit angewendet, der Satz: „Eine Reihe munterer Gesellen oder Genies schlossen sich in Frankfurt an den Dichter des „Götz" an . . . .". Aehnlich wie später zur Zeit Vogt's und Büchner's jeder junge Mann, der das Bedürfnis fühlte, sich über die Massen zu erheben, damit anfing, sich als „Freigeist" zu erklären, so war damals das emancipirende Wort für die Vorwärts-Strebenden: Genie. Und ich glaube es war Herder, der sich einmal diese bedenkliche Kameradschaft mit den Worten vom Leibe hielt: „Wer mich ein Genie nennt, dem gebe ich eine Ohrfeige." —

Inzwischen hat die Psychologie den Begriff des Genialen ziemlich eingeengt. Schon immer war man darüber einig, daß die geniale Hervorbringung eine spontane Thätigkeit der Phantasie, des Anschauungsvermögens sei, im Gegensatz zum Intellekt; und da man Anschauungsvermögen im vorigen Jahrhundert zu den sogenannten „unteren Seelenkräften" rechnete, so definirte folgerichtig schon Adelung Genie als „eine vorzügliche Entwickelung der unteren Seelenkräfte." („Ueber den deutschen Stil"

1785). Kant sagt, das eigentliche Feld für das Genie ist die Einbildungskraft, weil diese allein schöpferisch („Anthropologie"). Sehr eingehend spricht sich Schopenhauer über das Genie aus. Er sagt: Die eigentliche Arbeit des Genies geschieht ganz spontan; das innere Erfassen eines Kunstwerks von Seite des Genies ist unabhängig vom Willen; diesem sogar entgegengesetzt; also kein Akt der Willkür; sondern außer unserem Belieben; es ist eine starke Erregung der anschauenden Gehirnthätigkeit; das Talent erfaßt seinen Stoff mit freier Willensthätigkeit; es denkt sicherer, rascher und richtiger als die Andern; das Genie hingegen schaut in eine andere Welt als sie Alle. („Welt als Wille und Vorstellung"). Jürgen Mayer sagt: das Talent kennt sich selbst; es weiß, warum es zu einer bestimmten Ansicht kommt; das Genie wird sich nie darüber klar; es folgt einem unwiderstehlichen Impuls; nichts Unberechenbareres und Willkürlicheres als eine geniale Idee! („Genie und Talent"). Maudsley und Eduard von Hartmann glauben, daß die geniale Conception zunächst unbewußt erfolgt und dann plötzlich vor das erstaunte Auge ihres Besitzers tritt. („Physiology and Patholgy of Mind." — „Philosophie des Unbewußten"). Jean Paul vergleicht den Moment der Eingebung direkt mit dem somnambülen Zustand. („Vorschule der Aesthetik"). Und Humboldt sagt: „In dem einzigen Moment, da die Phantasie des Künstlers das Bild in sich geboren, ist das Meisterwerk vollendet, selbst wenn seine Hand in diesem Augenblick erstarrte. Die wirkliche Darstellung ist nur ein Nachhall jenes entscheidenden Moments." — Aus all diesen Aeußerungen sehen Sie, daß das Eintreten des genialen Augenblicks als etwas Neues, Plötzliches und Fremdartiges aufgefaßt wird, und als etwas vom gewöhnlichen Denken grundsätzlich Verschiedenes. Der geniale Einfall ist ein freiwillig geleistetes Geschenk der betreffenden Geistesanlage an ihren eigenen Besitzer, unvermittelt, unerwartet, zufällig, wie von Außen kommend, so daß der Betreffende selbst überrascht ist. Schon der alte Ausdruck Inspiration vom lateinischen inspirare, einhauchen, deutet an, daß Genies früherer Zeiten ihre Ideen als etwas von außen an sie Kommendes ansahen. Bei allen alten Völkern galt die Dichtkunst als eine Eingebung der Gottheit. Und nicht zufällig ist es, daß der Ausdruck Genius sowohl ein Genie, als einen geflügelten Abgesandten aus dem Jenseits bedeutet. Auch später, als die Verbindung der Dichtkunst mit einem sie verleihenden göttlichen Wesen mehr weniger fallen gelassen wurde, nannten sich die ältesten Dichter des Abendlandes, die Provencalen, Trovatore, Troubadour, vom ital. Trovare, finden, also Finder. Der Begriff finden deutet wiederum an, daß der Gegenstand außerhalb ihres Geistes liegt. — In unseren Tagen haben sich Psychologie und Philosophie im Allgemeinen dahin geeinigt, daß man sagt: der geniale Einfall wird durch Intuition, durch das geistige Anschauungsvermögen, geboren, und ist eine freiwillige, unberechenbare Leistung der betreffenden Geistes-Anlage; während das Talent mehr deductiv arbeitet, durch bewußte Zielrichtung zu seinen Ideen kommt, und seinen Erfolg seinem Fleiß und seiner Anstrengung verdankt. Seit wir wissen, daß ein Teil unserer Vorstellungen unbewußt ablaufen kann, ist der plötzliche Einbruch des genialen Einfalls leichter zu erklären: Nach einer Reihe unbewußter Vorstellungs-Akte tritt mit einemmal der geniale Gedanke bewußt zur Erscheinung, und der Betreffende ist über die Herkunft selbst im Zweifel und nennt es Einfall; das Wort Einfall, von außen hereinfallen, verlegt ja auch die Quelle des Ereignisses nach außen. Dieß ist die eine Erklärungsmethode. Oder es handelt sich beim Genie um das, was man Doppelpersönlichkeit nennt: Unter geringerem oder größerem Einschlafen des Bewußtseins, des Willens, tritt die Einbildungskraft, ähnlich wie im Traum, in volle Wirksamkeit. Und die genialen Einfälle kommen dann mit der Fremdartigkeit von Traumbildern heran. Aber mit dem Unterschied, daß, während der Träumende machtlos ist, das Genie seine traumartig einfallenden Regungen kritisiren, und mit dem Willen ordnen kann. Hier trifft Jean Paul's Vergleich des genialen Menschen im Moment der Inspiration mit einem Somnambulen, vollständig zu. Eine große Anzahl bedeutender Männer scheinen nach ihren Biographien zu bestimmten Zeiten wie Schlafwandelnde gehandelt zu haben. Von Beethoven ist es bekannt, daß er auf seinen Spaziergängen durch Wien oft plötzlich auf der Straße stehen blieb; oft mitten auf dem Fahrdamm; aus seinem ganzen Aeußeren sah man, daß er unter dem Eindruck einer starken inneren Erregung stand; seine Augen glänzten, und gingen, wie bei einem Menschen, der von einem starken Affekt beherrscht wird, irrlichterirend hin und her; er sah dann gar nichts, was sich um ihn ereignete; hörte keine Rufe, auszuweichen u. dergl; wohl aber zog er gelegentlich Papier und Bleistift hervor, die er stets zu diesem Zwecke bei sich trug, machte einige Noten-Notizen, und setzte dann, ruhig und wieder normal geworden, seinen Weg fort. — Also das autochthone Auftreten eines Phantasiebildes oder eines Gedankens ist Bedingung für geniale Begabung. Versuchen wir an einem Beispiel hier in diesem Saal das zu illustriren, was wir im Auge haben: Nehmen Sie an, hier in diesem Saale nähmen Temperatur und Hitze-Grade plötzlich in gefahrdrohender Weise überhand; durch irgend ein elementares Ereignis, wie Platzen eines Heiz-Rohres, nähme die Athmosphäre innerhalb kurzer Zeit einen Charakter an, ähnlich wie in jenem „schwarzen Loch" in Calcutta, wo bei dem großen indischen Aufstande mehrere hundert englische Männer und Frauen von den Aufständischen eingeschlossen in einem engen Raum nur durch den Abschluß der äußeren Luft erstickten; lassen Sie mich auch die Bedingungen in soweit construiren, daß als einziger Ausgang jene große Mittelthüre existirte, die aber, nach innen aufgehend, durch die hinausdrängende Menschenmenge blockirt, nicht geöffnet werden könnte; und nehmen Sie an, im Moment der höchsten Gefahr, nähme Jemand sein Bierkrügl und würfe damit eine jener großen, hochgelegenen, bis an die Saaldecke reichenden Glasscheiben ein, und rettet so, mit dem Eindringen der frischen Außenluft, die Situation, — so wäre das ein genialer Einfall; unter der Bedingung, daß dieser Wurf nicht das Resultat einer in der allgemeinen Verwirrung unmöglichen Discussion, sondern, daß der Betreffende das Bild des gegen die Fensterscheibe fliegenden Krügls, das Splittern der getroffenen Scheibe, das wirbelnde Hereinstürzen der kalten Luft, die starrenden Splitter rings um die entstandene Oeffnung in rascher

Reihenfolge vor seinem inneren Aug vorüberziehen sähe, und, wie von einem plötzlichen Impuls gepackt, das Gesehene ausführte. — Nehmen Sie dagegen an, der Wirt, oder sonst Jemand, der mit den Verhältnissen vertraut wäre, ginge in der Absicht, die Menge von der blockirten Mittelthür wegzulocken, auf eine kleine Nebenthür los, die, der Bedingung gemäß verschlossen sein müßte, aber mit dem Ruf: Hier ist ein Ausgang! und brächte durch diese Finte die Leute von der Mittelthür weg, die nun geöffnet werden könnte, so wäre das mehr das Vorgehen eines schlauen, Geistesgegenwart besitzenden, talentirten Kopfes. Das Talent weiß von Haus aus, was es will und sucht nach Mitteln; das Genie weiß außer einer beängstigenden Stimmung nicht, was es will, sieht aber plötzlich die Lösung in einem fertigen Bilde vor sich. — Die aus Zeus' Haupt gewappnet hervorspringende Pallas Athene, mit Schild und Speer, bereit zum Kampf, ist ein glückliches Symbol für das Eintreffen der genialen Idee. Und Archimedes, der plötzlich von der Lösung eines mathemathischen Problems überrascht, aus dem Bad, springt und unbekleidet mit dem Ruf Heureka! Ich hab's gefunden! durch die Straßen Syrakus' eilt, ist ein glückliches Urbild für die spontane Leistung eines genialen Kopfes. — Die geniale Begabung ist, nach der psychologischen Definition, die wir oben gegeben haben, natürlich nicht auf Jene beschränkt, die wir in bewunderndem Sinn, gern allein Genie nennen möchten: auf große Dichter, Künstler, Gelehrte und dergl. Jeder, jede Sparte, jedes Geschlecht kann von dem genialen Funken durchzittert werden: Im vorigen Jahrhundert wurde die Bank von England auf eine unerhörte und höchst merkwürdige Weise bestohlen. Dieses festeste und sicherste Gebäude der Erde, welches ohne Fenster, nur ein großes Mauerquadrat darstellt, glückte einem findigen Kopfe, dadurch anzugreifen, daß er einige hundert Schritt entfernt ein unscheinbares Haus kaufte, und von dem Keller aus, mit monatelanger Arbeit einen Tunnel grub bis unter das Niveau des Bankgebäudes. In einer Nacht nahm er dann die letzte Schicht weg, und beraubte das Institut um einen ansehnlichen Betrag. — Oder nehmen Sie Meyer Anselm Rothschild, der Begründer des Vermögens dieses großen Geldhauses, der nach der Schlacht von Waterloo sich mit Lebensgefahr auf einem Schifferboot über den Kanal rudern läßt, in London die tiefgesunkenen Papiere aufkauft, um nach Eintreffen der Siegesnachricht die ungeheure Differenz einzuziehen! — Und halten Sie damit zusammen jene andere phantastische Reise, die Swift seinen Capitän zu den Liliputanern machen läßt, so dürfte es zweifelhaft sein, welcher dieser drei Operationen der Preis höchster Originalität zukommt. Was weiß die Natnr von unsern Schemas und meskinen Einteilungen!? Was weiß sie von unserem Unterscheiden von nützlichen und schädlichen Genies!? Was kümmert es sie, daß wir heute die Schläfe eines Dichters bekränzen, und morgen einem Verbrecher den Kopf abschlagen!? Sie nährt Rose und Schierling mit gleicher Liebe an ihrem Busen. Sie wirft heute Diesem, morgen Jenem den zündenden Funken eines genialen Impulses in die Brust. — Doch bleiben wir bei den Rosen, und bei den angenehm duftenden Blüten der Menschheit!

Die Entscheidung darüber, was genial und was nicht, hat natürlich nicht der Betreffende, nicht der Künstler, sondern der Beschauer des Kunstwerks. Ein gewisser Instinkt sagt uns in vielen Fällen, daß der Künstler nur einen einzigen, plötzlichen Griff in seine Phantasie tat, daß das Kunstwerk, namentlich die erste Skizze, nur eine Momentaufnahme einer glücklichen Constellation seines Seelenlebens gab. Nehmen Sie z. B. einen Gabriel Max. Wer nur einigermaßen geübt ist im Beschauen und Beurteilen von Werken der darstellenden Kunst, wird zu dem Schluß kommen, daß, was Max oft in seinen Bildern bietet, nur die Augenblickserschütterung seines Gemütes war. Aehnliches gilt von den z. Z. ausgestellten Werken Klinger's. Diese Dinge sind zum Teil zu absonderlich, um längere Zeit in der Seele eines Künstlers zu wohnen. Nehmen Sie dagegen Werke, wie die eines Vautier, oder eines Menzel. Hier haben wir mehr den Eindruck, daß der Vorwurf zuerst mit dem Verstand erfaßt, dann mit Liebe ausgeheckt, ergrübelt, gepflegt, durch nachgehendes Naturstudium gefördert und endlich mit unermüdlichem Fleiß ausgeführt worden. Dort war mehr unser Gemüt erschüttert. Hier ist es unser Verstand, der den Zoll der Bewunderung rückhaltslos entrichtet. Jene waren mehr Poeten, denen der Zufall den Stift oder den Pinsel in die Hand gedrückt; der Quell ihres Schaffens liegt weit hinter ihrem Auge; ist das Resultat einer bestimmten Seelen-Anlage; und der Impuls, die Explosion ist oft so heftig, daß die Hand nicht nachkommen kann; und lieber wird die Form vernachlässigt, als ein Teil der Vision preisgegeben. — Diese dagegen sind die eigentlichen Künstler; in ihrem Auge, das sie nur zum Stift befähigte, liegt der Schwerpunkt ihres Schaffens; ihr Gemüt darf nichts mitsprechen beim künstlerischen Hervorbringen und scheint arm zu sein; um so reicher ist ihr unerschöpfbarer Fond an Naturbeobachtung; der Vorwurf ist oft klein und nebensächlich; die Form ist bis in's kleinste Detail und meisterhaft ausgearbeitet. — Ich habe hier mit Absicht nur erste Namen genannt, um gleich den Irrtum zu zerstreuen, als wäre Ingenium mehr als Talent, oder ersteres gar eine Steigerung des letzteren. Genie und Talent sind nicht graduell verschieden. Es sind zwei verschiedene Species, die nichts mit einander zu thun haben. Sie sind verschieden wie zwei Waffengattungen. So wenig man sagen kann, Artillerie ist mehr als Infanterie, so wenig darf man sagen, Genie ist mehr als Talent. Jede dieser geistigen Kampfesmethoden operirt für sich. Wer jeweilig der glücklichere ist, und den Sieg erringt, hängt von den Umständen ab. Das Genie kommt schwer, oft nie zur Anerkennung; das Talent findet leichtere Aufnahme. Nehmen Sie beispielsweise den belgischen Maler Wiertz, dessen unverkäufliche Werke zuletzt in einem eigenen Museum in Brüssel vereinigt wurden, wo sie heute noch eine große Sehenswürdigkeit bilden. Hier ist zweifellos ein Ingenium. Aber die Art der Darstellung, ebenso wie die Wahl der Stoffe, ist so ungeheuerlich, so absurd und fernabliegend, daß die Welt sie nicht goutirt hat. Oder nehmen Sie Jean Paul. Hier haben wir einen bis zur Verrücktheit originellen Künstler. Zu seiner Zeit mit Anerkennung überschüttet, und Goethen und Schillern gleichgestellt, ist er heute fast ungenießbar, und, wie es scheint, für die große Volksmasse definitiv verloren. Oder nehmen Sie Rabelais;

einen originellen Kopf, wenn es je einen gegeben hat; aber heimisch ist er in Frankreich nie geworden; und jeder Versuch ihn dem Publikum nahe zu bringen ist ebenso mißlungen, wie, ihn in die Literaturgeschichte einzuschlichten; er steht einsam und verlassen. — Bei dieser Gelegenheit werden Sie es mir gewiß erlauben, einige Worte über unser großes Dioscuren-Paar Goethe und Schiller zu sagen: Schiller und Goethe in einem Athemzug kurzweg als „Genies" zu bezeichnen, halte ich für einen Schlendrian im Denken wie im Reden. Wenn Einer von ihnen ein Genie war, dann war es der Andere gewiß nicht. Denn eine so grundlegende, bis zur Wurzel gehende Verschiedenheit, wie diese zwei Geistesgrößen, ist wohl kaum denkbar. Es ist eine Armut der Sprache, zwei solche Menschen unter einen Begriff subsumiren zu müssen. Wenn aber Einer von Beiden ein Genie war, dann war es gewiß Schiller. Dieser junge Mensch mit seinem mageren Gesicht, dem kecken fast rücksichtslosen Profil, den eingefallenen Wangen, dem fliegenden Athem, und jenem fabelhaften geistigen Elan, wie ihn so viele Lungenkranke aufweisen, war, wenn irgend Jemand, ein Ingenium bis zur letzten Haarzwiebel. Ich appellire an Ihre Empfindung beim Lesen der „Räuber". Ein kühneres Werk hat vielleicht keine Literatur der Welt zu verzeichnen. Nur ein Jüngling, dessen Geist in Flammen war, konnte so Etwas concipiren. In diesem Jugendwerk finden Sie Stellen, die an eine Türe anklopfen, an die gewöhnliche Menschen, auch Talente, selbst Goethe, nie hinkommen. — Nehmen Sie dagegen Goethe's „Werther"; ein Werk, das gewiß, ich will nicht sagen geeignet, aber werth ist, an den „Räubern" gemessen zu werden. Wer wollte zweifeln, daß die Tragik der Empfindung uns Thränen auspreßt? Daß wir erschüttert und gereinigt von dannen gehen? Aber schließlich sind es doch nur irdische Verhältnisse. Es ist eine Liebesaffaire, wie sie wo anders auch vorkommt. Nur mit ungeheurer Meisterschaft vorgeführt. Der zeitgenössische Kritiker La Harpe sagte damals, als die Franzosen den großen Erfolg des „Werther" in Deutschland nicht begreifen konnten: Es sei natürlich, eine gut erzählte Liebesgeschichte sei in dem betreffenden Land ihrer tiefen Wirkung auf die Gemüter immer gewiß; Aehnliches hätten sie bei sich zu Hause auch; z. B. Manon Lescant. — Gut! Aber eben die „Räuber" hatten die Franzosen nicht. Hier handelt es sich nicht um glücklich dargestellte Typen aus dem Volk, wie im „Werther". Sondern Franz wie Karl und Amalie sind fast zur Unmöglichkeit hinaufgeschraubte Figuren. Der transscendentale Gehalt der „Räuber" geht weit über sein irdisches Interesse hinaus. Schiller's hyperideales Bedürfnis durchbrach alle Schranken, und schuf sich Personen, die aus Himmel und Hölle gerissen zu sein scheinen. Und das gibt uns den Maaßstab, Schiller's Jugendwerk als genial zu bezeichnen. — Ich berufe mich bei diesen Ausführungen nicht auf Aesthetiker oder Literarhistoriker, sondern ich berufe mich auf den künstlerischen Instinkt der Massen. Die große Volksmasse wird immer demjenigen am lautesten zujubeln, der sie in einem angeschauten Kunstwerke am weitesten über das Niveau ihrer täglichen Beschäftigung hinausbringt. Ein Reiter, der im Cirkus über die Hälfte der Manege hinweg auf ein anderes Pferd setzt, und dies mit Gefahr von Hals- und Beinbrechen thut, gilt bei der breiten Volksmasse immer am meisten. Ein correcter Schulreiter, der nach allen Regeln der Kunst die Bahn ummißt, interessirt sie weniger. Das ist mehr für den Kenner. — Nun, Schiller war in den Augen des Volkes immer ein solch' waghalsiger Reiter, der den Sturz nicht fürchtet. Und das deutsche Volk sieht sich in seinem genialen Wagemut in Schiller geradezu verkörpert. Ihn hat es in erster Linie als Genie bezeichnet. Denn keckes Vorwärtsstürmen steht ihm doch näher als Sentimentalität, und wäre sie in den Mantel höchster künstlerischer Meisterschaft gekleidet. — Wir werden uns hüten das Urteil des bekannten, amerikanischen Schriftsteller's Cooper uns zu eigen zu machen, der meinte: in jedem ästhetischen Thee-Cirkel konnte unter Umständen ein geistreicher Mann wie Goethe entstehen; aber nur ein Gott konnte die Seele Schiller's erschaffen. Aber die entschiedene Inanspruchnahme Schiller's als Genie, tritt in diesem Urteil des germanisch empfindenden Amerikaners deutlich hervor. — Und noch zu einer anderen Bemerkung möchte ich hier um Ihr geneigtes Ohr bitten:

Es gibt eine große Breite in der menschlicheu Gesellschaft, die auf Alles, was nach Genie riecht, entschieden ungünstig zu sprechen ist. Alles, was sich im weitesten Sinne conservativ nennt, oder in einer glücklich errungenen Stellung die Ruhe liebt, will sich um keinen Preis durch das freche Anklopfen eines kühnen Neuerers aus dem Geleise bringen lassen. Für solche war und ist ein Stück wie Schiller's „Räuber" ein Gräuel. Während die künstlerische Vornehmheit eines Goethe, die zu Nichts verpflichtet, ihnen als das Höchste in der Kunst erscheint. — Nehmen Sie unsere heutigen Verhältnisse: Viele wollen von Ibsen nichts wissen, weil er sie aus ihrem täglichen Geleise bringt. Ein Kaufmann, der mit Frau und Tochter Abends in's Theater geht, will eine hübsche Emotion haben; aber nach Fallen des Vorhangs will er zu Abendessen, zu Ruhe und Ordnung zurückkehren. Ibsen aber verfolgt die Leute bis in ihre Wohnung, bis unter die Dachkammer, bis in's Comptoir, einen Teil der Woche hindurch. Das will ein solider Mann nicht. Er kennt die Kunst nur von der Seite des Genusses. Aber Ibsen thut weh! — Diesen Widerpart gegen das Genie dürfen wir nicht vergessen, wenn wir begreifen wollen, wie Leute wie Boecklin, Klinger, Nietzsche in Deutschland, Poe in Amerika, Byron in England, einfach sich nicht bis zur Oberfläche durchringen konnten. — Die ungeheure Größe, die Goethe heute erreicht hat, hat er vorzugsweise durch die Gelehrten erreicht, die natürlich alle conservativ sind, und deren Angesicht peremptorisch nach rückwärts gerichtet ist; während, was Schiller uns bis heute geworden, er fast nur durch die Volksgunst geworden ist. Ueber „Tasso" und „Iphigenie" ist gewiß hundert mal mehr geschrieben worden, als über „Kabale und Liebe". Aber lassen Sie „Kabale und Liebe" im Theater aufführen, und jedes Herz erzittert im Zuschauerraum bis unter den Kronleuchter hinauf. — Ich möchte Goethe nichts von seiner Bedeutung nehmen. Und kein Gedanke wäre mir untröstlicher, als wenn Sie die Empfindung von hier hinwegnähmen, ich hätte Goethe herabwürdigen wollen. Aber Schiller, dieser hagere Phthisiker, diese abgehärmte Heldengestalt mit dem plötzlich entstehenden Wangenrot, dem gleich darauf tödtliche Blässe folgt, scheint nun einmal der Inbegriff jener verblutenden Sehnsucht geworden zu sein, die nach dem höchsten Kranze greift, während ihr der Todeskeim schon in der Brust sitzt, wie sie dem Deutschen zu eigen ist, und wie sie in Ernst Schulze, dem Sänger der „Bezauberten Rose" einen anderen Ausdruck gefunden. Während der robuste gesunde Goethe mit seinen sensuellen Neigungen und gelegentlich lüsternen Feinheiten nun einmal eine gewisse, akademische Würde und steife Vornehmheit nicht abstreifen kann. Und diese ist dem deutschen Volke fremd. —

Ich möchte Ihnen gern, wenn es Sie nicht zu lange aufhält, noch einige Beispiele vorführen, die den Unterschied zwischen Genie und Talent recht deutlich beleuchten sollen. Beschränken wir uns einmal auf das Gebiet der Zeichner und Illustratoren. Zunächst einige ältere. Keinem Menschen glaube ich würde es einfallen, z. B. Chodowiecki als Genie ansprechen zu wollen. Hier steht der sorgfältige Naturbeobachter und fleißige Künstler zu sehr im Vordergrund. Anders steht es mit Hogarth, der entschieden geniale Momente besitzt, und in der Häufung allegorischer Anspielungen oft auf einem einzigen Blatt uns auf Gedanken bringt, die nur ein ursprünglicher, origineller Kopf so arrangiren konnte, und die mit Naturbeobachtung zunächst gar nichts zu thun haben. Ich erinnere Sie an jenes kostbare Blatt in der Kirche, wo jeder Zuhörer, vom Prediger herab bis zum Krüppel an der Kirchentüre, seine eigenen Gedanken plötzlich als Action dargestellt, verjüngt in schrecklicher Wahrheit auf dem Betpult vor sich aufgestellt sieht. Das ist zunächst gar keine Naturbeobachtung. Denn das kommt in der Natur nicht vor. Das ist weit mehr der seelische Drang des Künstlers der unsichtbaren Wahrheit im tiefsten Grunde des menschlichen Herzens nachzugehen, und sie um jeden Preis, und mit den gerade parat liegenden Mitteln, an's Tageslicht zu ziehen. — Wer nur die Natur nachzuahmen und wiederzugeben versteht, ohne Eigenes hinzuzuthun, mag erfreuen, mag Befriedigung darin finden, und von anderen geschätzt werden, — Genie wird ihn Niemand nennen.

Wenn ich aus der Reihe der Romantiker und jener Gruppe, die aus den „Nazarenern" hervorgegangen sind, einige Namen nennen darf, so ist es vielleicht Rethel, der Componist des „Totentanzes", der in uns den stärksten jener Eindrücke erwirkt, den wir mit „genial" bezeichnen; während Führich, Veit, Schnorr v. Carolsfeld, Genelli, Preller, wohl mehr auf der andern Seite liegen dürften; Schwindt erweckt wieder ein Echo in uns, das ihn weit eher mit Rethel verwandt erscheinen läßt, als mit irgend einem der Genannten. Beim großen Cornelius überrascht uns oft eine erschreckliche Verstandeskälte. Und bei Kaulbach ist es wieder jene große Dosis Sarkasmus, die uns nur mit Vorsicht uns ihm anvertrauen läßt. — Soll ich aus neuester Zeit noch ein paar Namen hinzufügen, so möchte ich am liebsten auf jenen eigentümlichen Gegensatz hinweisen, wie ihn zwei Zeichner aus dem auch bei uns viel gelesenen „Journal amusant" darbieten, auf jene beiden, die mit ihrem nom de guerre Stop und Mars heißen. Ein glücklicheres Beispiel für den Unterschied zwischen Genie und Talent dürfte für die heutige Zeit auf dem Gebiete des Blei- und Kreide-Stiftes wohl kaum zu treffen sein: Mars, ein vollendeter Zeichenkünstler, liefert jene oft über-pikanten Schildereien und Situationen aus dem Pariser Boulevard-Leben, die seinen Namen auch außerhalb Frankreichs berühmt gemacht haben. Seine Mache ist bestrickend. Er ist das geborene Zeichen-Talent. Auch der größten Banalität könnte er durch seinen Stift zum Beifall verhelfen. Er geht nie über die aller-oberflächlichsten Vorwürfe hinaus. Und seine liebste Staffage bilden Kleider, Schürzen, Stöcke, Schuhe, Hüte und Modegarnituren. Aber wer dürfte sich mit ihm im Zeichnen-Können so rasch vergleichen?! — Und nun nehmen sie dagegen Stop. Einen größeren Zeichen-Stümper hat es vielleicht in diesem Metier nie gegeben. Wenn er nur ein ein bischen oberflächliches oder ihm nicht zusagendes Thema vor sich hat, so kann man keck behaupten, jeder Sonntagsschüler wird ihn im Zeichnen in wenigen Wochen erreichen. Aber welche Originalität in den Ideen! Welche burlesken Wendungen! Welche verrückte Anwandlungen! Und wie ändert er die Menschen in dem Kaleidoskop seiner Seele zu einem neuen, unerhörten Geschlecht um! So ist er denn auch der Begründer einer ganz neuen parodistischen Kunst geworden; jener nämlich, durch die Säle einer Gemälde-Ausstellung, z. B. des Pariser „Salon", zu wandern, und wie durch ein schief-geschliffenes Augen-Glas, dessen Stop aber nicht bedarf, an den ausgestellten Bildern die unglaublichsten Verrenkungen, Verzerrungen, und komischen Situationen zu entdecken, eine Manier, die nur zu bald Nachahmer gefunden hat. — Doch weßhalb gehen wir nach Frankreich, um ein zeichnerisches Genie zu entdecken, nachdem wir in unsern Mauern ein solches, vom ausgesprochensten und stärksten Timbre besitzen? — Wer kennt nicht Oberländer?! Hier trifft sich zufällig Popularität und ungemessene Anerkennung mit genialer Veranlagung beisammen, was bei Stop gewiß nicht der Fall ist. Aber das ist gewiß kein Maaßstab. Nein, was Oberländer unbestritten als Bürger aus Genie-Land erkennen läßt, ist wieder jener unerklärliche, tiefe Untergrund der Seele, aus dem seine Entwürfe heraufsteigen, angethan mit einem Mantel, den andere nicht tragen. Wir stehen vor Oberländer's Zeichnungen oft paff, im Innersten getroffen, und vergessen ganz die komische Situation. Wer nur die heitere Seite seiner Darstellungen kennt, der hat diesen tief-ernsten Künstler nie erfaßt. Oberländer bietet uns komische Verwicklungen und Vorgänge, die aber oft nur mit einem Hauch an die Wirklichkeit, an die Möglichkeit erinnern; das Uebrige ist sein Eigenthum, gewagt konstruirt, absonderlich, grotesk, unerhört. Und von ihm gilt das Wort Schopenhauer's vom Genie: Er schaut in eine andere Welt als sie alle. —

Wir müssen noch eine Gruppe psychologisch eigengearteter Menschen betrachten, von denen es nach der gegebenen, eng-umschriebenen Grenze dessen, was man Genie nennt, zweifelhaft ist, ob man sie dazurechnen soll oder nicht. Moleschott hat besonders darauf aufmerksam gemacht, und es unter die Anzeichen der Genialität gerechnet, wenn gewisse Leute, Denker, Forscher durch unscheinbarste Reize aus der Außenwelt zu Schlüssen, Folgerungen, Weiterungen, Perspectiven gebracht werden, die in ihrer Größe, Großartigkeit oder Heterogenität den ursprünglichen Reiz, den Auslösungshebel für die ganze Gedankenkette, als winzig und gegenstandslos erscheinen lassen. So kam z. B. Galilei durch Betrachten der an langen Schnüren aufgehangenen Kirchenampeln und ihrer fast unmerklichen

Oscillationen auf das Gesetz der Pendelschwingungen; Newton kam durch Beobachtung eines vom Baum fallenden Apfels in seinem Garten in Woolsthorpe, als er auf der Bank saß, auf die Idee des Gravitations-Gesetzes und der Anziehungskräfte zwischen Weltkörpern und ihren Trabanten; John Watt kam durch Beobachtung des spontan sich hebenden Deckels einer siedenden Theekanne auf die Idee der Benützung des Dampfes als Motor. Der französische Componist Auber fand beim Schaumschlagen zum Rasi en die Melodie des bekannten Marschtempos in der Ouvertüre zu seiner „Stumme von Portici". Archimedes fand beim Einsteigen in's Bad das Gesetz der spezifischen Schwere der Körper. Der Astronom Leverier kam durch Beobachtung der Störungen in den Bewegungen des Planeten Uranus auf die Idee der Nähe eines anderen Himmelskörpers, berechnete diesen nach Größe und Stellung, und gab so Veranlassung zur Entdeckung des Planeten Neptun. — Hier haben wir eine Reihe von Geistestaten fast ausschließlich allerersten Ranges vor uns. Es scheint aber zweifelhaft, ob wir ihre Urheber unter die Genies rechnen sollen. Vom Genie verlangen wir, daß es in dem, was Geniales in ihm steckt ohne Anknüpfungspunkte mit seinen Zeitgenossen oder Vorgängern sei. Ein rein schriftstellerisches Genie soll, was Wortverbindungen, Satzstellung und die allgemeine Wirkung der Sprache angeht, unerhört sein. Dieß gilt z. B. im vollsten Maaße von der Sprache Luthers und Klopstocks. Ein coloristisches Genie, wie es Makart war, lehnte sich nicht etwa an Rubens, Titian, oder die Venetianer an, sondern erfand seine eigenen Töne. Die Malweise eines Max, das was man bei einem Maler den Vortrag nennt, war absolut neu, und wirkte auf ihre ersten Betrachter wie eine Offenbarung. Was man auch über Wagner's dramatisches Talent, seine Instrumentirung und Compositionsweise gesagt haben mag, scheint doch jenes scharf abgegrenzte Gebiet der Harmonisirung seine Haupt-Originalität auszumachen; Beweis: die fast unverkürzte Wirkung Wagner'scher Musik durch Wiedergabe auf dem Klavier, wo alle die obengenannten Momente wegfallen, und die Harmonie (nicht die Melodie) in ihr volles Recht tritt. An Wucht der orchestralen Mittel hat Wagner an Meyerbeer, an Melodiefindung in Weber, an rücksichtsloser Sprengung der überkommenen musikalischen Form an Berlioz ebenbürtige, zum Teil überlegene Rivalen; aber in der Harmonisirung, besonders in der enharmonischen Behandlung der Tongebilde, in der Verwendung der gewagtesten Dissonanzen hat Wagner Ausdrucksformen geschaffen, die man früher nicht kannte, die zum Teil unanalysirbar sind, die sich nur mit seinem Namen decken; und soweit ist Wagner Genie. —

Noch einer letzten Gruppe genialer Menschen müssen wir hier gedenken, denen gegenüber man fast zu der Annahme verleitet werden könnte, daß ein glücklicher Zufall sie zu dem gemacht hat, was sie geworden. Alles was bei Anderen in Form sich wiederholender Eingebungen, Stimmungen, Anregungen, Inspirationen über das ganze Leben wie ein Auf- und Abgehen gleichmäßig bewegter Wellen vertheilt ist, erscheint bei ihnen als ein plötzlicher seelischer Stoß von unerhörter Gewalt, dessen Nachzittern das Gemüth nicht mehr zur Ruhe kommen läßt; ein einziger Moment von fast hellsehender Kraft entscheidet für die ganze Lebenszeit; und ein seelischer Prozeß, der vielleicht in weniger als einer halben Stunde abspielt, bringt Lösung und Arbeitsplan für ein halbes Säculum. Das merkwürdigste Beispiel nach dieser Richtung ist wohl Descartes. Descartes, der zwei Jahre absolutester Einsamkeit in einer Pariser Vorstadt mit vergeblichen philosophischen Grübeleien ausgefüllt hatte, tritt plötzlich, mit der Erwägung, daß man die Lösung der großen Weltfragen draußen unter den Menschen suchen müsse, heraus, und nimmt, wie das damals während des 30jährigen Krieges üblich, Kriegsdienste in der bayerischen Armee. Und hier, im Kriegslager zu Neuburg an der Donau, macht der junge Franzose den großen Fund, — er nennt den 10. November 1619 — jene eigenthümliche Verbindung von Philosophie und Mathematik, jene eigenthümliche Methode philosophische Sätze geometrisch zu fassen, die ihm im Uebermaaß seines Zweifels als die einzige Rettung zu einer exacten, philosophischen Forschung erschienen war und die von nun an das unverrückbare Ziel seines Lebens bildet. (Erdmann, Gesch.

d. Philos. Band II pag 8 ff.) Bedenken Sie, Descartes, ein Mann der an der Spitze unserer gesammten modernen Philosophie steht, Descartes, der als erster es unternimmt, nicht die Außenwelt und ihre Beziehungen zu unserem Denken, sondern das denkende Ich auf seine Funktion hin zu prüfen, eine Art Denk-Mechanik zu liefern, ein Weg, auf dem wir heute noch wandeln, Descartes, ohne den Spinoza und in weiterer Folge Kant, und was sich an ihn anschließt, undenkbar, findet das treffliche Werkzeug seiner Methode in einem bayerischen Kriegslager, und läßt diesen Fund für sein ganzes Leben lang nicht mehr los! Und Descartes war doch kein Phantast, sondern ein fast rein mathematischer Kopf. Weit eher begreifen wir ein ähnliches Ereigniß bei Jakob Böhme, der zum erstenmale beim Betrachten eines von der Sonne beleuchteten Zinngeschirres auf jene Gedanken gekommen sein will, die er zwei Jahre später in seiner „Aurora", seinem entscheidenden Werk, zum Ausdruck brachte. Gewiß ist das Zinngeschirr, als solches, von ganz nebensächlicher Bedeutung für den geistigen Gährungs-Prozeß im Kopfe eines Jakob Böhme; aber was es uns lehrt, ist die Plötzlichkeit, mit der in einem genialen Kopfe alle die bunten Gedanken-Steine in einem gegebenen Moment zu einem glücklichen Mosaik zusammenschießen, ein Bild, welches dann den Betreffenden nicht mehr verläßt, und welches er freudestrahlend der Welt verkündet. — Und wer von Ihnen erinnert sich nicht bei dieser Gelegenheit jenes merkwürdigen Falles einer plötzlichen Seelenerschütterung eines bedeutenden Mannes, die wir unter dem Namen „Saul's Bekehrung" kennen. Ziehen wir all' das Legendäre, womit diese Episode zweifellos ausgeschmückt ist, ab, was bleibt übrig? Ein Mann, der in der Mitte seiner Jahre angelangt ist, von außerordentlicher Leidenschaftlichkeit, in fanatischer Verfolgung seines Lebensziels, der Ausrottung der jung angesiedelten Christen-Gemeinden, macht plötzlich Halt, und betritt eben die Stadt, auf die ein Hauptschlag geplant war, als Freund der Verfolgten, deren leidenschaftlichster Vorkämpfer er nun wird. Was Paulus am Himmel gesehen hat, oder gesehen haben will, ist ganz gleich; ob es ein rein innerlicher Prozeß, ein seelischer Conflict, war;

oder ob äußerliche Verhältnisse, Naturereignisse, ein heftiger Blitzschlag während eines Gewitters, wie bei Luther u. drgl. mitwirkten; nenne man es Inspiration, Vision oder Schrecken; historische Thatsache bleibt, daß ein Mann, dessen Geisteskräfte niemals in Zweifel gezogen wurden, und der durch sein kühnes Vordringen der jungen christlichen Kirche eine Angriffsfähigkeit verlieh, ohne die sie, wie Rénan glaubt, sicher untergegangen wäre, innerhalb weniger Stunden die heftigste innere Revolution durchmachte, und daß diese ein seinem Willen entgegengesetzter, spontan und unerbittlich verlaufender seelischer Prozeß war. —

Aber diese plötzliche Erleuchtung, dieses Hereinbrechen eines fast überirdischen Einflußes, an dem die betreffenden wie an eine fremde Macht glauben, das Hinaushorchen des genialen Menschen auf die fremde Stimme, die ihm schon einmal das erlösende Wort zugeflüstert, das Angewiesen-Sein auf eine Constellation des Geistes, die man nicht willkürlich herbeiführen kann, das Abwartenmüssen, ob auch dießmal die Seele das Bild, das Phantom hergeben wird, das zur künstlerischen Begeisterung antrieb, dieser ganze Status, — erst langsames, dumpfes Hinbrüten, dann fiebernde Angst und Erregung, — bringt die Genies psychologisch in dichteste Nähe mit einer Klasse perverser Geistesmenschen, die man allgemein unter dem Namen Hallucinanten zusammenfaßt. Und damit kommen wir zum zweiten Theil unserer Erörterung, die Verwandtschaft des Genies zum Wahnsinn. —

Die Verbindung von genialer Anlage mit Geisteskrankheit ist schon eine sehr alte. Und zwar deshalb, weil die meisten alten Völker Wahnsinn und Dichtkunst identificirten. Bei den Hebräern heißt navi Profet und Narr. Die Türken nennen die Geisteskranken „Söhne Gottes". Die „weisen Frauen" der alten Deutschen, von deren Aussprüchen die wichtigsten politischen Entschlüsse abhingen, waren geistig alterirte Personen. Die Priesterinnen des delfischen Orakels bei den Griechen waren geisteskranke Frauen oder künstlich in Extase gebracht. Bis herauf zur Seherin von Prevorst und den hellsehenden Aussprüchen Hypnotisirter wird immer die Gabe der Weissagung mit geistiger Alteration in Verbindung gebracht. Aber auch jene griechischen Schriftsteller, die Geisteskrankheit und Dichtkunst schon sehr wohl unterschieden, bringen beide Zustände in einen gewissen Zusammenhang. Man sprach von einem göttlichen Wahnsinn des Plato. Und Aristoteles schon bemerkte, daß alle ingeniösen Leute melancholisch seien. In der That ist die Melancholie, wie sie sich typisch auf den Gesichtszügen eines Beethoven ausgeprägt, eine regelmäßig wiederkehrende Erscheinung bei Leuten, die fast unaufhörlich von inneren Regungen und Bildern heimgesucht werden. Nicht zufällig bedeutet das deutsche Wort „tiefsinnig" melancholisch krank und gedankenreich. Selbst ein so heller und weitblickender Kopf wie Friedrich der Große wurde zeitlebens der melancholischen Anwandlungen und Todesgedanken nicht los. Noch bevor das von ihm erbaute Schloß Sanssouci fertig war, ließ er, der das 33. Lebensjahr noch nicht vollendet, sich im Garten vor dem Fenster seines künftigen Studir-Zimmers eine Gruft ausmauern, bedeckte sie, um ihren Zweck andern nicht erkennen zu lassen, mit einer Statue der Blumengöttin, und sagte im intimen Zwiegespräch mit einem Herrn seiner Umgebung; „Quand je serai là, je serai sans souci!" (Wenn ich dort drunten liegen werde, werde ich ohne Sorge sein!) Und davon hat das zwei Jahre später erbaute Schloß seinen Namen. Sonssouci war kein Lustschloß der Sorgenlosigkeit, sondern das Schloß einsam-zurückgezogener, melancholischer Gedanken-Arbeit. — Die Melancholie, hat man gesagt, ist der Gedankenbringer, wie der West-Wind der Regenbringer. Beide wirken befruchtend. Aber die Melancholie ist auch der düstere Ackerboden, auf dem die bunte Blume der Sinnestäuschung so leicht gedeiht. Selbst den großen Napoleon I. hielt in seinen Jugendjahren zu Brienne, Valençe und Auxonne eine melancholische Stimmung in ihrem Bann, und er, der so großes Unglück über die Menschheit gebracht, schrieb sentimentale Abhandlungen, wie „Ueber das Menschenglück", „Dialog über die Liebe", „Reflexionen über den Naturzustand." —

Die eigentlich wissenschaftliche Verbindung von Genie und Geisteskrankheit fällt erst in unser Jahrhundert. Moreau, der bekannte französische Irrenarzt, schrieb schon 1859 ein geistvolles Buch über diesen Gegenstand. Er definirte direkt das Genie als eine Gehirn-Neurose, als „éréthisme nerveux", der aber seinen Verlauf zum Wahnsinn oder Idiotismus nicht durchmacht, sondern stationär bleibt; also eine Art stehengebliebene Geisteskrankheit. Diese Anlage zu einer prädispositionellen Gehirnfunktion ist meist erblich; ebenso wie in bestimmten Familien immer wieder Lungen- oder Gelenk- oder Augen-Krankheiten vorkommen, so gibt es Familien, in denen das Gehirnleben nach der moralischen oder intellectuellen Seite prävalirt. Eine solche Familie hat große Chance einen geistig hervorragenden Menschen, im weiteren Verlauf aber einen Geisteskranken zu erzeugen. Von Griesinger stammt schon der bekannte Ausspruch: „Wenn ich höre, daß in einer Familie ein Genie existirt, frage ich gleich, ob nicht auch ein Blödsinniger darunter ist." In der That ist der Fall außerordentlich häufig, daß wir in der Ascendenz oder Descendenz von genialen Menschen die verschiedenen Formen von Psychosen antreffen. Nur einige ganz bekannte Beispiele: Schopenhauer's Onkel und Großmutter waren blödsinnig. Hegel's Schwester war verrückt (dieses Wort als psychiatrischen Terminus gebraucht), glaubte sich in ein Paquet verwandelt, welches gesiegelt und abgeschickt werde; starb durch Selbstmord. Eine Schwester von Diderot starb irrsinnig. Richelieu's geisteskranke Schwester hielt ihren Körper von Glas und schützte ihn dementsprechend; beider Bruder, ein Priester, hatte Visionen und hielt sich für Gott Vater. Die Mutter von Karl V. blieb die letzten 50 Jahre ihres Lebens in melancholischem Stumpfsinn; Karl V. selbst war gesund; zog sich aber in dem relativ frühen Alter von 56 Jahren angeekelt von der Welt in ein Kloster zurück, wo er starb. Sein Sohn war der hochbegabte, energische Philipp II. Und dessen Sohn Don Carlos war wieder geisteskrank und mußte in Gefangenschaft gehalten werden. Der Bruder Alexander des Großen, Arrhidaios war Idiot. Ein Sohn des römischen Geschichtsschreibers Tacitus war blödsinnig. Hieher gehört auch der bekannte Ausspruch: „Große Väter, kleine Söhne." Peter des Großen älterer Bruder Iwan war blödsinnig, seine Schwester Sophie war außergewöhnlich talentirt wie er selbst; und sein Enkel, Paul I., litt wiederum an Hallucinationen, glaubte sich in den Gassen von St. Petersburg von seinem verstorbenen Großvater verfolgt, und provocirte selbst durch sein unberechenbares, tolles und seine ganze Umgebung in Schrecken haltendes Benehmen die Verschwörung, durch die er aus dem Weg geräumt wurde. — Lombroso, der bekannte italienische Psychiater und modernste Vertreter der Lehre von der Identität von Genie und Wahnsinn geht ohne jeden voreingenommenen Standpunkt die Hauptmerkmale körperlicher und psychischer Natur bei Geisteskranken und genialen Menschen durch, findet durch Vergleichung eine große Zahl wesentlicher Symptome identisch und schließt aus der Identität dieser Symptome auf die Identität des geistigen Prozeßes. Ein etwas summarisches Verfahren, welches zunächst ein ungeheueres Material zur Stelle geschafft hat, das aber der kritischen Sichtung noch dringend bedürftig ist. Unter diese bei Geisteskranken und genialen Menschen gleichzeitig anzutreffenden Kennzeichen rechnet Lombroso in der 5. Auflage seines „L'uomo di Genio" folgende: kleine Statur, Bläße der Gesichtsfarbe, Magerkeit, Verletzungen und Asymmetrie des Schädels, fliehende Stirn, Ueberschreiten des Mittels der Schädelcapacität, Entzündungen der Gehirnhäute, Adhäsion der letzteren an der Schädelwand, Inegalität der Gehirnhälften, Stammeln, Stottern, Frühreife, Wanderungsdrang u. a. —

Im Allgemeinen muß man nun sagen, daß der Satz: Genie ist Wahnsinn, einfach und ohne Einschränkung aufgestellt, unhaltbar ist, und zu Irrthümern verleitet. Dem gegenüber hat Lamb, der englische Psychologe, Recht, wenn er entgegnet, er könne sich bestimmte hochbegabte Männer, wie Shakespeare und Goethe, geisteskrank gar nicht vorstellen. Auch ist es bezeichnend, daß gerade hervorragende Irrenärzte, wie Hagen, energisch sich gegen die Identifizirung beider Zustände gewehrt haben. Und es ist klar, daß ein Psychiater, wie Arndt, der als das Grundwesen aller Geisteskrankheit den Schwachsinn ansieht, niemals in die Gleichstellung dieses Hemmungs-Zustandes mit der höchsten geistigen Blüthe der Menschheit willigen wird. Auch liegt in dem obigen Satz: Genie ist Wahnsinn, zu nahe der Rückschluß: Wahnsinn ist Genie. Und wenn auch Lombroso ein ganzes Drittel seines Buches mit der Aufzählung von höchst merkwürdigen und originellen Begabungen bei Geisteskranken ausgefüllt hat, so darf dieser Rücksatz: Wahnsinn ist Genie, nie und nimmer praktisch aufzutreten wagen. Jeder Seifensieder kann geistig erkranken, ohne dadurch seinen Intellect um einen Gran zu erhöhen. Auch haben wir noch keine bestimmten statistischen Angaben darüber, wie viel Prozent überhaupt von der Menschheit geistig erkranken, um daran die Häufigkeit geistiger Anomalieen bei den Genies messen zu können. —

Aber es sind zwei Typen von Geisteskranken, zwei Arten von Psychosen, die mit jenen Zuständen, die wir ganz harmlos in den Biografieen genialer Menschen beschrieben finden, die unverkennbarste Aehnlichkeit haben, nämlich 1) die frischen Hallucinanten, also die zum erstenmal, oder neuerdings an Sinnestäuschungen Erkrankenden; und 2) jener eigenthümliche Zustand von Persönlichkeitswechsel mit Bewußtseinsstörung und Auftreten von visionären Delirien, wie er bei Epilepsie vorkommt, und den man deshalb psychische, geistige Epilepsie genannt hat (im Gegensatze zur körperlichen Epilepsie, den Anfällen). Die Analogie dieser beiden Psychosen mit gelegentlichen, aber ausschlaggebenden Zuständen bei genialen Menschen soll im Folgenden versucht werden.

Man hat etwas trivial, aber sehr illustrativ, den menschlichen Geist mit einer Flasche Sodawasser verglichen. Die Klarheit der Flüssigkeit entspricht dem normalen Zustand. Bei normaler Geistesverfassung fühlen wir unsere Gedanken nicht als solche. Unser Geist ist klar. Sobald der Stöpsel Luft bekommt, beginnt das Perlen und Sich-Trüben der Flüssigkeit. Der Stöpsel repräsentirt den controllirenden Druck unseres bewußten Aufmerkens, unseres Verstandes. Die aufsteigenden Perlen sind das Freiwerden der Imagination, die Bilder der Phantasie. In diesem Zustand befinden wir uns Alle im Schlaf. Unsere Aufmerksamkeit erlischt, und die Phantasie, die stets parat ist, wie die Kohlensäure, sobald der Druck von ihr genommen, emporzusteigen, beginnt ihre Tätigkeit als Traum. Wir erkennen die Träume nicht als unser geistiges Eigentum. Im Traum selbst sind wir kritiklos, naiv-zuschauend. Sobald wir erwachen, erblicken wir den Wirrwarr; wundern uns über unsern eigenen Zustand. Und mit dem Einstellen des bewußten Aufmerkens, mit dem Fester-Aufdrücken des Stöpsels, hört der ganze Spuck auf; die Perlen bleiben aus, die Flüssigkeit wird wieder klar. Bei einzelnen Menschen schlüpft zwar die eine oder andere Perle auch Tags über durch; das sind dann jene uns unbegreiflich erscheinenden Bilder, Worte, Zahlen u. dergl., die wir plötzlich in unserem Ich vorfinden. Und manchmal erinnern wir uns dann von so einer einzigen Perle aus der ganzen Episode, die uns Nachts geträumt hat. Das Ingenium ist dann eine schlecht schließende Flasche, bei der auch Tags über Perlen in größerer oder geringerer Menge durchschießen. Diese Perlen, diese Bilder, diese Motive, abgerissen, unmotivirt, plötzlich da, unbekannt woher, erregen, ebenso wie bei uns die Träume im Moment des Erwachens, seine gespannteste Aufmerksamkeit, sogar Angst, Unruhe, weil es diese geistige Potenzen nicht als sein Eigentum anerkennt; und nun beginnt eine erregte, fieberhafte Tätigkeit; der Verstand ist gezwungen, sich mit den fremden Faktoren abzufinden, sie zu verarbeiten; und das Resultat ist, wenn es gut geht, ein geniales Werk, ein unerhörter Fund, eine barocke Idee, aber immer ein Unicum. Der beginnende Geisteskranke, der beginnende Hallucinant ist dann ebenfalls eine Flasche mit gelockertem Stöpsel, bei der die Perlen immer stürmischer auftreten. Damit stimmt, daß beginnende Geisteskranke von einer Flut von Träumen bei Nacht heimgesucht werden; da ja Freiwerden der Imagination, ob bei Tag oder Nacht, immer derselbe Prozeß ist, und der Druck des bewußten Aufmerkens allein darüber entscheidet. Auch der beginnende Hallucinant stutzt genau anfangs wie das Genie über den fremden Eindringling, ist im Zweifel, geräth in Unruhe, und dies dauert wochen- und monatelang; aber meist häufen sich dann die Sinnesbilder so stürmisch, daß der Verstand Controlle und Kritik verliert, und das wilde Meer der Imagination den ganzen Menschen wie ein steuerloses Schiff hin- und herwirft. Beim genialen Menschen ist es im Ganzen selten, daß die plötzlichen Bilder seiner Phantasie wirklich bis zur Stärke von Sinnestäuschungen anwachsen, daß dieselben als Gestalten, Worte, Gerüche in die Außenwelt projicirt, und von dort zur Rechenschaft gezogen werden, wie es bei Luther (in seinen laut geführten Gesprächen mit dem Teufel), bei Schuhmann, Tasso, Byron, Cromwell, Socrates, und vielen anderen der Fall war. Häufiger besteht jener Zustand, wo die aufsteigenden Bilder der Phanthasie zwar als fremd, aber doch im eigenen Kopfe vorgehend, erkannt werden; wie Walter Scott es von sich ausdrückte, daß er ein „Opfer seiner Imagination" sei. Umgekehrt beim Hallucinanten ist, wie das Wort sagt, das Anwachsen des unbewußt geborenen Phantasiebildes bis zur Hallucination, bis zur Sinnestäuschung die Regel. Aber Beides kommt bei Beiden vor. Uebergänge von der normalen Gesundheit zu diesem Stadium des Geisteslebens kennen alle diejenigen, die starke Raucher sind, oder starken unvermischten Kafe trinken. Was sind die so gerne aufgesuchten Zustände von behaglicher Sorglosigkeit und abendländischem Nirwana, wie sie besonders der Raucher und Kafe-Consument kennt, anderes, als kleine Täuschungen unseres Ich's durch die Imagination auf Kosten unseres Verstandes. Lenau richtete sich durch den Genuß von schwarzem Kafe fast zu Grund. Noch intensiver wirken Opium, Chloroform, Aether; auch Alcohol und Absinth können alle Zustände von angenehmer Erregung unserer Phanthasie bis zum stürmischen Ausbruch von Hallucinationen erzeugen; am stärksten jedoch Haschisch. Man kann mit Haschisch innerhalb einer halben Stunde einen gesunden Menschen bis zu den turbulentesten Illusionen und Sinnestäuschungen bringen, ihn experimentell geisteskrank machen. Er antwortet auf jede Frage, correct und besonnen; sein Verstand ist nicht getrübt; inzwischen unterliegt er in jedem Bruchteil der Secunde den schrankenlos auf ihn einbrechenden Phantasmen seiner Einbildungskraft. Und was hier experimentell erzeugt ist, das tritt beim Ingenium, wenn auch graduell verschieden, spontan auf. Und die Gleichartigkeit aller dieser seelischen Prozesse ist es, was uns die Berechtigung gibt, von der Identität bestimmter Zustände beim Genie mit hallucinatorischem Irrsinn, also mit Geisteskrankheit, zu sprechen.

Ein solches fortwährend von seiner Imagination in Beschlag gelegtes Genie war Mozart. Was er auch tat, und wo er auch war, beim Fahren, beim Kegeln, beim Essen, beim Billard-Spielen, während der Unterhaltung, war er, nach eigener Aussage, stets innerlich musikalisch beschäftigt, und summend und brummend folgte er diesen inneren Anregungen; ja er suchte äußerliche, mechanische Beschäftigungen, wie Kegeln, Reiten gerne auf, weil dann dieses innere Produciren glatter von Statten ging. Sogar beim Essen mußte ihm seine Frau zuletzt das Fleisch zerschneiden, weil er sich durch mangelnde Aufmerksamkeit wiederholt mit dem Messer verletzt hatte. Hier haben wir also schon vollständig im Keim entwickelt das Auftreten der Doppelpersönlichkeit. Noch stärker war dies Alles bei Beethoven ausgeprägt, bei dem sich das innere Leben bis zu förmlichen Anfällen von Geistesabwesenheit verdichtete. Zu solchen Zeiten begann der große Componist ausgedehnte Waschungen — auch hier wieder ein äußeres mechanisches Hantiren als Aequivalent für den inneren Prozeß. Halb entkleidet holte Beethoven — wie Goethe's Zauberlehrling — Wasserkrug auf Wasserkrug, entleerte einen nach dem andern in das Becken, und während er halb durchnäßt mechanische Waschbewegungen machte oder im Zimmer auf- und abging, folgte er mit brummender oder heulender Stimme, rollenden Augen und geistesabwesender Miene seinen inneren Anregungen, die er auch gelegentlich durch einige Notizen am Schreibtisch fixirte. Dieses Waschen und Heulen und Sichausziehen ging stundenlang fort, bis Beethoven zuletzt, ohne es zu merken, bis am Knöchel im Wasser stand. Niemand wagte es, ihn in solchen Scenen zu stören, weil seine Umgebung wußte, daß es Stunden der tiefsten Meditation waren, und er durch die Unterbrechung auf's Höchste gereizt wurde. So ließ man ihn gewähren. Was aber nicht verhindert werden konnte war, daß Beethoven alle Augenblick die Wohnung gekündigt wurde, weil es der unten wohnenden Partei natürlich nicht angenehm sein konnte, daß ihr das Wasser durch die Decke troff. Wer diese Beschreibung liest, (Schindler, Biographie von L. v. Beethoven. Münster 1840) und jemals Gelegenheit hatte, einen frischen Hallucinanten zu sehen, kann nicht im Zweifel sein, daß es sich hier um verwandte Zustände handelt. — Bei vielen genialen Menschen verstärken sich dann, wie schon erwähnt, diese inneren Anregungen zu wirklichen sinnlichen Bildern, die nach außen verlegt werden, also zur wirklichen Sinnestäuschung. Schuhmann hörte viele Jahre seines Lebens hindurch, und noch in der guten Zeit, einen einzigen hohen Ton, der ihn sehr genirte, von dem er wußte, daß er subjektiver Natur war, den er aber trotzdem als von außen kommend betrachten mußte. Ein solch' einziges Factum, einem Eindringling sich gegenüber zu sehen, den man nicht als das Resultat seiner eigenen geistigen Produktion ansehen kann und darf, kann schon das Gemüt eines Menschen auf's Schrecklichste verdüstern, und jedes künstlerische Schaffen lahm legen. Später kamen dann bei Schuhmann andere Gehörs-, Geruchs- und Geschmacks-Hallucinationen hinzu, denen gegenüber er unterlag; er glaubte sich vergiftet; machte einen Selbstmordversuch durch einen Sprung in den Rhein, wurde gerettet, und verbrachte dann den Rest seines Lebens im Irrenhaus. — Bei Anderen mögen Hallucinationen in gewissem Umfang ohne Schädigung der geistigen Dispositions-Fähigkeit persistiren. Der Unterhaltungen Luthers mit dem Teufel (der ihn unter Anderem fragte, „was er mit den Klöstern angefangen"), wurde schon gedacht. Socrates hatte nicht nur Gehörs-Hallucinationen, sondern er personifizirte sie bis zur Annahme einer überirdischen Person, die er daimon, Gottheit nannte, und von der er die Grundsätze seiner philosophischen Lehre erhalten haben wollte. Zur Annahme eines solchen „Schutzgeistes" oder „Genius" kamen auch Keppler, der seine Entdeckungen von einem solchen „zugeflüstert" haben wollte; Cromwell, und sogar Napoleon I., der behauptete, eine glänzende Frauengestalt wiederholt vor seinen Schlachten gesehen zu haben, und die für ihn stets glückbringend war. „Derartige Hallucinationen, — sagt Moreau — weit entfernt, die geringste Störung auf die Geisteskräfte des Betreffenden auszuüben, waren vielmehr geeignet, denselben auf's Aeußerste zur Erreichung eines einmal vorgesetzten Planes anzuspornen." Jeanne d'Arc vollführte das, was sie tat, nur durch den mächtigen Impuls, den ihr die von ihr vernommenen „göttlichen Stimmen und Befehle" verliehen. Und daß die exaltirten Zustände und Visionen aller Heiligen vom heiligen Antonius in Egypten bis zur spanischen Maria d'Agreda auf Sinnestäuschungen zurückzuführen sind, kann vom wissenschaftlichen Standpunkt aus keinem Zweifel unterliegen. — Ein weiteres Symptom von nicht zu unterschätzender Bedeutung, welches genialen Menschen wie Hallucinanten gemeinsam ist, sind die laut geführten Selbstgespräche. Ganz gesunde Menschen reden nicht mit sich selbst; außer vielleicht in Momenten starker physischer Erregung, wo ein kurzer Ausruf der Freude oder des Entsetzens durch die Lippen schlüpfen mag. Was ist die Veranlassung, sich selbst zu antworten, anders, als das Anwachsen eines imaginären Vorganges in uns bis zur Verkörperung zu einer äußeren Macht, der wir dann als ein alter ego gegenübertreten. Bierre de Boismont sagt, daß Leute, die Selbstgespräche führen, zu Hallucinationen tendiren. Der einzige Unterschied, in der Tat, zwischen einem Mit-Sich-selbst Redenden und einem Hallucinanten ist nur der, daß Ersterer noch Kenntnis davon hat, daß das unsichtbare Wort, dem er antwortet, noch in ihm selbst vorgeht, während der Letztere das schon nicht mehr weiß, sondern die Quelle draußen sucht. Der schottische Dichter Robert Burns ging bei der Composition seines „Tam o' Shanter" heftig gestikulirend, wie seine Frau erzählt, und wiederholt laut seinen Helden anrufend „O Tam! O Tam!" am Fluß-Ufer in der Nähe seiner Wohnung auf und ab; dies nahm die Zeit ein „between breakfast and dinner"; am gleichen Abend, als der „storm of Composition" vorüber war, schrieb er das über zweitausend Verse haltende Gedicht in einem Zug nieder, und erklärte es, bis an sein Lebensende, als das Beste, was er gemacht. — Hieher gehört auch, daß viele Schriftsteller und Dichter ihre Schöpfungen so objektiv aus sich hinauslegen, daß sie ihre Helden nicht nur anreden, sondern deren Schmerzen teilen, mit ihnen leiden, und für sie fürchten. Balzac war oft trostlos, wie es dieser oder jener Person seiner Erzählung, die noch nicht vollendet war, gehen werde, und besprach alle Eventualitäten mit seinen Freunden mit einer Unruhe und Besorgnis, als ob er nicht den geringsten Einfluß auf den Ausgang habe. Richard Wagner brach einmal bei einer Probe des von ihm componirten „Lohengrin" in der Scene von Lohengrin's Abschied schluchzend in seiner Loge zusammen.

Wir wollen noch kurz von jener zweiten Gruppe genialer Menschen handeln, deren geistige Verwandte auf irrenärztlichem Gebiet die an „psychischer Epilepsie" Leidenden sind. Bei Epileptikern kann statt des wirklichen Anfalls, also statt der Krämpfe, nach einer längst bekannten irrenärztlichen Erfahrung, ein psychischer Status eintreten, der sich durch schrankenlose Delirien mit Aufhebung des Bewußtseins äußert. Dies nennt man psychische Epilepsie. Es können alternirend beide Zustände, oder nur die einen oder die anderen bei einem und demselben Individuum vorkommen. Und das gleiche finden wir bei vielen genial angelegten Menschen. Direkt an Epilepsie litten Julius Cäsar, Muhamed, Narses, Napoleon I, Pascal, Dostojewski, Petrarca, Molière, Peter der Große und viele andere. Cäsar hatte vollständige Kenntniß seines Zustandes, und suchte demselben durch ein diätetisches Regime zu begegnen, indem er große Enthaltsamkeit übte, und gymnastische Uebungen trieb. Plutarch berichtet von zwei großen Anfällen bei ihm, deren einer sich ankündigte, als er eben sein Heer bei Thapsus in Schlachtordnung aufgestellt hatte; wissend, was kommen werde, ließ er sich in einen nahen Turm tragen, und wartete dort das Vorübergehen jener Convulsionen ab, welche die Römer morbus comitialis nannten, weil sie, als ominös, die Comitial-Berathungen sofort aufhoben. Auch Napoleon machte während der Schlacht bei Austerlitz in seinem Zelt einen epileptischen Schlaf-Zustand von etwa ½stündiger Dauer durch, aus dem ihn seine Umgebung angesichts der begonnenen Schlacht vergebens aufzurütteln versuchte. Pascal starb während eines heftigen epileptischen Anfalles. An einfachen Convulsionen, ohne Störung des Bewußtseins, und dem Willen entzogenen Partial-Zuckungen in Gesicht, Schulter u. dergl. litten außerdem Crebillon, Händel, Schiller, Moreau, Paganini, Alfieri. An jenem Zustand, den man epileptischen Schwindel nennt, und den man als einen nicht zum Durchbruch gekommenen Anfall bezeichnen kann, litten Swift und Newton. Ein allen Epileptikern, und wäre es der einfachste Bauernbursche, gemeinsames Symptom ist eine außerordentlich gesteigerte, gemütliche Reizbarkeit. Und es braucht wohl kaum besonders betont werden, wie dieß auch wieder bei Künstlern, Schriftstellern, Dichtern und hervorragenden Geistesarbeitern ein hervorstehend psychisches Moment bildet. — Für die reine psychische Epilepsie, jenen visionären Zustand ohne Convulsionen, der aber keine Erinnerung hinterläßt, gibt es wohl kein besseres vorbildliches Beispiel, als der bekannte Fall jenes Bauernmädchens, den fast alle psychiatrischen Lehrbücher benützt haben, welches auf der Wiese mähend mit einemmal von dem traumhaften Zustand überrascht wird, aber mit offenen Augen fortmähend allmählich an einen Bach kommt, mähend in den Bach hineinstieg, im Wasser nicht erwacht und nun den Bach entlang mäht, bis endlich die anderen Leute auf dem Felde sie entdecken und herausziehen. Nach Hause gebracht, kommt sie allmählich zu sich, und ist dann ohne jede Erinnerung für das Vorgefallene. So machte Ampère, der bekannte französische Mathematiker, eines Morgens einen Spazierritt, als er von diesem visionären Zustand ereilt wird; er reitet anfangs ruhig weiter, steigt dann vom Pferd, führt dieses eine Zeit lang am Zaum, läßt es dann ledig, und verirrt sich. Als er nach einigen Stunden zurückkehrt, und man ihm das eingefangene Pferd zeigt, — weiß er von Nichts. Auch Beethoven irrte wiederholt in der Umgebung Wiens ohne Hut, Stock und Mantel umher, wurde als Streuner aufgegriffen, auf die Polizei gebracht, wo man nicht glauben wollte, daß er Beethoven sei, und wo er nicht angeben konnte, wo er etwa die Kleidungsstücke verloren. — Bekannt ist die Gewohnheit vieler genialer Menschen, plötzliche Einfälle mit einigen wenigen Notizen zu Papier zu bringen, aus Furcht, sie möchten ihnen entfallen. Und diese Furcht ist begründet. Hebbel erzählt, er habe mit dem größten Erstaunen Notizen in seinen Tagebüchern gefunden, die ihm nicht nur entfallen, sondern vollständig fremd vorkamen; die er gleichsam nur durch die Schrift erkannte. Er tröstet sich aber damit, daß das, was in der Zwischenzeit dem Gedächtniß entfallen, bei dem nächsten inspiratorischen Zustand wieder in voller Klarheit als Erinnerung dem Geiste zuströme, und spricht damit eines der Grundphänomene der Hypnose und psychischen Epilepsie aus, welches wissenschaftlich experimentell erst viel später festgestellt wurde, nämlich: die Spaltung der psychischen Persönlichkeit in Zwei, von denen Jede nur ihre eigenen Phasen wiedererkennt, und über die ihres Contre-Partes vollständig im Unklaren bleibt. — Maudsley, der englische Psychologe, der bemerkte, daß Epileptiker in ihren somnambülen Zuständen vorwiegend Visionen religiösen Inhalts und mit begeisterter Färbung hatten, sprach zuerst die Vermuthung aus, es möchten viele der Religionsstifter, bei denen es sich um die subjektive Ueberzeugung göttlicher Eingebung handelt, an geheimer oder offenkundiger Epilepsie gelitten haben. Dieß trifft in der That bei Muhamed in seinem vollen Umfange zu, der nachgewiesenermaßen schwere epileptische Attaquen durchmachte, und die lebhaftesten Visionen hatte. Bedenken Sie, welche Perspektive, wenn wir auf Grund dieser Darlegungen es, nicht als die letzte, sondern als eine der ersten Consequenzen, aussprechen müssen, daß ohne die psycho-epileptischen Zustände dieses Koreischiten der Muhammedismus nicht existirte. —

Mit diesen beiden Gruppen, der hallucinatorischen und psycho-epileptischen genialer Menschen, sind die Berührungspunkte zwischen Genie und Irrsinn noch nicht erschöpft. Eine nicht geringe Anzahl von Genies verfiel später, und anscheinend ohne eigentlichen Zusammenhang mit ihrem geistigen Produciren, definitiv der Geisteskrankheit. Unter anderen: Hölderlin, Zimmermann, der bekannte Verfasser von „Ueber die Einsamkeit“; Lenau; Lenz, der Zeitgenosse und Gefährte Goethe's; Ben Johnson, der Zeitgenosse Shakespeare's; Schuhmann; Donizetti; Newton, der sich in den letzten Jahren seines Lebens von allen mathematischen Untersuchungen abwandte, und ein mystisch-verworrenes Werk über die Apokalypse schrieb; Swift, der nebenbei gesagt, Jahrzehnte voraus seine geistige Erkrankung angekündigt; Basedow, der bekannte Pädagoge des vorigen Jahrhunderts, der zuletzt alle seine Schriften vertilgte, in der Meinung, Gott damit beleidigt zu haben; Swedenborg; und sogar Kant. — Nicht geringer ist die Zahl der zwischen hinein geistig erkrankten genialen Menschen, die später wieder gesundeten: Tasso; George Sand, Cromwell; Alfieri, der jedes Frühjahr eine melancholische Periode durchmachte, welcher dann im Herbst eine Zeit schöpferischer Thatkraft folgte; Schiller, der in Bauerbach in seinem 22. Lebensjahr eine complete melancholische Phase absolvirte und einen fremden Namen annahm; (genau das gleiche hatte Descartes ohne jeden sichtbaren Grund längere Zeit in Holland gethan); Ampère, der einen Tractat „Ueber die Zukunft der Chemie“ verbrannte, in der Meinung, der Teufel habe ihm denselben eingegeben: Gutzkow, Comte, der französische Philosoph, der zwei Jahre in einer Irrenanstalt untergebracht war, und dann, entlassen, sein berühmtes Werk über den Positivismus schrieb. — Andere geniale Männer wie Beethoven, Grabbe, Byron, Richard Wagner wurden in wissenschaftlicher wie populärer Form für verrückt erklärt, ohne daß sie es waren. —

Bei vielen genialen Menschen geht, ähnlich wie bei Alfieri, der eigentlichen schöpferischen Thätigkeit eine kürzere oder längere Periode tiefsten melancholischen In-Sich-Versunkenseins voraus; ganz ähnlich, wie auch bei den verschiedensten Formen von Geisteskrankheiten, besonders bei Tobsucht, ein melancholisches Initialstadium zu erkennen ist. Dieß hat wohl Niemand in bitterer Weise zu erfahren gehabt, als Luther. In der Zeit zwischen 1507 und 1508 war Luther im Kloster zu Erfurt in tiefster Apathie versunken. Angstzustände wechselten mit heftigen Selbstanklagen und religiösen Peinigungen ab. Dieß steigerte sich bis zur Nahrungsverweigerung; so daß eines Tags seine Zelle gewaltsam erbrochen werden mußte, und die Klosterbrüder ihn in einer Verfassung fanden, der wie der wörtliche Bericht lautet „dem Wahnsinn näher als jedem andern Zustand“ war. Jeder Zuspruch war gänzlich verloren. Bis endlich nach etwa halbjähriger Dauer dieses schreckliche Leiden wich, und Luther, wie er glaubte, durch göttliche Erleuchtung plötzlich in seinen religiösen Zweifeln sehend wurde. Und nun tritt er, neugekräftigt, in die Oeffentlichkeit, und macht eben den Inhalt seines durchlebten Krankheitsprozesses und die Lösung, die er gefunden, zum Inhalt einer neuen Glaubenslehre. Dieß muß festgehalten werden, wenn wir Luthers Auftreten begreifen wollen. Luther's Lehre, daß wir nicht durch gute Werke oder Buße, sondern nur durch die Gnade Gottes Erlösung erlangen können — der Grund- und Eckstein der gesammten Reformation — war der direkte Ausdruck seiner geistigen Krankheit und der zuletzt gefundenen Heilung. Er, der sich kasteit, der gefastet, gebetet, gewacht hatte, um Ruhe in seiner Seele zu finden, aber umsonst, weil eben die Melancholie noch nicht abgelaufen war, findet nun plötzlich diese Seelenruhe wie eine Gnade vom Himmel sich geschenkt; und nun tritt er hinaus und schreit dieses Ergebniß mit Stentorstimme durch die ganze Welt. Der Satz von dem höheren Werth der Gnade Gottes war damals gar nicht so wichtig, oder etwa im Mittelpunkte des Interesses gestanden. Kein Papst und Theologe, selbst der bekannte Tetzel mit seinen Abläßen nicht, hätte bestritten, daß die Gnade Gottes mehr sei, als unsere Anstrengungen um die Seligkeit. Was diese Leute alle in die Opposition hineintrieb, war die Vehemenz, mit der Luther diese angeblich neue Wahrheit verkündete, und die fürchterlichen Invectiven gegen Rom, mit denen er seine Lehrsätze in die Welt schickte! Kein Mensch hat je so heftig gegen sich selbst gewüthet, als Luther in seiner Krankheit. Aber auch kein Mensch hat jemals so gegen die Außenwelt gewüthet, nachdem er selbst in seinem Inneren fest und sicher geworden. Ohne den Jähzorn Luthers wäre die deutsche Sprache nimmer das geworden, was sie ist. Aus Luther's Schriften kann man ein förmliches Schimpf-Lexikon zusammensetzen. Gegen diesen Cherusker in der Sprache, der noch dazu die Gewißheit hatte, daß Alles, was er gegen Rom schleudere, ihm von Gott befohlen sei, kamen die feinen italienischen Cardinäle nicht auf. Das war kein Kampf mehr auf gleich. Das war ein Verhältniß wie zwischen einem Dreschflegel und Zahnstochern. — Aber, wie gesagt: Ohne die Melancholie in der Erfurter Kloster-Zelle keine Reformation! Und nun erwägen Sie, was Alles von jener geistigen Störung in der Brust eines einfachen Bergmanns-Sohnes abhing! —

Ich komme zum Schluß. Wenn wir Alles, was an zweifelhaften Geisteszuständen bei genialen Menschen auf uns gekommen, hier besprechen wollten, wir würden vor drei Stunden nicht fertig. Carlyle sagt: Wenn man die Biografien großer Männer durchgeht, steht man vor einer großen Krankengeschichte. Wie sehr auch das Genie von der Mit- und mehr noch von der Nach-Welt angestaunt und bewundert wird, es selbst ist nicht glücklich. Es lebt vereinsamt und im steten Kampfe mit sich selbst. Und jedes Genie könnte von sich selbst sagen, was Heine in tiefer Selbst-Erkenntniß aussprach:

„Krankheit ist wohl der letzte Grund
Des ganzen Schöpferdrangs gewesen;
Erschaffend konnte ich genesen,
Erschaffend wurde ich gesund." —

Tristan und Isolde in Paris

von Oskar Panizza

(Züricher Diskußionen, Nr. 25–26, 1900)

Ich hoke oben auf meiner troisième Galerie – denn zu einer stalle d'orchestre für 25 francs hatte ich kein Geld – auch keine Lust – und sehe hinunter in den kahlen Raum, der sich demnächst mit Damast-Taljen, kahlen Schädeln, ausgeschnittenen Kleidern und strozenden Brüsten füllen soll. Eine furchtbare Leere gähnt da herauf, drei Stok hoch, drei Stok tief meine ich, eine Art Heidelberger Faß mit Damast ausgeschlagen, und Richard Wagner wird jezt in einer Stunde diesen Raum mit seinem Geist ausfüllen, und was werden diese Hern und Damen, die aus allen möglichen Büros, Ministerjen, Salons, Schanklokalen und Comptoirs herauskommen, wenn sie aus diesem grosen Faß des unvergleichlichen teutonischen Schenies einen Zug getan, wenn sie von Isoldens Zauberkelch genipt, was werden sie sagen, was empfinden und mit nach Hause nehmen?
Warum kommen eigentlich alle diese Hern und Damen hier zusammen? . . . .
Ein muffiger Geruch strömt jezt herauf aus der Tiefe. Man hat nicht gelüftet. Warum hat man nicht gelüftet? Gestern Abend, das heist: Gestern Nachts ½12, schloß hier in diesem gleichen Saal irgend eine kleine, dumme Operette, und seither hat man nicht gelüftet. Es ist klar, daß hier die Angst- und Unlust-Gerüche dieses operettenhaften Publikums hier herum noch auf den Bänken lagern . . . . . . Ich greife auf den Plaz nebenan, streife ab, rieche daran: ja wahrhaftig: der Plaz stinkt auch, das ganze Teater stinkt . . . .
Ein bläulicher Dunst, wie in einem Märchendrama, liegt über der ganzen Tiefe. Das macht sich gut. Misterjöse Dinge, Seelen-Dinge, wie diese Liebe Isoldens zu Tristan – er war ja gar nicht bei der Sache; ihm war die Sache ja ganz egal; sie wolte nur ihren

Willen durchsezen – misterjöse Dinge, wie diese Liebe Isoldens zu Tristan, solten immer vor einer bläulichen Atmosfäre gespielt werden, durch eine bläuliche Atmosfäre hindurch dargestelt werden, das macht sich gut, das wekt den Glauben der Seele auf.....

Tief, tief unter mir all' die schlanken Parketreihen, die stalles d'orchestre und die baignoires, alle noch leer ...... was ist das dort? was sind das für weise Punkte? ...... Durch den blauen Dunst kann ich nichts erkennen, wie ein Vineta liegt Das da tief unter mir, als würde unter dem Wasser gespielt, und auf die Parketstühle sezten sich Seejungfern und Melusinen, um zu sehen, wie eine ihrer Schwestern den Tristan betrügt ...... was sind das für weise Punkte dort? Sind es Muscheln? Sind es Fische? ...... dort auf allen Sizreihen? .... mein Gott! nein, es muß doch das Teater überall gleich ausstaffirt sein, wir leben doch in einer Republik, was dort auf den Sizreihen liegt, müste auch in den Loschen und auf der Gallerie zu finden sein – meint Ihr denn, man wird den Besuchern da unten eine Extra-consommation aus Austern serviren? – nein, nein! ach da: sieh, überall liegen diese weisen Zettel – es sind Bücher – man sieht durch den blauen Dunst so schwer! – nein, es sind Programme – hier, neben Deinem Plaz liegt auch eins!: – es ist das Textbuch – nein! es sind nur Programme – was steht denn da?! – Association des Concerts Lamoureux – na ja! – Ce programme est distribué gratuitement – na ja, was ich sagte: Gott, Lamoureux ist gewiß liebenswürdig, die Franzosen sind gewiß liebenswürdig, sie sorgen dafür, daß jeder Besucher einen beiläufigen Begriff von dieser schwierigen Oper erhält – Gott, ein Glük! ich bin froh – ich kann mir nicht diese Sachen

kaufen – ich habe kaum mehr soviel Geld, daß ich mir eine Oransche im Zwischenakt kaufen kann – übrigens kenne ich die ganze Tristan-Legende so ungefähr – er war jedenfalls ein ganz schwerfälliger, ungeschikter Mensch, wie alle diese Haudegen, ein in Liebesachen ganz unerfahr'ner Mensch – und, da er sich nicht in sie verlieben wollte, so machte sie ihn verrükt – und schob dann die ganze Geschichte auf ihre Kammerjungfer ...... ungefähr dieselbe Vergiftungsgeschichte wie damals mit dem Grafen Chorinsky und der schönen Ebergenyi – sie bekamen alle vor vielen Jahren sehr hohe Zuchthausstrafen, und sind dann, glaube ich, im Irrenhause gestorben ....
Himmel! was sehe ich? – Herr Lamoureux! Sie zeigen in Ihren musikalischen Programmen Korsetten-Fabriken an? »Corsets en tout genre ......« ich bedanke mich! Das gehört doch nicht in eine »Tristan«-Vorstellung! Diese ausladenden fleischlichen Formen, wo es sich um eine der höchsten Offenbarungen reiner, willenloser Liebe handelt!! ..... »man kann die Programme nicht umsonst geben, wenn man ihre Drukkosten nicht durch Inserate hereinbringt ....« – Das ist ganz gleich! – Das gehört einmal nicht hieher! – ebenso gut könte man hier oben Parfümerieen verkaufen oder Schildkrott-Kämme ..... ich bitte Sie um Gotteswillen, Monsieur Lamoureux, sezen Sie doch nicht den allereinfachsten Anstand bei Seite – angesichts dieses gewaltigen Werkes! – was steht denn da?: »Comment il faut couper une jupe .....« das wird ja immer netter! – »la Jupe est la partie la plus importante du Costume .....« ich bedanke mich ..... errichten Sie doch gleich hier ein marchands-demode-Magazin, oder einen Gemüsemarkt von mir aus ..... das schreit ja Alles gegen den Himmel der Aeste-

tik hinauf! . . . . . Himmel! es stinkt in diesem Teater, und in allen diesen Samt-Kißen der leztnächtige Schweis, und jezt noch diese Korsett-Annonsen mit Wallfisch-Einlagen . . . . . die ganze Vorstellung kann mir jetzt gestohlen werden . . . . .

Aber wo bleiben Sie denn, meine Damen und Hern, kommen Sie doch, in zehn Minuten begint das Vorspiel, und, Sie wissen doch, die Vorspiele von Richard Wagner sind alle so ungeheuer wichtig . . . . . da stehen sie nun vor den Spiegeln mit kreideweisem Gesicht, ordnen noch ein Haarfältchen und schminken die Brüste, und die Hern rüken an der Krawatte und ertragen die Schmerzen ihrer zu engen Lakstiefeln – und wißen nicht, daß in wenigen Minuten eine der grösten Leidensgeschichten eines armen, gehezten deutschen Künstlers sich ihnen aus dem Orchester entladen wird, das Herzblut eines der gewaltigsten Geister in Posaunen und Trombonen zu ihnen emporströmen wird . . . . . und sie meinen, sie könten davon einige Takte entbehren . . . . . Tristan und Isolde, das sind ja nur Fantasmagorien, nur Spiegelbilder, Tristan, das ist ja Richard Wagner, und Isolde, das ist ja Frau Wesendonck in Zürich, in deren Haus der Flüchtling gewohnt und die er verführt hat, und wegen der er vom Manne und von ganz Deutschland Schuft und Schweinehund gescholten wurde – und er wolte es erklären, daß er unter dem Bann eines unbegreiflichen Zaubers gestanden habe, daß er ein willenloses Objekt gewesen sei – und deswegen schrieb er »Tristan und Isolde«, und deswegen ist Tristan so steif und linkisch ausgefallen, und Isolde so feurig und fortreißend, und der Giftkelch, das sind die Augen von Frau Wesendonck . . . . . kommen Sie doch, Sie verlieren ja das Schönste! . . . . .

Endlich kommen sie ..... wie ein Bienenschwarm erfült's schon das ganze Haus – und da! ich drehe mich um: um Gotteswillen! schon die ganze Gallerie voll! – hinter mir ein Ameisengewimmel eines riesigen Amfiteaters! – wo war ich denn mit meinen Gedanken? – Alles ist schon überfült! – mein Gott, und diese begeisterten Gesichter! es sind junge Franzosen, es sind Wagner-begeisterte Franzosen ..... »Messieurs-dames! voici le programme! soixante centimes! .....« – Ja, sind Sie nur ruhig! Wir haben schon genug von Ihnen! ..... dieses ekelhafte Geschrei gerade vor einer heiligen Oper ..... Wir haben schon Alle Programme! Sehen Sie denn nicht, daß Jeder sein Programm vor sich auf dem Plaz liegen hat? .....
Unten, in Vineta; kommen die hübschen Seejungfern in ihren schillernden, schilpenden Anzügen, fast Alles ausgeschnitten, Hals, Busen, Arme, Naken, fast halbnakt, fertig zum Schwimmen. Sie lesen in ihrem »programme« und suchen mit ihren glasigen Augen irgend ein Objekt im Zuschauerraum, das sie feßeln könte. Keine schaut da herauf! Keine schaut herauf zu mir! ..... Oh, meine Damen, glauben Sie ja nicht, daß ich irgend einen Anlaß hätte, Ihnen böse zu sein ..... glauben Sie mir, meine Damen, während der nächsten zwei, drei Stunden kommen höhere Herzensfragen, kommen höhere künstlerische Fragen hier zum Ausspielen, als Sie zwischen Ihren Fischbeinen zu fühlen im Stande sind! .....
Ein Tumult, ein wachsender Tumult, ein Brausen und Lärmen ..... jawol! jezt soll Allen noch geholfen werden ..... Alle kommen zu spät, und Allen soll jezt noch geholfen werden! – gewiß! ja! Fusbänkchen bekommen Sie auch noch, weil Ihre Beinchen alle so kurz sind ..... »Oui, Madame!« – »Merci, Madame!« –

»Merci bien, Madame!« ....
Das Vorspiel hat begonnen ––––––––––––––––––
––––––––––––––––––––––––––––––––––

O mein allmächtiger Gott! welch' eine Qual, welch' eine Bitternis in diesem Menschenherzen, welches darauf verzichtet hat, sich jemals zu rehabilitiren, und nur noch einen Ort sucht, sich anständig auszuweinen ..... welche Heiserkeit in diesen Akorden, welche Stimmbandlähmung in diesen Hilferufen, welche Ausgeschrieenheit in diesen Holzbläsern! ..... Da ist Alles versengt, Alles verbrant, da ist nur noch Asche, nur noch trokner Asfalt und bituminöses Herzklopfen ..... Wir sind so viel gewöhnt von Wagner, wir waren so viel gewöhnt von Wagner, Stundenlang vor grauen Gespenstern zu sizen und Minutenlang in das graue Einerlei hindämmernder Herzens-Oede zu bliken – aber solcher Verzicht auf das Glük, solches In-der-Asche-Sizen, solch' Hiob'sche Trübsal und Mit-Glasscherben-sich-die-trokne-Haut-Aufschinden ..... da wird der Mensch herausgeschmißen aus Deutschland, entgeht mit knapper Not dem Schiksal Bakunin's, auf einer Sächsischen Festung bei lebendigem Leib zu verdorren, komt glüklich über den Rhein, flieht nach Zürich – und dort tritt ihm das Schiksal in Gestalt einer funkelnden Frau entgegen – er komt zu Fall – und nun kreischt es im ganzen Hause: Schweinehund! – und in ganz Zürich kreischt es: Schweinehund! – und durch ganz Deutschland kreischt es: Schweinehund! – Undankbarer! – Des Hauses Wirtin Verführer! – Der eigenen Gastgeberin Verführer! – Des gastlichen Hauses Beschmuzer! – Beschimpfer des Haushern und seiner flekenlosen Ehre! ..... und nun liegt der Mann auf dem Rüken und beneidet das Schiksal Bakunin's, alle Flüchtlinge der 48er Bewegung, von denen es in Zürich wimmelt, wenden sich von ihm ab, noch vor 14 Tagen ein Held und Rufer auf den Barrikaden, und jezt lautlos hingestrekt, ein stiller Mann, den Jeder mit Schmuz bewerfen darf ..... die tempi sind zu rasch! Monsieur Lamoureux, Sie müßen das langsamer nehmen! – bitte sehr: so stirbt kein Mensch! so vertroknet kein Mensch! – Levi in München nahm das viel langsamer! – auch Bülow nahm das viel ächzender, sich windender! – Sie sind überhaupt zu fett, um so eine Oper zu dirigiren! – doch, doch, ich weis Das! – deswegen hat auch Lachner in München die Oper nie verstanden! – nur die fetten Leute verstehen sich gegenseitig – und die Mageren müßen einander dirigiren ..... ja, ja! Sie haben ja den guten Willen, Sie haben auch viel Verdienste für Paris, gewiß, Sie haben eine gute Seele – aber Ihre Seele ist zu fett, zu fett, um Wagner zu dirigiren ..... verstehen Sie mich nicht falsch! .....

Gott, welches Aas komt denn da herein? – Welches Aas will denn da jezt in's Parkett? – Wir stehen beim Tot eines Helden, und dieses Aas komt vielleicht von irgend einem Five-o'clock-tea, wo es sich von allen Hern abküßen ließ, und will hier ruhig weiterfahren – Alles steht auf! – Es ist zum Opern-Glas-Hinunterschmeißen! ..... »Pst!« ..... »Pst!« .... Ja, sezen Sie sich! – Diese Ungezogenheit! – Diese koloßale Ungezogenheit! – Diese ganz auserdimensjonale Unverschämtheit! .....

Nein! Es gibt keine Rapazarajon von erlittenem Unrecht! Es gibt keine Restituzjon von erlittenen Seelenschäden! Was verloren ist, ist verloren! – Man kann ein Schiff ausbeßern! – Aber man kann keine Seele ausbeßern! – Es giebt keine Reïntegrazjon der Gefühle, wenn man von einem anständigen Menschen, den man schäzte, deßen Hochachtung man besas, das Wort »Sauhund!« in's Gesicht geworfen bekommen hat. Etwas bleibt. Ja, selbst wenn Sie später den Roten Adlerorden bekommen, etwas bleibt. Sie dürfen nicht daran zurükdenken, ein Stük Zuchthaus der Seele bleibt ..... Gut, ja, wenn Sie es, wie Goethe, mit einem Gedicht, wie Wagner, mit einer Oper, abtun können, simbolisiren und fixiren können – dann ist es vernarbt – aber die Stelle bleibt, sie bleibt empfindlich, Sie dürfen nicht daran rühren, nach der Seite bleibt Ihre Erinnerung mit einem grausigen Vorhang bedekt .....

Wie diese Geigen wimmern! Wie Das hülflos herauffleht! – Und dieses Gebrösel der Holzbläser, als wäre Kolofonjenstaub in ihre Kehlen gekommen ..... dieses Aechzen, dieses Verlaßensein von allen rettenden Geistern! ..... Ob ihn Schopenhauer berührt hat? Nein, das war nur eine Ausrede. Er sagte das, weil Das immerhin gut klang. Er stürzte sich in dieses Nirwana, weil er den realen Boden, den Boden der gegenseitigen Achtung, das Menschenglük, das reale Dasein, Freundschaft, Liebe, Hofnung, Alles verloren hatte. Man begibt sich nur auf diese Abwege, wenn man den realen Boden unter seinen Füsen verloren hat. Manfred stirbt unter Gletschern, weil er im grauen England, im merry England den Boden verloren hatte. Der junge Stauffer-Bern wird mit seiner Geliebten in Italjen wahnsinnig, weil er zu Hause, in der Schweiz, in seiner Heimat, zum Schurken, offizjell durch diplomatische Hülfe zum Schurken deklarirt worden war. Beide werden in Italjen wahnsinnig, weil Beide zu Hause in Folge offizjeller Erklärung die Luft nicht mehr atmen konten. – Auch »Faust«? – Ach Gott, Faust, dieser aufgeschwemte Genüsling konte immer noch in der behaglichsten Stimmung fortleben. Er konte immer noch mit Gansleberpastete links, und der Hure Vulpius rechts im Nebenzimmer ganz bequem seine spinozistischen Tiraden loslaßen. Ein Pfiff, und der Kammerdiener erschien und schnalte diesem pastösen Faust-Minister die Gamaschen um, und derselbe ging dann zu Hof, und lispelte Worte süßer Ergebenheit und empfing huldreiche Anerkennung. Mit diesem Spek, mit diesem Wampen unter dem Schlafrok, mit diesem pomadigen Gehirn dringt man nicht zur Frage der Vernichtung des Daseins, der Abwägung der Existenz vor. Den hätte Jemand der hurerischen Liebe zeihen sollen – er wäre über Weimar-Eisenachs Grenzen hinausgeflogen wie ein Foot-ball ..... aber Wagner war kaput, Wagner war auf dem Hund, Wagner hatte das Höchste zu erreichen gestrebt, er war schon im »Lohengrin« zu den höchsten Grenzen der Transzendentalität vorgedrungen, und nun ward er auf einmal als »Sauhund« verdächtigt worden – nicht der »freien Liebe«, ach Gott, das wär' noch gegangen – nein, als offizjeller »Sauhund«, vor dem Familjen ausspuken – und da solte er weiterarbeiten! – Was solte er denn nach dem »Lohengrin« machen?! ..... hören Sie nur diese Geigen, dieses Geflenne! – haben sie Sordinen aufgesezt? – nein, sie haben keine Sordinen aufgesezt! es ist ja auch zu hell – der Klang ist viel zu frisch – Wagner weigert sich noch, im beschmuzten Rok umherzulaufen – er meinte, er habe ja nur »geliebt«, nur, was Goethe getan – ja, Freund, das hätten Sie vorher wißen sollen, si duo faciunt idem etc. – Sie hatten schon von Haus aus den »Hunde«-Komponenten in sich – ich meine: die Entwiklung zum offizjellen »Sauhund« – Leute Ihrer Gattung können den Fustritten nicht entgehen – während Goethe

hatte von Haus den Keim zum Staatsminister in sich, den Verfettungs-Keim, des Gestreicheltwerdens – deswegen ist auch der »Faust« so wäßrig-banal, so pasteten-verdauungsmäsig – und deswegen ist »Tristan« so an's-Herz-greifend, so unermeslich schmerzhaft ausgefallen ..... hören Sie die Holzbläser? – Hören Sie die Holzbläser! – sind es Holzbläser? – Nein, es sind keine Holzbläser! – doch, es sind Holzbläser! – hätte man geglaubt, daß man mit Klarinetten so weinen kann, so furchtbar schluchzen kann? – deswegen hat Wagner immer in seinen Partituren »ergreifend« – »mit tiefem Ausdruk« u. dergl. hingeschrieben – aber die Meisten haben es nicht verstanden! ..... schweigt Ihr Hunde! – schweigt Ihr Gallerie-Hunde! – wir sind hier an der ergreifendsten Stelle! ..... Wagner stirbt – ein Held stirbt – eine ungeheuere Seele gibt es auf weiterzuleben – wie können Sie hier rumoren? – gerade an dieser Stelle! – schweigt Ihr Bestjen da drunten! – es gibt jezt nichts zu lachen, nichts zu tuscheln. – Wie können Sie jezt mit Ihrer Nachbarin im Parket plaudern und sich gegenseitig die schönen Zähne zeigen? Dazu haben Sie doch nachher Zeit, nachher, wenn das Gefror'ne gegeßen wird! – Alle Ihr Bestjen da drunten, Ihr Fischottern da drunten im blauen Waßer, schweigt, und hört, wie hier diese deutsche Seele auf dem Teater verblutet! .....
Ein kleiner Hofnungslaut! – Oh, trauen Sie nicht diesen Tönen! nicht diesen par hellen Geigenstrichen – er ist fertig, seine Seele ist hin, er ist hingestrekt auf die Matraze des Stöhnens, des Sich-selbst-zerfleischens ..... wie gerne möchte er jezt mit Bakunin tauschen, dem auf der Festung Königsstein die Zähne aus dem Mund herausfaulen, mit ihm, der noch eine ganze Heldenlaufbahn vor sich hat – während er, der im Hause

Wesendonck gut zu leben, Freude in Hülle und Fülle, die Freiheit der Schweiz hatte, nun geknikt, im Lebensmark zerstört ist – noch vor 6 Wochen sasen sie zusammen in Dresden und berieten den Sturm auf die Altstadt, und jezt ist er, der königliche Gefangene auf der Festung ein Held, und er, der freie Mann, im tiefsten, schwärzesten Verlies des Seelenjammers, der Selbstanklagen .....

Ein Schrei! .....

Um Gotteswillen, was ist geschehen? –

Isolde hat das Gift genommen:

Büken Sie sich nicht so vor! – Sehen Sie denn nicht, daß das Alles nur Fantasmagorie ist, nur Simbole ..... was flüstert, was kichert Ihr? Es ist hier keine Geilheit zu sehen! – Wenn Ihr es nicht im Busen selbst tragt, wenn Ihr die Musik nicht selbst in der Seele erfast habt, werdet Ihr es nicht erjagen und nicht erhalsen! ..... Kommen Sie denn einen Teaterkelch anzustaunen? – Schweigt Ihr Hunde auf der Gallerie! .....

Gott, das ganze Teater ist auser sich. – Sie haben einen Kelch gesehen, der Gift enthalten soll! ..... Ist denn Das so etwas Unermesliches? – Diese Schale Zinn für 50 centimes? .....

Ein Schrei! .....

Gott, Isolde, Du bist prächtig! – Ja, ja, so wird es gewesen sein! – Ja gewiß, anders wird es Frau Wesendonck auch nicht gemacht haben! ..... Mein Gott, ja, wenn Ihr Frauen solche Augen macht, dann sind wir Männer verloren! – Ihr habt ja zwei Giftkelche in Euren Augen, wozu bedarf es da noch des Bechers aus Zinn? ..... Ja, sicherlich, Jeder wäre hier mit Wagner verloren gewesen. Ja, Jeder; auch Bakunin, gewiß; ein Glük, daß er auf der Festung ist. Lieber seine Zähne verlieren, als den Verstand .....

Ein Schrei! . . . . .
Die Vorstellung wird gut! – Wenn es so weiter geht, wird selbst Hermann Levi zufrieden sein. – Sie sind zu fett, Herr Lamoureux, aber immerhin! – In fetten Persönlichkeiten schwimt oft eine unendlich feine Grazje (auch Goethe war sehr fett). – Haltet Euch waker! – Und Ihr da drunten, Ihr Bestjen, wolt Ihr jezt endlich das Schwäzen laßen? . . . . . Herr Tristan! sehen Sie denn nicht, daß diese Frau in Sie verliebt ist? – Stehen Sie doch nicht so hölzern dort! – Ja, ja, Wagner hat Sie so reservirt komponirt, weil er die Schuld von sich abwälzen wolte, Jeder möchte natürlich in der Geschichte und in der Oper so vorteilhaft erscheinen, als nur möglich – aber, wollen Sie denn alle Schuld auf diese Frau wälzen? . . . . . die Frau wird Ihnen die Schuld zuschieben, der Mann wird Ihnen die Schuld zuschieben, Zürich wird Ihnen die Schuld zuschieben, ganz Deutschland wird Ihnen die Schuld zuschieben – Alles wird Sie beschmuzen und befleken – auf Jahrzehnte hinaus! Und wenn Sie einen gräslichen Septimen-Akord wagen, einmal die Sept nach oben auflösen, einmal eine unerhörte enharmonische Tat begehen, wird man sagen: Was will denn der Kerl? Der hat ja eine verheiratete Frau verführt! . . . . Gehen Sie ein paar Schritte näher, Herr Tristan, sehen Sie denn nicht, daß Sie die Frau längst behext haben, es ist ja nicht zum Ansehen – sehen Sie nur, wie sie sich windet und krampft, schlieslich muß sie histerisch werden, nur damit Sie sich verlieben: . . . . . Ein Schrei! . . . . .
Oh, ja, Ihr mit Eurer Ehre! – Hagen und Kompanie – Ihr mit Eurer Ritter-Ehre – Ihr werbt mit reinem Herzen für Euren König –

»Tristan's Ehre –
höchste Treu' . . . . .«

und dann, wenn Ihr Euch auf dem Weg nicht mindestens in die Braut verliebt, spukt sie Euch in's Gesicht ..... Merken Sie sich das, Herr Tristan, jede Frau will von jedem Mann geliebt sein, wenn auch nur à distance, aber sie will es hören, sie will den Liebesschwur hören, ihn zurükweisen oder annehmen, je nachdem – aber gar nichts tun, nur werben und von seiner Ehre reden, von seiner Treue gegen den König – das erzeugt dann solche Krämpfe, das zwingt dann das Weib, sich so aufzuführen – ja, ja, Wagner ist entschuldigt, er kam gewiß mit reiner Absicht in Wesendonck's Haus – wer komt auch mit blutigen Händen und mit vom Pulver geschwärztem Gesicht aus einer Revoluzjon, um sich gleich mir nichts Dir nichts zu verlieben – er dachte nicht daran – er war tapfer wie Bakunin, Kinkel, Schurz und alle die Andern – aber diese Frau mit ihrer prachtvollen Hüfte, mit diesen von keinem Korsett eingezwängten Brüsten, die sich wie junge Wölfe unter dem roten Triko bewegen ..... zurük Ihr Hunde! Ihr Saukerle! Ihr Gallerie-Geschöpfe! meint Ihr, man komt hierher, um die Brüste von Madame Joubert zu bewundern, glaubt Ihr, das ist ein Tingel-Tangel? – Geht in die Folies-Bergère, wenn Ihr Brüste sehen wolt! ..... und Ihr dort drüben, legt Euch nicht so stierig auf die Galleriebrüstung, hier gilt's nicht Lüsternheit! – wir sind hier in Bayreuth! ..... was sagte ich? – wo war ich? – ja: ich möchte Den seh'n, der dieser Frau widerstanden hätte! Nein, Madame Wesendonck, Sie müßen nicht nur vor der Teater-Geschichte, sondern auch vor der Kunst- und politischen Geschichte die Verantwortung für Wagner's »Fall« übernehmen – Wagner war zudem erschöpft, er kam von Dresden, wo er kgl. Hofkapellmeister war – bedenken Sie: kgl. Hofkapellmeister –

dazu von dem schmählichen Ausgang der September-Revoluzjon erbittert – da fält man nicht auf jede kleine, hübsche Zürcher Fraze herein! – Sie müßen es schon arg getrieben haben, Madame! . . . . . hören Sie nur diese Flöten! – wie das ruft! – wie das weibliche Herz ihn umschmeichelt! – Wie? – sind es Flöten? – ja, es sind Flöten, das heist: es ist diese berükende Zusammenstellung von Oboë, Flöte und Klarinette, die schon Weber so geheimnisvoll angewant hat, und die dann Wagner mit so raffinirtem Zauber fortentwikelt hat – diese leise Krächzen, diese Holztöne, dieses Gedakte, dieses Stumpf-Klagende, es ist der Ausdruk der nordischen Seele, das Nebelhorn, wenn die menschliche Seele auf unsichtbaren Gewäßern fährt, ein Orgelpunkt, die Holzpfeife . . . . .
Ein Schrei! . . . . .
Oh mein Gott, Madame! in Deutschland dürften Sie das nicht tun – oh! – Sie haben Das in der Salpetrière gelernt! – Sie haben sich von Charcot einige Histerische, einige convulsionnaires vorführen laßen – und dann haben Sie das Kostüm extra darnach geschnitten! – ein gedämpftes Rot – o mein Gott, Madame! Sie dürften Das in Deutschland nicht tun, die Polizei käme Ihnen auf den Hals – Die Teater-Polizei käme Ihnen auf den Hals – Sie arbeiten mit dem Leib, Sie treiben den Leib heraus, dieses konvulsivische Herausstürzen, diese brüllende Aufforderung , – das ist ja die reine danse du ventre! – so ist es gewiß nicht gewesen – keuscher war Frau Wesendonck gewiß angezogen – ja, wenn Sie auch vergiftet sind! – das Gift wirkt doch nicht lediglich auf die Muskulatur des Unterleibs! – Sie müßen auf diese Weise die Fantasie des hölzernen Tristan zerrütten – er muß auf diese Weise zu Fall kommen . . . . . Gott, was seh' ich? – ein kleines

Mädchen – dort auf der Seiten-Gallerie – weint! – Kind, warum weinst Du? wie alt bist Du? – kaum 13 Jahre alt – wie komst Du daher? – die hellen Rinnen laufen ihr über die Baken –

»und ihre Tränen fliesen
wie Bächlein auf den Wiesen .....

Herr Wagner, haben Sie diese junge Französin schon niedergeworfen? ..... Greift Dich Das so an, mein Kind? wirkt denn Das so jung schon auf Deinen kleinen Körper? – sie start wie eine Beseßene auf Isolde – wilst Du Dich denn auch einmal so bewegen? – sie ist wahrhaftig ganz eingenommen, engouée – ihr Gesicht blutigrot, tingirt ..... ist das nicht zu früh, Monsieur Bérenger? Soll man die Kinder so früh in's Teater laßen? .....

Ein Schrei! .....

Bravo Isolde! – Du wirst wahrhaftig immer beßer! – Ja, Ihr habt Das Alle von der Sucher, von der Rosa Sucher – das macht nichts. – Ihr dürft Euch einander bestehlen! – Die Sucher, diese Niederbaierin, schrie gerade bei dieser Stelle, wo das Gift zu wirken anfängt, und wo sie plözlich erkent, daß sie sich haltlos, schamlos den Gelüsten Tristan's überlaßen muß, gerade hinaus. Sie schrie geradezu wie eine Verzweifelte direkt hinaus. Wie eine Viehmagd. Gerade, als wenn sie auf freiem Felde wäre – ein Schrei! – und das wirkte so furchtbar auf die Nerven – in Bayreuth, in dem schwarzen Kasten, in der prüden, heißen, deutsch-protestantischen, amerikanisch-englischen Stikluft wirkte Das so furchtbar auf die Nerven! – Befreiend! ..... bitte, drängen Sie hier nicht, der erste Akt ist bald zu Ende ..... Dieser Schrei stamt eigentlich von der Wolter, es ist der »Wolter-Schrei« aus »Sappho«, »Antigone«, »Maria Stuart« – der Teater-Schrei

aus den Schiller'schen Dramen – und Eine schreit es der Andern nach – auch Madame Joubert schreit so furchtbar – warum schreien Sie so, Madame? – ich will es nicht tadeln! – es wirkt erfrischend – abkühlend . . . . . wo ist meine Oransche? – nach dem ersten Akt kauf' ich mir eine Oransche – die Holzbläser haben Einen wirklich ganz troken gemacht . . . . . Tristan hat sie jezt gefast! – endlich! – Tristan ist auch vergiftet – natürlich – er brauchte ja vor Allem des Giftes – diese kalte Figur, die von der »Ehre« spricht – was gibt ihm Frau Wesendonck dafür? was gab sie ihm? – Männer müßen von Weibern vergiftet werden – das ist der Lauf der Welt – man nent es Liebe – wenn sie dann vor der ganzen Welt wegen dieses einzigen Kußes mit Drek beworfen werden, so ist das ihre Sache – Tristan hat sie jezt gepakt – ein Glük! es war höchste Zeit! – wie das wimmert! – wie das Orchester schluchzt! –
Ein Schrei . . . . .
Ihre Konvulsjonen kommen jezt nicht mehr so zur Geltung – Tristan steht halb davor – sie kann sich jezt nicht mehr so wild geberden und die Kunst ihrer Brüste zeigen – Tristan steht im Wege – dafür kann sie sich jezt auf seinen Armen beßer abmartern, abkämpfen – Gott, man meint wirklich, Das wäre ein Gewaltakt! – Madame Joubert, können Sie denn dann noch stehen? – er erdroßelt sie halb – er prest sie an sich – er drükt ihr fast die Augen und die Zunge aus dem Leibe! – Wagner wolte den Leuten zeigen, daß und warum man liebt . . . . . ja, was hilft da alle Polizei? – was hilft alle Moral? – was hilft die Staatsreligjon? das Königtum? die roten Adlerorden? die heiligste Scheu? das Gottesgnadentum? aller Speichel der Hofleute? der Befehl auf das Volk zu schiesen? . . . . . Hier ist das Urfänomen, welches die Menschen fortreist, zu stürmischer

Entwiklung gebracht – es pakt Dich – die Liebe zum Weibe – wirft Dich hoch empor zu brausendem Entzüken – und läßt Dich dann mit zerschmettertem Schädel zu Boden fallen – aber Du wirst es tun, Du wirst nicht zurükschaudern, Du wirst auf die Barrikade stürmen, Du wirst das Weib umklammern – keine Macht der Erde wird Dich zurükhalten, kein Hofschranzentum, keine faulen Versprechungen, Du wilst Dein Blut einsezen – für Liebe und Freiheit ..... da komt König Marke – mit seinem gefror'nen, lieblosen Gesicht – mit seinen Hofleuten, mit seinen Orden ..... o Majestät, Sie kommen zu spät – das höchste Glük ist Ihnen aus den Händen genommen – er hat sie schon gehabt – Tristan hat Isolde umarmt – sehen Sie dort dieses Weib, welches sich in seinen Armen windet: es ist die Volksgunst, sie ist Ihnen entkommen – numine afflavit deus – sie berührt wie der götliche Hauch – es ist die Gnade des Volks – sie hat sich Dem hingegeben, der sie geliebt hat, der sich hat verführen laßen und den sie verführt hat – fletschen Sie jezt Ihre Zähne, heulen Sie Verwünschungen, laßen Sie auf das Volk schiesen, rufen Sie den Ohnmächtigen an, zeigen Sie Ihr Gottesgnadentum, zählen Sie Ihre Orden, Ihre Vliese, Ihre Bänder – Sie können es nicht mehr wenden, Sie haben es verscherzt, Glük, Liebe und Welt gewint man immer nur wieder mit Liebe ..... sehen Sie dort die Umschlungenen, die Glüklichen, die Sich-Liebenden! .....
Plumf! – der Vorhang fält. Das Orchester stürzt schaudernd wie ein Flammenstos zusammen .....
Ein einziger, unsichtbarer Schrei des Entzükens geht durch das ganze Haus; ein Schaudern und Frösteln durch all' die Tausende! .....
Fast war die Lekzjon zu heftig; man ist erschöpft; es

war wie ein Feuerregen, ein Seelensturzbad; Alles eilt hinunter, sich zu erfrischen; es gibt ein Gedränge ..... Eilen Sie nicht so! – Drängen Sie nicht so! – Ich muß mit! .... Man wird die Stiege hinuntergerißen ..... Himmel wo ist mein Geld? – meine Oransche? – Herr Gott, wo ist mein Geld? mein Daseins-Grund? meine Existenz; – Um Gotteswillen, haben mir diese Gallerie-Hunde auserdem auch noch mein Geld gestohlen? ..... halt, ich hab's! – da ist es! – »Eine Oransche!« – deux sous Monsieur. – Hier! – Merci, Monsieur! – Ja, schreien Sie nur nicht so! .....
Die Sache ist die: Wagner konte nur aus der absolutesten Verlaßenheit, aus der tiefsten Verzweiflung heraus, im vollständigen Ekel gegen Alles, was ihm bis dahin achtungswürdig und begehrenswert erschien, in der vollständigen Hofnungslosigkeit, je wieder heraufzukommen, dieses grandjose Schmerzens-Werk gebären ..... man rührt nur dann an die höchsten Fragen, an die lezten Fragen der Menschheit, in dem Moment, da man sich selbst aufgibt; in dem Moment, da die eigene Existenz bedroht, sozusagen erloschen ist, schärft sich der Verstand für die Allgemeinheit und erzeugt einige Visjonen von blendender Klarheit und furchtbarer Sehschärfe – alle im Sturm auf dem Meer Ertrinkenden werden knapp vor der Katastrofe geisteskrank, was sie in den par Momenten innerlich erleben und aussprechen könten, wären gewiß Blike und Intuizjonen von unerhörter Tiefe – alle vor dem Selbstmord Stehenden erhalten, sobald der Entschluß vorüber, sobald der eigentliche Kampf vorüber, eine fast kindliche Heiterkeit, eine Naturtreue, ein innigstes Naturgefühl, weil das Aufgeben der eigenen Existenz ein Naturfänomen ist ..... stehen Sie nicht so albern, so zwischenaktig dort und eßen Sie Ihre Torte

nicht mit so viehischem Ausdruk! man komt doch nicht hieher, um Torte zu eßen ..... was sagte ich?: die Natur-Empfindung komt uns im lezten Moment zu Hülfe, nimt das sterbende Kind in ihren Schos – Goethe hat einmal etwas Grandjoses geschaffen, als er, in der Erkentnis des Nicht-Mehr-Weiter-Leben-Könnens, »Werther's Leiden« schuf – aber dieser Faust mit seinem Fett, mit seinen schlürfenden Kinnladen, mit seinen vollgepropften Bücherschränken, mit seinen Teppichen, mit seinem Griechentum, mit seiner billigen Filosofie, mit seinen Majolika-Schalen, mit seiner Helena, mit seinem kosmopolitischen Gedanken-Inzest, der wuste: wird's nun katolisch, oder wird's hellenisch, werden tut's immer etwas – dieser Mensch mit seinem bequemen Gehirn-Bordell konte vielleicht viel Vergnügen, aber nimmer die lezten Schreken eines tiefsten Natur-Empfindens, die lezten Schauer vor den Schranken unseres Daseins auslösen – nimmer! – nimmer! ..... »Voici la pièce! soixante centimes!« ..... oh gehen Sie mir aus dem Wege, Sie ekelhafter Mensch Sie – Sie Goethe! – wie kann man gerade während des Zwischenaktes so schreien und schachern, gerade jezt, wo man doch der Samlung bedarf .....
nein, aber Wagner lebte gerade damals, nach der Wesendonck'schen Katastrofe, in einem furchtbaren persönlichen Konflikt mit sich selbst – es giebt Nichts Gräslicheres, als wenn man sich noch am Abend als Held in sein Tagebuch einschrieb, und am nächsten Morgen von irgendeinem kleinen Filister mit einem Tritt in den – Podex auf's Strasenpflaster geworfen wird – öffentlich! – da schreib' Einer dann »Tristan« – da erhebe er sich dann wieder hoch zum Gefühle eines Lehrers der Menschheit – da schreib Einer dann

etwas, was der Menge Vergnügen bereitet, da schreib Einer dann Etwas, was des Menschen Herz in seinen tiefsten Tiefen erzittern, in seinem höchsten Frohloken erbeben macht – vielleicht »Faust«? – meinetwegen! – aber nimmermehr Etwas, welches die dünnen Wände, die uns vom Ewigen, vom Ausermenschlichen trennen, so deutlich empfinden, so hörbar abklopfen läst – bis nicht der Prozeß des Sich-Selbst-Aufgebens, des Die-eigene-Seele-wie-einen-Waschlappen-Hinwerfens vollendet ist, und der Betreffende dann sozusagen nur noch ausermenschlich, nur noch für die Ewigkeit schaft ..... dann schreibt man »Tristan« ..... wenige Jahre später, wo in Wien endlich dieses Schmerzens- und Tränen-Werk aufgeführt werden solte, und nach vielerlei Hin-und-Her wieder fallen gelaßen wurde, weil man wiederum Alles misverstanden hatte, war er ja wenige Schritte vor dem freiwilligen Abscheiden aus einem unerträglichen Dasein gestanden .....
Ein Lichterglanz! Alles drängt und flutet im Foyer: Mein Gott, da stehen sie nun vor den Spiegeln und richten das Haar für den II. Akt, und zeigen die geschminkten Brüste und laßen die schwarzen Haare aus den Achseln hervorstehen, entblösen die weisen Zähne und laßen sich von der Hern anfächeln – so Isoldenhaft! so Madame Joubert! ..... Kinder, das ist es ja nicht! Ihr nehmt das wie eine Oper, wie »Traviata« oder Gounod's »Faust« – das ist es ja nicht! – habt Ihr denn nicht die Flöten gehört, die kranken Klarinetten, daß hier Alles totessehnsüchtig ist? – Ihr meint das Kostüm Isoldens, – den Leib von Madame Joubert – ob Ihr die gleichen Konvulsjonen zu Wege brächtet – ob man das etwa in den Salon verpflanzen darf? ..... nein! das ist es nicht! das sind ja nur äußer-

liche Dinge – wie sagt man?: Fantasmago ..... nein, man sagt: Fantome – das sind nur Zierraten! – aber dahinter stekt das Sich-Verbluten einer armen, deutschen Seele, das Zerstört-Werden einer kühnen, revoluzjonären Seele, die das Höchste gewagt, die auf den Barrikaden geblutet, die Bakunin die Hand gedrükt, die Schopenhauer musikalisch genommen, die die verminderten Sept-Akorte enharmonisch aufgelöst, die den Vier-Viertel-Takt zerstört hat, und die auch in der Liebe vor nichts zurükgeschrekt ..... merkt Ihr denn das nicht? ..... und nun steht Ihr dort und frest diese schleimigen Rahm-Törtchen! .....
Ein Triller! – ein elektrischer, scharfer Triller! – Krrrrrrrri! – der II. Akt? Nein! – mit diesen Menschen! – Nimmermehr! – mit diesen Bestjen, diesen Fischottern, die sich jezt in ihr schleimiges Waßer zurückbegeben und sich wieder behaglich schaukeln? – nein! – Und auf der Gallerie! – dort wo mein Plaz schon eingenommen ist – da mich hinaufdrängen? – wo man mich auslachen wird? – wo man tête carrée sagen wird? – wo ich nicht genug Französisch kann, um mich durchzufluchen? – nein! – überhaupt: ich bin erschöpft! – innerlich erschöpft! – das halte ein Anderer aus! – Schweigt! – von diesem Blut- und Marter-Werk kann man nur einen Akt hören – zwei, drei Stazjonen auf diesem Golgata – nicht mehr! – dort beten, ja – aber dann fort! – nicht bis zur Kreuzigung! – nicht bis zur äusersten Inbrunst! – hinaus in die frische Luft – hier: meine Garderobe! .....
Ah, das tut wol – Die sollen drinn lärmen! – sollen sich herumdrüken! sie verstehen es ja doch nicht! – irgend Jemand hat jezt meinen Plaz eingenommen – und das Gedränge geht an ..... Isolde komt in ihrem weisen Nachtmantel – wie ein weiser Nachtfalter – der um-

herirt – der weis, er wird vor Sonnenaufgang noch sterben und der sich zulezt in die Flammen stürzt . . . . . das verstanden die Franzosen, diese Untreue war ihnen klar, diese verbotene Brüke zum Weibe, das sich, selbst als die Gemahlin des Königs, dem Geliebten in die Arme wirft, war ihnen simpatisch – aber war das Alles, was Wagner ausdrüken wolte? . . . . .
Was die Menschen hier für dumme Gesichter machen! ganz Tristanhaft – Tristane, die das Gift noch nicht getrunken haben – da sizen sie, und trinken Absint! – ist denn das das Leben? . . . . . ob Das Alles war, was Wagner ausdrüken wolte? – diese exoterische Handlung, das Drüken, Küßen, Vergiften, Umschlagen mit dem weisen Mantel, mit dem Schleier – das war für die Gallerie – daß hier ein Mensch sein Dasein, sein Glük, sein Streben zu Boden wirft, darauf herumtreten läst, sich in Isolde hineingeheimnist, in ihre Schleier sich verwikelt, sich in ihr simbolisirt, mit ihr sich prostituirt und dann sagt: Da, da habt Ihr mich! Ihr woltet mich so haben! Ihr habt mich beschmuzt! Ihr woltet mich der Selbstachtung unfähig machen! nun bin ich so! entmaskuliert! verweibst! ver-Isoldet! . . . . . und dann ruhig stirbt, sich moralisch aufgiebt, in's Nirwana sich flüchtet – das war natürlich die Wesendonck'sche Affäre, die ihn mit einem wunderbaren Glük zu Gottfried's Gedicht hingebracht hatte . . . . . aber ist das der Rest? – sind wir damit zu Ende? – – – habt Ihr den König Marke betrachtet? – ist Das nicht gräslich? – ist Das nicht der reinste Hohn? – nehmt: Wagner kam aus Dresden, war Hofkapellmeister, hatte allen den Schmuz kennen gelernt, dieses Hofiren, Schimpfiren und Galloniren, wo die Anbetung den Mann macht, wo die Kniebeugung der Seele zu ihrer

Würde verhilft, wo das Wort »königlich« Dich hierarchisch und antropologisch in eine andere Menschenklaße bringt, Dein Blut ändert ..... hinter ihm lief der Stekbrief, hinter ihm, den entköniglichten Kapellmeister, und jezt hier die Wesendonck'sche Beschimpfung, und Bakunin auf der Festung, und die Flüchtlinge schaarenweise nach Zürich hereinbrechend ..... könt Ihr Euch den Zustand denken? ..... Wo bin ich? – Place de la Bastille. – Was steht da?

LE PEUPLE RECONNAISSANT
A SES CHÈRS CONCITOYENS
DESMOULINS, MIRABEAU, DANTON

Gut! Nun sieh einmal hinüber über den Rhein! – liebe deutsche Seele, sieh jezt einmal hinüber über den Rhein! – Kanst Du Das? – nun? – ist denn Das nicht wieder die gleiche Situazjon? – wo ist jezt unser Kapellmeister? – wo sind die Schurz, Kinkel, Herwegh, Freiligrath, Robert Blum und alle die Tapferen? ..... da ist nichts! – Diese Raße ist ausgestorben! – kahl das Feld! – wo sind die Disteln, die Brenneßeln, mit ihren Spizen und Stacheln? – nichts! es gedeihen nur die königlichen Liljen, die nicht arbeiten, nicht spinnen, und Gott ernähret sie doch ..... Oh, Richard Wagner! – Heiliger Richard Wagner! – erstehe aus Deinem Grabe – ergreife den Taktstok – und morgen begint die Revoluzjon! .....

mannigfachen [illegible] vorliegen muß, wie eine
höchste geistige [illegible] besitzt, ~~[illegible]~~ eine
[illegible] [illegible] zusteht. Denn auch wieder-
holt [illegible] geistigen ~~[illegible]~~ [illegible] [illegible]
[illegible] zwischen Fürst und Volk [illegible]
der Fall [illegible], der Fall [illegible], der Fall [illegible],
der Fall des [illegible] [illegible], der Fall Fenayrou,
der Fall Gabrielle Bompard, der Fall [illegible] [illegible], der
Fall der Anna Simon ([illegible]), der Fall Jack der
Aufschlitzer, der Fall des [illegible] Vacher, der Giftmörderin
Mary Ansell (London) und Madame Joniaux (Antwer-
pen), der Fall Henri Vidal und der Fall Contessa
Lara (Italien), der Fall Dr. [illegible] [illegible], der Fall
Stambulow ([illegible] [illegible]), der Fall Claire
Bassing und der Fall Brière (Tötung seiner 6 Kinder)
und andere, welche andere Fälle, deren Aufzählung hier zu weit
führen würde, gehören sie sämtlich auf [illegible] [illegible]
[illegible] [illegible] der [illegible] [illegible]
[illegible] [illegible] zu [illegible] [illegible] [illegible]
[illegible]. [illegible] [illegible] [illegible] [illegible] [illegible]
[illegible] [illegible] [illegible] [illegible] [illegible] [illegible]
[illegible] [illegible], [illegible] [illegible] [illegible] [illegible]
[illegible] [illegible] [illegible] [illegible] [illegible] [illegible]
[illegible] und [illegible] [illegible] summus episcopus
[illegible]?

Der Illusionismus

und

Die Rettung der Persönlichkeit.

Skizze einer Weltanschauung.

Von

Oskar Panizza.

Motto:

„Quapropter effigiem Dei formamque quaerere imbecillitatis humanae reor. Quisquis est Deus, si modo est alius, et quacumque in parte, totus est sensus, totus visus, totus auditus, totus animae, totus animi, totus sui."

Plinii major., Histor. natur. II. 5.

„Ich glaube, jeder Mensch lebt sein eigenes Leben und stirbt seinen eigenen Tod, das glaub' ich."

Jens Peter Jacobsen.

„If we say in the language of St. John and his Platonic and Gnostic predecessors 'In the beginning there was the Logos', we use human language. But if we know that all human language is metaphorical we shall never attempt to force these words into a narrow literal meaning. To do so is to create mythology. What lies behind the curtain of these words is, in fact, the realm of Agnosticism. But all that lies on this side of the curtain is our domain, that domain of language and sience, which in the chaos of phenomena has discovered a hidden Kosmos, or the reflex of that Logos. Call that Power the Father, or call it a Person, and you neither gain nor lose anything, for these words also are metaphorical only, and what constitutes the personal element in man or any other living being is as unknown to us as what constitutes the personal element in the author, the thinker, the speaker, or creator of the logoi. All I maintain is, that if we ever speak of a Logos and of logoi, and understand clearly what we mean by these words, we can no longer say that in the beginning there was protoplasm, and that the whole world was evolved from it by purely mechanical or external agencies."

Max Müller, Why I am not an Agnostic. — Nineteenth Century, Dec. 1894.

„Es ist etwas in der Seele, das nicht erschaffen ist und nicht erschaffen sein kann." Meister Eckhart.

Leipzig, 1895.

Verlag von Wilhelm Friedrich.

Dem Andenken

Max Stirner's.

(Kaspar Schmidt aus Bayreuth)
1806—1856.

Druckfehler:
Seite 158, 3. Zeile: „Wir nennen nach logischer . . ."
Seite 158, 7. Zeile: „gegenüber . . ."
Seite 159, Fußnote, 4. Zeile: „. . . Gehirn-Anatomie eine für das Denken . . ."
Seite 160, 20. Zeile: „Sondern auch das Experiment . . ."
Seite 161, 19. Zeile: „. . . den selben Weg einmal hin . . ."
Seite 162, 17. Zeile: entweder „sous-conscient" oder „subconscient"
Seite 168, 25. Zeile: „. . . Beobachten . . ."
Seite 188, 5. Zeile: „. . . Apfel . . ."

Vorwort.

Ich war immer der Meinung, dass es, um in filosofischen Dingen das Wort zu ergreifen, eines gewissen Kauderwelsches von ausländischen Termini bedürfe, einer vertrakten Geberde, die dem Beschauer so fürchterlich erscheine, dass er ein für allemal auf alles eigene Denken vergässe, eines gewissen steifen Nimbus, wie er sich um Universitäts-Kateder als undurchdringliche Schicht lagert und in dem Lokenrest zerzauster und halbnakter Professoren-Köpfe ruht; — da las ich Stirner; Stirner, diesen Lazarus unter den Filosofen, der plözlich wieder auferstanden ist, und uns gezeigt hat, dass Denken unter Umständen mehr ist, als Mikroskopiren, Schädelmessen, Gehirne-Wiegen und experimentelle Psichologie-Treiben; Stirner, der Schriftsteller, der in seiner knappen, konzisen, flinken und oft burschikosen Form bewiesen hat, dass Leichtigkeit und Flüssigkeit des Vortrags ein Vorteil sei für die Behandlung abstrakter Disziplinen gegenüber dem zähen Asfalt-Brei aus dem Munde patentirter Sanskritisten. — Ihm verdanke ich vor Allem die Aufmunterung zu der vorliegenden Schrift. Und deswegen habe ich in Dankbarkeit seinen Namen dem Werkchen vorgesezt.

Dass ich auch inhaltlich in manchen Dingen von Stirner beeinflusst worden bin, wird der Kundige bald erspähn.

Im Uebrigen möchte ich hier den prinzipiellen Unterschied des Ausgangspunktes in beiden Sistemen betonen: Stirner seufzte unter dem elendigen Joch der Reakzion der Vierziger Jahre. Und seine formellen Lehrmeister im Denken waren: Hegel, Fichte, Ludwig Feuerbach. Wir Heutigen und Jüngeren kennen diese Grossmeister vom Stuhl der reinen Begriffe kaum mehr als lebenden Geistesgehalt. Wir stehen, nach der Richtung der Erforschung des Menschen, unter dem Zeichen der Naturwissenschaft und der biologischen Disziplinen. Und hier im speziellen Fall ist der Ausgangspunkt die Psichiatrie, das patologische Denken, das kranke Sensorium, die psichologische Selbst-Beobachtung. Und was die politische Maxime anlangt, die sich in solche Darlegungen ohne unser Zutun einschleicht, so wird sie Der, der Augen hat zu sehen, schon finden.

Noch ein Wort über die „Naturwissenschaft", unter deren ausschliesslichen und nüchternen Bann, man kann sagen, alles moderne Denken seit bald einem halben Jahrhundert steht. Diese schneidige Kämpferin und stolze Siegerin, die in den Fünfziger Jahren ihrem Widerpart, der „Naturfilosofie", mit glattem Hieb den Kopf vom Rumpfe trente, sie weiss heute sehr gut, dass es mit ihrer Herrschaft dem Ende zugeht, und dass, wenigstens was die Geisteswissenschaft anlangt, es mit ihrer Göttlichkeit gründlich vorbei ist; und die deutsche Spekulazion wieder in ihre Rechte tritt. Nicht nur die Büchner, Vogt und Moleschott sind heute Makulatur — das wolte wenig besagen — auch die neueren und neuesten Erklärer des „menslichen Cheistes", wie jener Westfale sagte, dürfen getrost ihre Erzeugnisse auf Holzpapier druken, um ihren mutigen Verlegern nicht allzuviel Kosten zu verursachen. Man muss sie hören die Herrn von den lezten materjalistischen Funden, die Wundt, Herzen, Münsterberg u. a., man muss sie gedrukt lesen und die verzweifelten Purzelbäume beobachten, wenn sie schreiben, dass „keine bewusste Vorstellung ohne begleitende Muskelbewegung" zu Stande komt, dass „Raum- und Zeit-Anschauung nichts weiter als Empfindungs-Unterschiede von Muskelspannungen" sind; oder, dass „Ideen aus Gruppen und Reihen von Muskelzusammenziehungen bestehen" (Herzen, A., Grundlinien einer allgem. Psychophysiologie. Leipzig, 1889, p. 11). Man muss sie beobachten, wenn sie, um die Materjalisirung des Denkens um jeden Preis zu retten, eine ihrer kostbarsten Errungenschaften wissenschaftlicher Empirie, das Gesez der Erhaltung der Energie, preisgeben, und sogar den Grundpfeiler jedes wissenschaftlichen Gebäudes, das psichisches oder fisisches Dasein konstruiren will, das Kausalgesez, zu unterwühlen und zu lokern suchen: Bis sie auf dem Gerüst auf dem sie ihre gewagten Künste produziren, endgültig zusammenbrechen und mitsamt ihren Aparaten in der Tiefe versinken.

Nach den Tories kommen die Whigs, und nach den Whigs die Tories! Das ist ein alter Grundsaz, nicht nur auf parlamentarischem, sondern auch auf wissenschaftlichem Gebiet. Auch die beste und erfolgreichste Links-Liberale Regierung wird nach einer überlangen Zeit das Land ermüden, und dann wird sie von einem Punkte aus, dessen Schwäche man bis dahin übersehen, angegriffen und aus den Angeln gehoben werden. Man nent das Abwirtschaften. Die naturwissenschaftliche Richtung hat, wenigstens was den Punkt der Erklärung des menschlichen Denkens anlangt, so unerhörte und horrende Sünden angesammelt, dass sie sich heute, wo ein Funke Gemüts wieder mehr gilt, als die beste Verstandes-Teorie, nicht wundern darf, wenn man ihr zuruft: Apage! Fort mit dir!

München, Februar 1895. **Panizza.**

I. Der Illusionismus.

§. 1.

Der Materjalismus war eine schöne Zeit! Der Mensch war, was er ass; „er ist, was er isst“; sein Gehirn produzirte die Gedanken, wie die Leber die Galle; und sein Geist war das Resultat seines Magens. Wie frohlokten wir auf den Schulbänken, als wir endlich wussten, was der Mensch war, allen spiritualistischen Kram aus unseren Schulranzen hinauswarfen und dem Religionslehrer, der uns den Thomasius'schen Sünden-Begriff erklären wolte, frech die Zunge entgegenstrekten! Denn was gab uns den Halt? Wir hatten eine radikale Formel. Wir wussten, dass der Himmel nicht mehr existirte, und dass wir allein auf der Welt waren. Das war das Grosse am Materialismus, dass er mit schlankem Beilhieb den transzendentalen Kopf vom fisischen Rumpf löste und nichts zurückliess, was sich zu einem Schlangenköpfchen Lernäischen Razionalismuses hätte entwickeln können.

§. 2.

Seitdem ist es schlimm und schlimmer geworden. Zuerst kamen die Fechner'schen Tränen über das verlorengegangene Jenseits; man wagte die Gründung einer neuen Disziplin, der „Psicho-Fisik“, und — richtig! die Seele war wieder da, hereingeschmuggelt auf dem denkbar unglaublichsten Wege; alle Luken hatte man verstopft, und mit der — Fisik kam sie. Es folgten die Iammerlaute deutscher Fisiologen und ihr „Ignoramus!“ (Um jene Zeit fielen die Werke des Naturfilosofen Schelling bei Cotta von M. 122.— auf M. 40.—). Und seither ist es kläglich zu sehen, wie die Psichologen und Fisiologen, der psichofisische Materjalismus, die Vertreter der experimentellen Psichologie auf materjalistischer Grundlage und jener auf hipnotistisch-psichologischer Grundlage, die psicho-fisischen Parallelisten und filosofisch-materjalistischen „Monisten" um die arme Seele sich abmühen, nach ihr haschen und sie wieder loslassen, sie haben möchten, aber doch ihrer eigenen materjalistischen Vergangenheit nicht untreu werden wollen. — „Sie aber werden zerdroschen werden wie Stroh zerdroschen wird und wie Koth." Jesaia 25, 10. — Die Halbheit ist das Schlimste. Das Geschwäz um eine unsichere Sache, statt der Tat, das Erbärmlichste. Psichik und Fisik. „Eat a cake and have a cake", wie der Engländer sagt: den Kuchen essen, und ihn doch noch haben wollen. Erst die Seele fisisch konstruiren, und sich dann sagen müssen, dass man sie doch nicht hat. Das ist die Signatur der gegenwärtigen Psichofisiker. Und ich sehe schon den deutschen Meister kommen, der die Seele wieder an ihre Stelle sezt, und Euch Alle so gründlich in dem Zauberkessel der täuschungsreichen Maya untertauchen wird, dass Euch Hören und Sehen vergeht.

§. 3.

In der Tat, die Behandlung, die man seit der Oberherrschaft des Materjalismus dem Denken hat angedeihen lassen, macht den denkbar komischsten Eindruck. Spencer erklärt das Denken für „gehemte Hirn-Reflexe", ohne uns sagen zu können, wie denn aus einem Reflex, einer sinlich perzipirten Bewegung, ein — Gedanke, aus Materie — Bewusstheit entstehen solle; und ohne sich an Descartes zu erinnern, der uns gelehrt, dass Denken und Ausdehnung Geistiges und Körperliches, unvereinbare Dinge seien, deren Ineinander-Uebergehen für das Denken — und dieses macht doch die Filosofie — eine schlechterdings unmögliche Annahme sei. Spencer hat dies auch bis zu einem gewissen Grad gefühlt, indem er „Bewusstsein eine im Grunde ganz überflüssige Begleiterscheinung zentraler Gehirn-Prozesse" nante. Aber das ist nicht genug. Er, und mit ihm jeder echte Materjalist, müsste das Denken überhaupt läugnen, wofern er im mechanisch verlaufenden, materjellen Gehirn-Reflex das gesamte geistige Dasein des Menschen beschlossen sieht; und wofern der Name „materjalistischer Monist" nicht eitel Betrug und Selbsttäuschung ist. Denn entweder glaubt er an die Möglichkeit des Uebergangs, des Entstehens von Gedachtem aus Körperlichem, dann wirft er den oben genanten Descartes'schen Saz um, und komt als nicht auf der Höhe filosofischer Bildung stehender, nicht ausgereifter, Denker nicht in Betracht. Oder er giebt die Unmöglichkeit des Entstehens von Psichischem aus Fisischem zu, bringt aber Gedächtnis, Bewusstheit und dergl. mit materjellen Gehirnvorgängen in Konnex, dann ist er Dualist, er mag sich wenden, wie er will, aber nicht Materjalist, und noch weniger Monist! — Hic Rhodus, hic amice salta! — Hier, in der Tat, kommen alle naturwissenschaftlichen Filosofen zu bösem Fall. — Die ältere Richtung von Vogt, Büchner, Moleschott, der sog. metafisische Materjalismus, deren Anschauung in dem Saz gipfelte, die Gedanken sind Produkte der Gehirntätigkeit, wie „der Urin das Produkt der Nieren", ist heute allerdings abgetan; sie waren in ihrer starren Rüksichtslosigkeit den heutigen Halben vorzuziehen. Man hat heute eine mildere und täuschungsreichere Formel aufgestelt. Man spricht von „psicho-fisischem Parallelismus", und erklärt dies so: jedem Bewusstseins-Inhalt entspricht ein materjeller Erregungszustand im Gehirn; oder: das psichische Leben ist ein Spiegelbild der fisischen Gehirn-Vorgänge in der Form des Bewusstseins. Aber die Fein-Näher kommen hier um keine Strecke weiter als die Grobnäher. Und Wundt steht heute noch auf demselben Standpunkt wie Büchner. Mit dem Wort „Parallelismus" ist gar nichts gesagt, weder Abhängigkeit noch Unabhängigkeit. Mein Denken kent nicht die Formel des „Parallelismus" als eine zureichende für seine Erkentniskraft. Es kent nur die Formel des Kausal-Gesezes, und der Frage: Warum? Mit dem Ausdruk „Parallelismus" ist ein Bild aus der Erscheinungswelt gebraucht, um eine Behauptung zu erschleichen, die auf andere Art nicht bewiesen werden kann. Wenn ich ein Schienen-Geleise betrachte rücksichtlich des Umstandes, ob die eine Schiene von der andern abhängig sei, so ist die erste und einzige Frage, die mich interessirt, ob die eine Schiene von der andern kausal bedingt ist. Ist dies bejaht, dann ist der Umstand, ob die beiden Schienen mit einander paralell verlaufen, mir höchst einerlei, oder komt erst in zweiter Linie in Betracht. Ist sie verneint, so ist mein kausales Bedürfnis gedekt, und der weitere Umstand, ob die Schienen paralell verlaufen, kann mich dann ebenfalls nicht weiter interessiren. Mit der Anwendung des geometrischen Bildes des Paralellismus für den psicho-fisischen Prozess ist die Frage der Kausalität umgangen. Hier stekt also ein schwindelhafter Punkt im Denken des 19. Jahrhunderts. — Aehnlich steht es mit dem Bild des „Spiegels", der in der Form des Bewusstseins die fisischen Gehirnprozesse wiedergeben soll. Das Spiegelbild ist in der Natur die kausale Folge des Objekts. Das Spiegelbild ist nicht Nichts. Sonst wäre auch das Licht Nichts. Mit Spiegeln konte schon Archimedes Schiffe verbrennen. Mit der Wendung also, dass die Psiche die Gehirnvorgänge im Bewusstsein wiederspiegle, ist gesagt, dass sie die kausale Folge der Gehirnprozesse sei. Dies soll aber vermieden werden. Also auch hier Spiegelfechterei und Zweideutigkeit. — Konsequenter, und daher beachtenswerter, erscheinen einige jüngere Forscher, wie Münsterberg, Herzen, die unter der Dewise des „psicho-fisischen Materjalismus" einhergehen. Sie geben offen zu, dass, den Wechselverkehr des Körpers mit dem Geist vom materjalistischen Standpunkt aus zu verstehen, eine Unmöglichkeit sei; andrerseits beharren sie auf ihrer Forderung, dass jede psichische Tätigkeit eine molekülare Bewegung der Nervenelemente ist. Bei dem weiteren Versuch freilich, besondere psichische Tätigkeiten molekular zu erklären, kommen sie auf Abstrusitäten, wie: dass „Ideen Muskelzusammziehungen" seien; oder: dass „Raum und Zeit Wahrnehmungen von Unterschieden von Muskelspannungen" seien; und „Muskelempfindungen die

Grundlage unserer Persönlichkeit“ sind. Hier wird man unwillkürlich — man verzeihe! — an das kräftige Wort Scheffel's vom „Hegel'schen Mist“ erinnert. Zu der idealistischen Exagerazion dort haben wir hier das materjalistische Gegenstük. Die Herren werden uns nächstens sagen, auf welchen Muskelspannungen „Wiz“, „Kausalität“, „Mitleid“. „das Edle, Wahre und Gute“, und vor Allem „der Unsinn“ beruht, damit ihnen zur Lösung des Menschenrätsels nichts mehr übrig bleibe — bis auf's Denken!

§. 4.

Was ist das grosse Hindernis, Geistiges und Körperliches auseinanderzuhalten, sie definitiv zu trennen, wie die einfache Überlegung meines Denkens verlangt? Die Erscheinung. Die Erscheinung ihrer Gleichzeitigkeit, oder doch ihrer Zusammengehörigkeit. Weil ich Schmerz empfinde, wenn ich gestochen werde, weil mein Gemüt bewegt wird, wenn ich Musik höre, weil ich einen Vorstellungs-Inhalt habe, wenn man mit mir spricht, weil mein Geist sich übel befindet, wenn mein Magen nicht in Ordnung ist, weil mein Denken beeinflusst wird, wenn ich berauschende Getränke oder gewisse Arzneimittel zu mir nehme, weil mein Geist auslischt, wenn man aus einer Ader mein Blut fliessen lässt! Die Aufeinanderfolge dieser Erscheinungen zwingt die Materjalisten zu ihren Teorieen. Die Wucht dieser Erscheinungen war es auch, die selbst Descartes stolpern liess, jenen konsequenten Denker, der Körperliches und Gedachtes für immer getrent zu haben glaubte. Sehen wir, wie wir später mit dieser „Erscheinung“ fertig werden.

§. 5.

Nun ist klar: was die Materjalisten am liebsten los wären, — ist das Denken. Denn hier beginnt ihre Schwierigkeit. Ihre Teorie verlangt absolute Einhaltung des Programms, dass das gesamte Dasein des Menschen in materjellen Vorgängen sich abspiele, seine gesamte Persönlichkeit in Gehirn-Reflexen sich erschöpfe. Und das Gesez der Erhaltung der Energie, der Unveräusserlichkeit der Materje, zwingt sie von ihrem Standpunkt aus zu rigoroser Erfüllung dieses Programms. Wo ist hier Raum für's Denken? Trozdem ist dieses, wie es scheint, da. Aber der Sprung aus der Materje in dieses Absolute ist ohne Preisgebung des gesamten Programmes unmöglich. Also das, was die Materjalisten am liebsten los wären, und am liebsten los sein wollen müssen, ist — das Denken. Daher die verzweifelten Versuche, sich um dieses herumzudrüken, die einladensten Bilder, von diesem Verhältnis der Materje zum Denken sich eine irgendwie zufriedenstellende Vorstellung zu machen; daher die Wendungen, dem Denken eine mehr nebensächliche, lediglich „zuschauende" Rolle zuzuerteilen, es als „eine im Grunde ganz überflüssige Begleiterscheinung" anzusehen. Ja, ein jüngster Forscher verwahrt sich gegen die „Anteilnahme der ‚Seele' an den Verrichtungen des Thierleibes (Menschen)" und verlangt die konsequente Durchführung der Auffassung des „menschlichen Organismus als Mechanismus begriffen".[1]) — Was bliebe angesichts dessen für Jemanden, der den baroken Gedanken fasste, sein Denken nicht für die Nebensache, sondern für die Hauptsache zu halten, übrig? — Sein Denken. — Für Einen, dem die Vorstellung, dass sein gesamtes Dasein als Mechanismus beschlossen sei, unerträglich wäre, was bliebe ihm übrig? — Sich in sein Denken zu retten. — So wie einst Descartes aus den skeptischen, zweifelsüchtigen Anwandlungen seines Jahrhunderts sich herausriss, indem er, mit der Faust auf den Tisch schlagend, ausrief: Ich zweifle; also denke ich! — müsste er von seinem Denken ausgehen — nicht von der Materje; denn von hier aus ist die Erreichung des Denkens ausgeschlossen — und von hier aus versuchen, zu einer Weltanschauung zu gelangen. Diesem Versuch seien die folgenden Zeilen gewidmet.

---

[1]) Hauptmann, Carl, Beiträge zu einen dynamischen Theorie der Lebewesen. Jena. 1894.

§. 6.

Einen Vorteil hätte dieser Modus immerhin. Denn während der den Menschen als „Mechanismus" begreifen wollende Materjalist auf die ihm (und seinem Begreifen) unterschiedene Aussenwelt angewiesen ist, wäre der Spiritualist, der das Denken vom Denken aus untersuchen will, bereits mitten in seiner Materje drin. — Was wird nun dasjenige im Denken sein, welches mich bei meiner Untersuchung, wie den Leser bei dieser Schilderung, am intensivsten von der Omnipotenz dieses merkwürdigen, inneren Erlebnisses überzeugen wird? — Der Leser erwarte nicht, dass ich hier im Stile der älteren Psichologen ein vollständiges Inventar unseres Geistes nach Vorstellungen, Empfindungen, Gefühlen ihm vorführe, oder nach Art unserer modernen Hipnotisten die reizvollen Untersuchungen über das Verhalten unserer Psiche bei jeweilig empirisch geänderten Bedingungen hier schildere. Das Alles könte mich nicht fördern; noch mich von der ausschlaggebenden Wichtigkeit, von dem Primat, meines Denkens überzeugen. Wer die gesamte Welt vom Denken aus konstruiren will, muss es von *seinem* Denken aus tun. Und wer es von seinem Denken aus unternehmen will, muss es von einem *persönlichen Erlebnis* in seinem Denken aus tun. Und erst die Übereinstimmung im Denken des Lesers mit dem Denken des Verfassers (soweit die Sprache es zulässt) unterscheidet über die Tüchtigkeit eines Sistems. — Was ist nun dasjenige persönliche Erlebnis in uns, welches uns am entschiedensten, am direktesten, oft in erschreckender Weise, den Gedanken von der Genuität, von der Ursprünglichkeit des Denkens nahelegt? — *Der Zwangs-Gedanke. Die Inspirazion. Die Halluzinazion.* — Woher der plözlich, wie aus heiterem Himmel, mitten in unsere alltäglichen Vorstellungen hineinplazende Gedanke, der nichts ähnliches vor sich noch nach sich hat, wie ein erratischer Block mitten in unserem Denken liegt, nicht weichen noch wanken will, und uns unwillkürlich den Schritt hemmen heisst? Woher der plözliche Einfall bei einem L u t h e r, der, in Form einer religiösen Tese gekleidet, allen bis dahin bestandenen gemütischen Schwierigkeiten und Grübeleien ein Ende macht, ohne in der Richtung der bisher gehegten teologischen Zweifel zu liegen, ganz im Gegenteil von der entgegengesezten Richtung komt, wie eine Befreiung wirkt, und von der Stunde an aus einem ängstlichen, bekümmerten, elenden Menschen einen glaubensstarken, in sich gefesteten, mit unglaublicher Rüksichtslosigkeit vorgehenden Kämpfer und Anführer der Geister macht, dessen Einfluss Jahrhunderte überdauert? — Woher der fast wörtlich übereinstimmende Vorfall bei D e s c a r t e s, der mitten im Kriegslager bei Neuburg an der Donau, an einem von ihm festgehaltenen Tag, am 10. Nov. 1619, von einem Gedanken überrascht wird, dessen Eintritt ihm selbst unbegreiflich ist, und der, an die Spize seiner Dedukzionen gesezt, zum Grund- und Ekstein der modernen filosofischen Spekulazion wird? — Woher das ganz ähnliche Ereignis bei J a c o b B ö h m e, der bei einem rein äusserlichen, ihm in der Erinnerung gebliebenen, Anlass, wie er erzählt, beim Betrachten eines glänzenden Zinn-Geschirrs, zuerst, und mit einem Schlag, auf jene Ideen geführt wird, die sein ferneres, teosofisches Sistem beherschen, und aus ihm, einem Schuster, einen der wirkungsvollsten Denker und tiefsinnigen Grübler machen? — Woher der noch rapidere Vorfall bei S w e d e n b o r g, der plözlich während des Mittagessens in London von einem inneren Vorwurf überfallen wird, genau genommen von einer Halluzinazion, die ihn von dem Moment an zur inneren Umkehr nötigt, und aus einem lebenslustigen, weltmännischen Gelehrten einen Spiritisten und Geisterseher werden lässt? — Woher endlich die ganz übereinstimmenden Aussagen von Künstlern, hervorragenden Denkern, überhaupt von innerlich stark beschäftigten Menschen, die glükliche Einfälle haben, Inspirazionen, ohne welche sie sich nicht zur Arbeit entschliessen können, welch' leztere von ihnen allen in ganz naiver Weise als fremde, ausser ihnen selbst gelegene, Einflüsse gedeutet werden, und die aus ihnen allen, von M a h o m e d bis auf C a l v i n, von L u t h e r bis auf H e l m h o l t z ausgesprochene

Deterministen und Anhänger der Prädestinazionslehre gemacht haben? —

Wir nennen noch logischer Abwandlung ein Denken „induktiv", welches im Untersaz einen neuen Gedanken bringt, der sich nicht vom Obersaz ableiten lässt, und stellen es dem blos „deduktiven" Denken als eine höhere Form flegenüber. Wir nennen generell das induktive Denken „genial" und deuten damit auf eine fremde Quelle in unserem geistigen Leben hin, welche nur dem glüklichen Finder giesst, nicht durch Anstregung herbeigezogen werden kann, und unserem gewöhnlichen, in Assoziazionen verlaufenden Denken entgegengesezt wird„ in das es „induzirt", eingeführt wird. Also Erfahrung wie Logik kennen gleicherweise jenes geistige Erlebnis in uns, welches ein direkter Hohn auf alle kausale Verknüpfung ist, eine Form des Geschehens, die gleicherweise unser materjelles wie psichisches Leben beherrscht.

Für die moderne Psichologie auf materjalistischer Grundlage haben diese plözlichen Einbrüche in unser Geistesleben wenig Schwierigkeiten. Sie sind, sagt sie, Vorstellungen, wie jede anderen, nur fehlen die Zwischenglieder, es fehlt der Beginn der Reihe. Unser Denken, sagt sie, verläuft in Form der Assoziazionen, von Denkinhalten, die für sich eine kausale Reihenfolge bilden, wie die Gehirn-Reflexe, deren Abbilder sie sind; nur fallen sie nicht alle in unser Bewusstsein; und was nicht in's Bewusstsein fällt, ist eben unbewusst. — Ich muss sagen, wir stehen hier vor einer der kindischsten und puerilsten Leistungen in unserem zeitgenössischen Denken. Wer sagt uns, dass es „unbewusste Vorstellungen" gibt? Ungedachtes Gedachtes ist eine contradictio in adjecto; eine Verneinung bei gleichzeitiger Behauptung. Entweder ist die Vorstellung etwas Geistiges, dann ist sie bewusst. Denn nur in dem Charakter der Bewusstheit kennen wir Geistiges. Oder die Vorstellung ist nichts Geistiges — warum sie dann Vorstellung nennen, womit wir doch den Begriff von etwas Gedachtem verbinden? Warum sie dann nicht lieber Funkzion nennen? Aber hier stiesse die Psichologie auf den materjalistischen Aker, und würde empfindlich zurükgestossen werden. Denn von einem Übertritt von Psichischem in den mechanischen Gehirn-Reflex wollen die konsequenten Materjalisten nichts wissen. Also auch hier dieselbe Zweideutigkeit und Unklarheit in unserem Denken, die wir schon oben gerügt haben. Auf der einen Seite soll die „unbewusste Vorstellung“ etwas Geistiges an sich haben, denn sonst könnte sie ja in der psichischen Kausalreihe nicht figuriren, und den „Einfall“, den „Zwangsgedanken“, als bewusst herausgefallenes Glied aus der Assoziazions-Kette, nicht erklären. Auf der andern Seite aber soll die „unbewusste Vorstellung“ wieder n i c h t s Geistiges an sich haben, denn sonst fiele sie ja, als Geistiges, in unser Bewusstsein, wo sie eben nicht da ist, und wo ihr Fehlen erklärt werden soll. Also die Frage nach der Herkunft des assoziazionslosen Zwangs-Gedankens, des „Einfalls“, in unserem Denken ist durch den Hinweis auf „unbewusste Vorstellungen“ nicht beantwortet, sondern mittelst eines dualistisch angelegten, das Kausal-Gesez umgehenden, Begriffs-Kunststüks unter den Tisch geworfen.[1])

§. 7.

Betrachten wir die H a l l u z i n a z i o n! — Es ist bekant, dass sie als solche ein durchaus in die Breite fisiologischer Gesundheit fallendes psichisches Ereignis ist. Wir haben also hier nicht nur eine psichiatrische Frage vor uns. Die Halluzinazion ist ein Einbruch in mein Denken, der nicht rein geistige Leistung bleibt, sondern — empirisch gesprochen — mit einer Projekzion in die Aussenwelt ver-

---

[1]) „Unbewusste Vorstellungen„! — Auf diesem Zwitterbegriff hat sich in unseren Tagen eine Filosofie breit machen wollen („Philosophie des Unbewussten“), die mittelst des Studiums von Rükenmarks-Ganglien und Gehirn-Anatomie ein für das D e n k e n gültige Anschauung zu gewinnen hofte; ein Versuch, den der konsequente B ü c h n e r mit Recht durch die dumbe Frage zurückwies: woher denn ihr Verfasser das U n b e w u s s t e w ü s s t e? und die in der Geschichte der deutschen Filosofie wohl bald denjenigen Plaz einnehmen wird, der ihr gebührt: die tiefste Stelle.

knüpft ist, also in den Bereich der Erscheinung fält. Ueber ihr fisiologisches Entstehen sind Alle, Psichiater wie Psichologen, soweit einig, dass sie dieselbe zentral entstehen lassen, in der Hirnrinde, resp. in der Vorstellung; dass selbe — als zentraler Vorgang — fisiologisch indentisch ist mit der durch Sinnesperzepzion, in Folge „äusseren" Reizes entstandenen Wahrnehmung, und dass sie von hier aus nach aussen projzirt wird. Also ein Baum, den ich halluzinire, entsteht als zentraler Prozess in meinem Hirn, resp. in meiner Vorstellung, und wird von hier aus in die Aussenwelt verlegt, wo ich ihn sehe, während ihn meine Nebenmenschen nicht sehen. Aber wie komt es, dass ein Prozess, der in der Regel von aussen nach innen verläuft — der in der Aussenwelt wirklich vorhandene Baum wirkt als Reiz auf mein Auge und pflanzt sich fort bis in mein Hirn, wo er als Baum gesehen wird — nun auf einmal den umgekehrten Weg einschlägt, und, wie die Halluzinazion von Innen nach Aussen geht? Nicht nur wäre dies höchst auffallend und widerspräche allen unseren Kentnissen über Nerven-Fisiologie. Sondern auch das Experiment in Hinsicht der Lokalisazion der Funkzionen der Gehirn-Rinde hat gezeigt, dass Reizung einer sensoriellen Stelle der Hirn-Rinde, z. B. des Sehfeldes, niemals perifer einen Seh-Akt oder eine Licht-Empfindung auslöst; während umgekehrt perifere Reizung, z. B. des Nerven-Stumpfes des opticus stets zentral eine optische Wahrnehmung wekt. Woher also der umgekehrte Weg bei der Halluzinazion? — Darauf werden uns die Psichologen vielleicht antworten, dass die Hinausverlegung des halluzinirten Baumes in die Aussenwelt, wo er wirklich gesehen wird, nur funkzionelle Bedeutung habe, nur ein für die Auffassung des Halluzinanten gültiges Ereignis sei, während der wahrhafte Vorgang einzig zentral verlaufe. Der Meinung sind wir auch. Aber wo stekt dann der Unterschied zwischen einem wirklichen und einem halluzinirten Baum, da der zentrale Prozess der Wahrnehmung ja für die Halluzinazion wie für die normale Sinnes-Empfindung der gleiche ist? Wie steht es überhaupt mit dieser Aussenwelt? Wie komt es, dass ich die Aussenwelt nicht als Innen-Welt empfinde, nachdem die wirkliche Wahrnehmung der Aussen-Welt nur ein in meinem Innern, zentral-verlaufender Prozess ist? Wie komt es, dass ich die Aussenwelt, nach Meinung der Materjalisten, erst von Aussen nach Innen empfinde, und sie dann nochmals von Innen nach Aussen verlege, nachdem dieser leztere Weg dem Halluzinanten verschlossen ist und, wie wir gesehen haben, aus fisiologischen Gründen der Leitungsbahnen, nicht zugestanden werden darf? — Hier gibt es also von Zweien nur Eins: Entweder findet die Verlegung meiner zentralen Wahrnehmung in die Aussenwelt als Aussenwelt wirklich statt, dann muss sie auch für meine Halluzinazion (die der normalen sinlichen Wahrnehmung als zentraler Prozess gleich gesezt ist) gültig sein. Dann aber ist Halluzinazion mit Aussenwelt-Wahrnehmung identisch; und der für die normale Sinnes-Wahrnehmung, supponirte primäre Weg von der Aussenwelt in das Zentrum meines Innern ist überflüssig und auch unwahrscheinlich, da nicht angenommen werden kann, dass dieNatur ein und denselben Weg einmal hin und dann wieder retur macht.

O d e r: der Weg für die Verlegung des zentralen Wahrnehmungs-Inhaltes in die Aussenwelt ist für die Halluzinazion ungültig, dann ist er es auch für die normale Sinnes-Wahrnehmung, die ebenfalls in der Aussenwelt gesehen wird, und die, was den zentralen Prozess anlangt, mit der Halluzination gleich ist. Dann findet also keine Wahrnehmung in der Aussenwelt statt, sondern bloss in meinem Innern. Nun findet aber Wahrnehmung wirklich statt. Demnach bleibt nur die erste Alternative: dass normale Sinnes-Wahrnehmung wie Halluzinazion in gleicher Weise aus dem Innern in die Aussenwelt projzirt werden. Da aber dann der vorausgehende Weg des Eindringens der Aussenwelt in mein Inneres bei der normalen Sinnes-Wahrnehmung überflüssig wird — auch wenig wahrscheinlich ist, und auch sinnfällig nicht stattfindet; denn der Baum dringt doch nicht in meinen Kopf — so ist die Welt Halluzinazion.

§. 8.

Wenn die Welt für mein Denken eine Halluzinazion ist, was ist sie dann für mich, den Erfahrungsmenschen, für meine Sinne, ohne die ich nun einmal nicht Haus halten kann? — Eine Illusion. — Wahrhaftig kein neuer Gedanke. Alle idealistischen Sisteme von Brahma bis Kant waren dieser Ansicht. — Sind wir aber damit fertig? — Keineswegs! Es entsteht die Frage: wie komt die Welt als Illusion in meinen Kopf? Wie komme ich dazu, in meinem Denken die Welt als Wahrnehmung zu halluziniren? Der rastlose Arbeiter in meinem Geist frägt: Warum? — Woher? — Die moderne Psichologie hat zur Erklärung — nicht der Welt als Halluzinazion, dies ist eine metafisische Untersuchung — aber der grob-sinlichen Halluzinazion, der Halluzinazion als Erscheinung, der Zwangsvorstellung, der Sugestion — die Teorie des „Unterbewusseins“ aufgestelt, der „subliminal consciousness“, wie die Engländer sagen, oder „souconscience“ der Franzosen. Es könte scheinen, als ob dieses Unterbewustsein in Stande wäre, alle die plözlichen Einbrüche in mein Denken zu erklären. Und indem ich den Einwand gelten lasse, argumentire ich wieder als ein dem hinfälligen Gebiete der Erfahrung Angehöriger. Aber es wird sich zeigen, dass wir an das „Unterbewusstsein“ genau die gleichen Fragen stellen müssen, wie an das „Unbewusstsein“. Wie soll ein Einfall aus dem „Unterbewusstsein“ in mein „Oberbewusstsein“ gelangen? Wollen wir keinen kausallosen Sprung wagen, so müssen beide Zentren assoziativ verbunden sein. Soll nun auf dieser Bahn eine „bewusste Vorstellung“ hinauf gleiten, die oben bewusst und unten bewusst ist, wie komme ich in meinem Oberdenken dazu, sie für einen „Einfall“ zu halten, für einen Einbruch in mein Denken, für etwas aus dem „Unbewussten“ Geborenes, für eine „Halluzinazion“, da ja gerade ihr assoziazionsloser, nicht vorher mit Bewusstsein begabter, Charakter, sie mir als einen „Einfall“ erscheinen lässt? Und die Sache wird nicht dadurch besser, das ich sage: die zwei Bewusstsein-Bezirke verhalten sich wie zwei Iche, wie zwei

Persönlichkeiten. Und wären es zwei komplet ausgebildete Menschen nur mit Haut und Knochen überzogen, so sind sie entweder mit ihrer Organisazion getrent, dann ist eine Verbindung nicht möglich, und der Streit vom Doppelbewustsein ist aus; oder sie sind verbunden, es laufen Assoziazionen hin und her, dann muss die mit Bewusstsein anlangende Funkzion als mit Bewusstsein begabte aufgenommen werden, und die Empfindung des „Einfall", als kausallosen Einbruchs in mein Denken ist nicht möglich. — Schläft aber die „Vorstellung", die Funkzion, in dem unteren Bezirk unbewusst (ist also ein rein materjeller Reflex), wie soll sie dann — oben oder sonst wo in der Welt — bewusst werden, nachdem dieser Übergang von Körperlichem in Bewusstes seit Descartes — und Du Bois Reymond hat es den heutigen Naturwissenschaftlern mit seinem „Ignoramus!" nochmals ausdrüklich eingeschärft — eine für uns unausdenkbare Sache ist?! — Hier ist also keine Rettung. Und alle die reizvollen Untersuchungen der Hipnotisten und Psichologen über die Doppel- oder wievielfältige Anlage unserer Psiche, wie im „unbewussten Zählen", im „unbewussten Schreiben", im „unbewussten Aufmerken" u. dergl., mögen, als in die Erscheinung fallend, für mein Erfahrungsleben als praktische Unterscheidungen brauchbar sein, ebenso wie ich die Aussenwelt von meiner Wahrnehmung der Aussenwelt unterscheide, loquendi gratia: das Grün des Baumes von dem Baum-Grün, was ich empfinde — für mein Denken, für meine metafisische Untersuchung, sind sie ungültig, denn ich kann sie als Denkender nicht begreifen. Sie können vor meinem Denken nicht Stand halten.

§. 9.

Damit stehe ich also wieder am alten Flek. Da ich die „Halluzinazion", den Einbruch in mein Denken, die Inspirazion, weder aus einem zweiten Bewusstseins-Bezirk erklären kann, noch viel weniger aus einer materjellen Substanz entstanden mir denken kann, so stehe ich vor der alten Frage: Wie komt die „Halluzination" — wie komt die Welt, die ich als Halluzinazion, als kausallose Wahrnehmung erkant habe, in mein Denken? — Bei dem Versuch, diese Frage zu beantworten, ist mir natürlich die eine Seite, die Welt-Seite, verschlossen; denn dort ist ja nur, wie wir gesehen haben, der Verbreitungs-Bezirk der Illusion, dort ist die Manifestazions-Fläche meiner Halluzinazion. Nach vorn also — um mich räumlich auszudrücken, und eine Richtung anzudeuten, die nur in der Erscheinungswelt Gültigkeit hat und in der Verlängerung meiner Augenachsen liegt — ist mir der Weg verschlossen; es bleibt mir nur — wiederum illusorisch gesprochen — der Weg rükwärts von meinem Denken, um meinem Kausalbedürfnis hinsichtlich der Herkunft meiner „Einfälle" Genüge zu leisten. Was kann nun dahinten liegen, welches für mich die Quelle so ausserordentlicher Ereignisse, mein ganzes Leben im Denken wie in der Erscheinungswelt bestimmender Tatsachen ist? Etwas Denkendes? Etwas Geistiges? Etwas Psichisches? — Unmöglich! Denn dann hätte ich ja den Assoziazionsfaden nach rükwärts gegeben, und könte durch das Bewusstsein vermittelst dessen mir einzig Geistiges mitgeteilt wird, die Herkunft nach Hinten verfolgen. Ich hätte dann keinen „Einfall", sondern eine Denkreihe. Gerade aber die fehlt mir, und der abrupte, plözliche Einbruch in meine Psiche ist es, die mich so frappirt, und die ich ergründen will. Also irgend etwas Psichisches oder Bewusstes kann ich nicht hinter meinem Denken annehmen. Etwas Nicht-Psichisches, Unbewusstes, Materielles, noch viel weniger, denn dann fiele ich ja in den Fehler der Hipnotisten, die aus einem unbewussten Reich Bewusstsein ziehen wollen. Was ist aber das, was weder etwas Psichisches, Gedachtes, noch etwas Körperliches, Materjelles ist? —

Wir benüzen zu unserer gegenseitigen Verständigung durch die Sprache immer Abbilder aus der Erscheinungswelt. Es ist dies eine unumgängliche Form unseres Denkens, eine — um mich in meinem Sistem auszudrüken — Art meines Halluzinirens, meines Manifestirens; und auch da, wo ich nicht mehr in meinem Denken weiter kann, oder, wo mein Denken sich nicht mehr adäquat in der Erscheinungswelt manifestiren kann, gebrauche ich, als Ausdruk des Widerstandes, des Nicht-Weiter-Könnens, einen Laut, einen Ausdruk, der immer noch dieser Erscheinungs-Welt entnommen ist; — die einzige Möglichkeit, mich mit meinen der Erscheinungswelt angehörenden Nebenmenschen zu verständigen, und ihnen Kunde von meinem Denken zukommen zu lassen.

Hier also, wo ich effektiv nicht mehr weiter kann, habe ich ein Recht und die Pflicht ein Bild aus der Erscheinungswelt zu gebrauchen: Wenn ich, in der Absicht einen von mir eingeschlagenen Weg auf der Strassse. zu verfolgen, plözlich vor einem Zaune stehe, der mich am Weiter-Gehen hindert, so kann ich immer noch, obwohl ich damit die Strasse, und damit meine Absicht, verlasse, auf den Zaun steigen, um drüben Aussicht zu halten, eventuell über den Zaun hinübersteigen. Hinübersteigen heisst lateinisch transcendere. Und hievon abgeleitet heisst transzendental in der Filosofie eine Untersuchung, in der ich das Gebiet der Erfahrung, sei es der Erfahrung im Denken sei es in der Erscheinungswelt, verlassen habe, oder zu verlassen im Begriffe bin. In eben diesem Falle befinden wir uns selbst. Auf die Frage also: was kann hinter meinem Denken für eine Quelle liegen, die nach den angestelten Untersuchungen weder bewusste noch materjelle Qualität an sich haben darf, aber die nicht auf assoziativem Wege sondern durch Einbruch in mein Denken entstandenen, und hier angetroffenen Bewusstseins-Inhalte erklären soll — eine Untersuchung die mein noch innerhalb meines Denkens wirkendes Kausalitäts-Bedürfnis gebieterisch fordert? — kann ich die Antwort geben: Es ist ein transzendentaler Grund. Es ist eine transzendentale Ursache. Ein Prinzip. Irgend Etwas. Ein Ding., das ich benamen kann, wie ich will, wenn ich nur nicht vergesse, dass die Sache jenseits meiner Erfahrung liegt, der Name aus der Erscheinungswelt stamt.

§. 10.

Ich könte die so gewonnene transzendentale Causa, mein metafisisches Prinzip recht gut Unterbewusstsein nennen, denn hinter oder unter mein Bewusstsein verlege ich — räumlich gesprochen — die Quelle meiner Eingebungen, meines Daseins; wenn nicht dieser Ausdruk bereits von den sog. Experimental-Psichologen im Sinne von etwas Bewusstem, oder Materjell-Funkzionellem, je nachdem, verwendet worden wäre, in welchem Sinn ich ihn unmöglich brauchen kann. Ich könte mein Prinzip ebensogut das Unbewusste nennen, wenn nicht auch dieser Ausdruk bereits, sogar filosofiisch, in der unverantwortlichsten Weise gemissbraucht worden wäre. Ich könte ebensowohl meine Sache Denken a prori oder reine Vernunft nennen, wenn nicht der Verwendung dieser Termini eine ganz genaue, hier nicht zwekdienliche, Auseinandersezung mit *Kant* vorausgehen müsste. Ich will sie aber *Dämon* nennen, einmal: weil ich damit den Begriff eines *schaffenden*, *wirksamen*, *eingebenden*, *vordrängenden* Prinzips verbinden möchte; zweitens: weil ich damit in Erinnerung an *Sokrates* den Charakter des *Halluzinatorischen*, oder halluzinatorisch sich Aeussernden verbinden möchte; drittens: weil ich den Begriff des *Individuellen* (hier, als Ausgangspunkt meiner Untsuchung, des Genius-Artigen) damit verknüpfen will: denn *mein* Denken will ich erklären; nicht das der andern Leute; auf *meine* Eingebungen bin ich angewiesen, nicht auf die meiner Nebenmenschen. — Beileibe darf man aber darunter nichts Mytologisches im Sinne der alten Griechen, noch Teologisches im Sinne des Christentums verstehen. Sondern lediglich ein metafisisches Prinzip, für das Jeder sich einen ihm adäquater dünkenden Namen wählen könte. Ich könte es ebenso gut das *Brahma* nennen.[1]

---

[1]) Bei der Niederschrift der vorliegenden Arbeit stosse ich zufällig auf ein älteres Schriftchen über indische Religion, und lese dort folgende Säze über Brahmaïsmus: „Man kann vom Brahma nicht sagen, was es ist. ‚Das Auge, die Sprache, der Verstand kann es nicht errei-

chen. Wir erkennen es nicht, wir sind nicht im Stande, jemanden über dasselbe zu belehren. Es ist verschieden von allem Bekannten und auch von allem Unbekannten‘ (Kêna- oder Talava-Kâra-Upanischad I. 3.). Das Brahma ist Geist nur in dem niedrigsten (äussersten) Sinne des Wortes, nur insofern es nicht Stoff, sondern wesentlich Kraft ist, — es ist aber nimmermehr Geist als selbst-bewusstes, denkendes, wollendes Wesen, ist nicht Persönlichkeit; alle an solche geistige Prädikate anklingenden Bezeichnungen des Urwesens sind dem ganzen Zusammenhang des indischen Bewusstseins gemäss nur als bildlicher Ausdruck zu fassen, sind eine die Natureinheit verbergende Maske. — Die Welt ist eine Emanation aus dem Brahma. Ihre Elemente gehen hervor aus der Unwissenheit oder Täuschung. — Die Vedanta-Philosophie stellt im Vedânta-Sâra das Dilemma: Entweder existiert das Brahma und die Welt existiert nicht; oder die Welt existirt und das Brahma existiert nicht. Nun aber existirt das Brahma; also existirt die Welt in Wahrheit nicht. Das Unreale (der Welt) wird dem Realen (des Brahma) beigefügt durch Dafürhalten. Dies kommt von der Unwissenheit oder Täuschung. Durch diese Unwissenheit ist die Welt gebildet worden. — Der Philosoph, der . . . seine Gedanken von der Aussenwelt ablenkt . . . erkennt, dass alle Zweiheit Täuschung ist, dass alle Objekte in der Welt Brahma sind, dass er selbst Brahma ist. Subjekt und Objekt und die Beziehung zwischen denselben verschwindet.“ (Wurm, P., Geschichte der indischen Religion im Umriss dargestellt. Basel 1874, pag. 78. 80. 84 - 85. 118—119).

II. Der Dämonismus.

§. 11.

In welcher Form stelt sich mir nun mein Denken und die Körperlichkeit dieser Welt von Seite des Dämon, des gedachten transzendentalen Prinzips, aus betrachtet dar? Nur als causa efficiens, als antreibende Ursache, darf ich mir den Dämon in transzendentalem Sinn denken; sein Wirken ist mir gänzlich unbekant; könte ich es, so müsste ich es entweder aus der Erscheinungswelt kennen; diese ist aber für mich, für meine Wahrnehmung, Halluzinazion, ist mein Produkt, und als illudorisches Machwerk gar nicht fähig, mir über den Dämon etwas mitzuteilen; — oder ich müsste es aus dem Denken kennen; aber gerade hier finde ich kausallose Ereignisse, wie meine Einfälle, meine Halluzinazionen. Also stelle ich den Dämon an die Grenze, wo ich keine causa mehr finde, aber eine causa verlange, also als transzendentale causa. Dann ist er aber rätselhaft und ich darf ihn rätselhaft nennen, da keine mit mir gleichgeschaffene Intelligenz im Stande ist, hier Besseres oder Deutlicheres zu liefern. Der Dämon ist also ein aus dem Transzendentalen mit Notwendigkeit gewonnener Faktor, um mein mit Kausalbedürfnis ausgestattetes diesseitiges Denken und die an ihm hängende Erscheinungswelt zu erklären. —

Anders steht die Sache in meinem diesseitigen Denken, in meinem Denken als Erscheinung, wie es mir aus unmittelbarem Beobcchten bekant ist, und im Bereich der mit ihr verknüpften Aussenwelt. Hier habe ich kein Recht mehr, kausallose, d. i. meinem Denken zuwiderlaufende Ereignisse zuzulassen. Nachdem ich hinter mir den Ariadne-Faden geknüpft, kann ich und muss ich an ihm, beim Vordringen in das Labirint meines Denkens und der Erscheinungswelt, mein Ziel erreichen und eine kausalrichtige, lükenlose Kette, eine Assoziazion, von dem mich inspirirenden Dämon bis in die lezte, mikroskopische Beobachtung meiner Erscheinungswelt herstellen können. Das schwierigste Problem aber, welches mir hier entgegentritt, und welches die besten Köpfe aller Zeiten beschäftigt hat, ist die Lösung des Widerspruchs zwischen Körper und Geist, der Uebertritt von Gedachtem in Ausgedehntes, der Dualismus zwischen Denken und Erscheinungswelt, das Descartes'sche Problem. Oder, ein Beispiel gestelt: wie komt es, dass ein Stich in der Körperwelt, an meinem Arm, in meinem Denken zu Bewusstsein wird (Schmerzempfindung)? Oder: wie komt ein Baum in der Aussenwelt dazu, in mir zu einer Idee des Baumes zu werden? — Von der Materje aus kann ich die Idee nicht konstruiren, sonst verfalle ich in den Fehler der Materjalisten, die die Idee kurzer Hand zur Materje schlugen; oder in den der heutigen Psichologen, die Bewusstes aus Unbewusstem konstruiren. Der Sprung von der Materie zur Idee ist aber für mein Denken unausführbar. Wir bekämen es mit Descartes und der gesamten modernen Naturwissenschaft und ihren Postulaten zu tun. Umgekehrt, die Materje von der Idee aus zu konstruiren, ist mir noch viel weniger möglich, da dies nicht nur meinem Denken, sondern aller Erfahrung und der ganz vulgären Anschauung zuwiderläuft, da Niemand glauben wird, aus der Idee eines Ofens könne ein Ofen werden. Was bleibt mir in diesem Falle einzig übrig? Ich muss Idee einer Sache und die Sache selbst in der Aussenwelt als einen Prozess in meinem Innern sezen. Also der Baum in der Aussenwelt und die Idee des Baumes in meinem Innern sind identisch, sind ein und derselbe Prozess, gehen — bildlich gesprochen — an ein und demselben Ort vor sich, und die gesamte Aussenwelt stekt in meinem Innern. — Ist dies nicht unerhört? — Gewiss nicht! Die gesamte moderne Filosofie hat seit Berkeley wiederholt ganz oder teilweise die Realität der Aussenwelt geläugnet, wie Kant, Fichte, Schopenhauer, und hat, teils auf Erfahrungsursachen gestützt, teils als Folge spekulativer Nötigung, als lezten

Grund der Erscheinung des Weltbildes eine kreïrende Eigenschaft unserer Psiche erkant. Wir haben aber täglich dieselbe Erscheinung in unserer Erfahrungswelt vor uns: Der Halluzinant sieht eine Gestalt in der Aussenwelt, er hat eine Idee von der Gestalt in seinem Geiste, er handelt genau so, wie wir einer wirklichen Gestalt gegenüber handeln, und keine Macht des Himmels ist im Stande, ihm diese Gestalt auszureden. Und doch ist sie für uns nicht vorhanden. — Gäbe es eine Intelligenz, die so über uns stände, wie wir über dem Halluzinanten stehen, sie könnte uns sagen, dass die Aussenwelt nicht real existirt, sondern unsere Halluzinazion ist, wie wir dem Halluzinanten sagen, dass seine Gestalt nicht existirt, sondern seine Halluzinazion ist. Wir würden es freilich nicht glauben, so wenig es der Halluzinant uns glaubt. Weil bei uns beiden der Zwang zu mächtig ist. Die genante Intelligenz könte aber tröstend hinzufügen: Dass wir uns benehmen müssen, als wenn die von uns halluzinirte Welt real wäre; und auf Momente würden wir es glauben, wie es der Halluzinant in lichten Momenten auch einsieht. — Da nun überdem die Halluzinazion von der modernen Psichiatrie und Psichologie definirt wird: einmal hinsichtlich ihres zentralen Auftretens als fisiologisch identisch mit dem bei uns allen stattfindenden Prozess der Wahrnehmung der Dinge im Raum; ferner, hinsichtlich ihrer Projekzion in die Aussenwelt, als einen nur im Innern, zentral, im Vorstellen, sich abspielende Erregung, die sich nicht in der Richtung des nervus opticus, geschweige der Aussenwelt, realiter fortpflanzt, — was hindert mich, nunmehr gestüzt auf die Naturwissenschaften, den Analogieschluss zu führen: dass auch für mich die Aussenwelt nur meine Halluzinazion ist, der ich ebenso zwangsmässig unterliege, wie der von mir als solcher erkante Halluzinant? — Es könnte hier noch der Einwurf gemacht werden, wieso es komme, dass ich nie zur Erkentnis meiner Welt-Halluzinazionen komme, wie es doch der Halluzinant manchmal komt. — Dies ist aber — naturwissenschaftlich betrachtet — eine biologische Frage, eine entwiklungsgeschichtliche Untersuchung, die ich ebensowenig klipp und klar beantworten kann, wie die: woher es komme, dass ich nie von meinem Kausalgesez etwas spüre. Ich könte höchstens darauf hinweisen, dass in der geschichtlichen Zeit, da ich begann, diese Welt selbsttätig zu kreïren, aus mir zu projziren, ich, naiv, wie der Schöpfer ist, keine Zeit, kein Hirn, und keine Intelligenz hatte, mich zu informiren, eine Super-Intelligenz, ein Dämon, der mich belehren konte, damals, so wenig wie heute, zu meiner Verfügung stund, und ich, vollauf mit meiner Schöpferarbeit beschäftigt, mit analitischen Fragen mich nicht beschäftigen konte; dass aber später, durch die Gewohnheit eingelernt, ich nicht mehr merkte, was ich tat, und, sowenig ich heute den Luftdruck über mir spüre, der gewaltig ist, ich ehedem die Leistung ahnte, die ich mit der Welt-Projekzion vollbrachte, und die gewaltig ist. —

§. 12.

Was aber gewinne ich durch diese Darlegung?! So schwer die Zumutung an den Erfahrungsmenschen ist, diese Welt als sein Halluzinazionsprodukt anzusehen. was gewinne ich durch diese ganze Darlegung?: Den Schlüssel zu meiner ganzen Posizion. Die Identität von Körper und Geist, das Zusammenfallen von Ausgedehntem und Gedachtem, die Gleichzeitigkeit von Wahrnehmung und Aussenwelt. Ich denke und verwirkliche das Gedachte nicht nur a tempo, im gleichen Zeitmoment, sondern auch — bildlich gesprochen — ad un luogo, am gleichen Ort. Und da meine Zeitschäzung nur das Resultat meiner inneren Vermutung ist, zwischen meiner Wahrnehmung und ihrer Projekzion in die Aussenwelt besteht eine Streke, auf der ich zähle. So nehme ich mit meiner falschen Vermutung auch die Zeit zurük, und erkenne sie als ein — zwangsmässiges — aber illudorisches meiner Wahrnehmung anhaftendes Merkmal. Und ich befinde mich in der Situazion jenes Schläfers, der, als in der Frühe an seine Tür geklopft wurde, rasch noch einen Traum träumte (ein Duell u. dergl.), der seinerseits durch das Klopfen ausgelöst wurde und nach mehreren Episoden ebenfalls mit dem Klopfen, das im Traum ein Schuss u. dergl. ist, schliesst; wobei er erwacht; und nun erkent, die Traumstreke, die sich anscheinend zwischen zwei Endpunkten abgespielt hat, falle überhaupt mit dem einzigen Klopfmoment zusammen, und erweise sich seiner irdischen Zeitmessung gegenüber geradezu anihilirt; so dass er empirisch gezwungen ist, an den Traum zu glauben, logisch gezwungen ist, die ihm gehörige Zeitstreke zurükzunehmen. — Mit der Zurüknahme der Aussenwelt in mein Denken nehme ich aber natürlich ebenfalls den Raum zurük, eine Bestimmung, die, wie sie unvermeidlich mit der Projekzion in etwas ausser mir gegeben war, nunmehr beim Zusammenfallen meiner räumlichen Halluzinazion mit meinem Denken in Nichts zerfällt. – Und da mein Körper, mein Kopf, mein Hirn, meine Ganglienzelle und der Gehirn-Reflex, den ich hier beachte, Teile der Aussenwelt sind und Illusions-Produkte, wie Alles andere ausser mir, so ziehe ich mich auf mein Denken, zurük; und Alles was ich tun kann, ist, mir zu sagen: vor mir ist Alles ausgelöscht; aber nach rükwärts zu greifen, und mir zu sagen: wenn etwas ist, so ist es hinter mir, so ist ein hier mich fassendes Prinzip, ein Dämon, der mich kreïrt und mich zwingt, ohne meine Schuld, zu denken, räumlich und zeitlich mich zu drehen, und in diese nur indirekt durch mich geschaffene Welt zu schauen, für die ich vielleicht nur Mitleid und Verachtung habe, — dies rükwärtige Band aber immer sicherer und fester zu schmieden.

§. 13.

In der Tat ist es diese Richtung, die transzendentale, in der sich die Religion der Völker instinktiv entwikelt hat. Alle Religion hat das Gemeinsame, das sie vor sich, in der Welt, Nichts, hinter sich, im Transzendentalen, Alles zu suchen hat. Da aber die Masse sich ausserhalb der Farben und Formen dieser Welt nichts vorstellen konte, so individualisirte und antropomorfisirte sie ihr Prinzip, schuf Götter und zog ihnen goldgestikte Pantoffeln und kostbare Samt-Mäntel an, und versah sie mit übertriebenen, menschlichen Eigenschaften. Dort aber, wo es Filosofen gab, haben sie, wenn auch in, der Masse unverständlicher und unzugänglicher, Geheimlehre, die Götter, ihre Kleider und Leiber, zurükgenommen, und haben, wie die Brahmanen, den ganzen Indra-Himmel zerstört, und das an ihre Stelle gesezt, was einzig ihnen als Denker übrig blieb: ein transzendentales Prinzip. Diese Leistung der indischen Denker war im Abendland nicht zu überbieten. [1])

---

[1]) Max Müller erklärt dieses Verhältnis von Massen-Religion zu der esoterischen Erkenntnis des Einzelnen in Indien in einem Artikel der Nineteenth Century 1893 folgendermassen: „Die Lehren des Brahmanismus waren Jedermann zugänglich, freilig erst nach gebührender, so langwieriger und mühseliger Verbreitung, dass verhältnismässig Wenige das lezte Wort ergründeten. Der Brahmane musste sein Haus verlassen und sich in die Stille des Waldes in völlige Abgeschiedenheit zurükziehen. Das höchste Ziel dieses beschaulichen Einsiedlerlebens war die Erkentnis der eigenen Seele, des eigenen Selbst, Atman, im Gegensaz zum blossen Ego (Ich); eine schwierige Aufgabe; denn schon damals wurde die Existenz der Seele geläugnet. Manche hielten Leib und Seele für Eins, manche die Seele für den Lebenshauch und andere glaubten, die Seele sei einfach das Ego, der Geist mit all seinen Wahrnehmungen und Fähigkeiten. Der Einsiedler im Walde musste erkennen lernen, dass die Seele ihrer eigentlichen Natur gemäss nicht mit Auge, noch Ohr, noch überhaupt auf irgend eine Weise äusserlich wahrnehmbar ist gleich der körperlichen Welt, die ringsum besteht und vergeht. Denn sobald sie äusserlich wahrnehmbar ist, erscheint sie als etwas Objektives, von dem wahrnehmbaren Subjekt gänzlich verschiedenes. Sie wäre nicht länger die Seele. Das unsichtbare und äusserlich unwahrnehmbare Etwas, das vorher Seele hiess, wurde nun Atman, Selbst, genannt. Nichts weiter wusste man von diesem Selbst zu künden, als: „Es existirt, begreift, denkt.“ Hatte man aber erst einmal entdekt, dass die einzigen Eigenschaften, die man dem Atman, dem Selbst, in uns zuschreiben konte, indentisch waren mit denen, die Brahma angehörten, dem unsichtbaren Wesen, das in der Natur und den sogenanten Naturgöttern stekt, so war nur noch ein kurzer Schritt zur Entdekung der ursprünglichen Identität des Atman und des Brahma, der Einheit zwischen Gott und Menschen, der tatsächlichen Identität göttlicher und menschlischer Natur. Diese Identität in völliger Reinheit wiederherzustellen und endlich die Uebel der Unwissenheit, die sie bisher verhült hatten, zu verscheuchen, war fortan der höchste Lebenszwek des Waldsiedlers. Die Lehren, welche die Ergebnisse dieser in Waldeinsamkeit gepflogenen filosofischen Betrachtungen enthielten, hiessen Upanischads oder Rahasya (Geheimlehren). Sie wurden von den jungen Leuten und Ehemännern verborgen gehalten. Diese durften nicht zu frühe hören, dass die Götter, die sie verehrten, nur verschiedene Namen für das in der Natur verborgene Unbekante waren, und alle Weisheit in dem einen

§. 14.

Hast Du aber Deinen Dämon gefunden, dann bist Du nicht mehr allein auf der Welt. Du darfst Zwiegespräch halten, und bist einem Anderen, der Dein Denken leitet und antreibt, verantwortlich. Bist denn Du es, der denkt? Nein! Köntest Du dann mit Aufbieten aller Macht Dein Denken hindern? Ebensowenig: Ist es denn Dein Wille, der den Inhalt Deines Denkens ausmacht? Nicht entfernt! Musst Du denn nicht das ganze *arrangement*, wie es nun einmal besteht, einfach hinnehmen? Freilich musst du es! Musst du Dich nicht auf Grund eines, wenn auch illudorischen „post hoc" von ihm unterscheiden? Musst die Illusion mitmachen? Musst Dich also mit ihm auseinandersezen! Und sonderbar müsste es zugehen, wenn Du die Stimme deines „alter ego," Deines „besseren Ich", nicht verstehen solltest. Nenne ihn „Gewissen", „Eingebung", „Inspirazion", „Impuls" „innerer Befehl", oder wie immer; fliehe in die Einsamkeit, oder stürze Dich in den Trubel des Menschen-Gewühls, Du wirst ihn bei Dir finden, hast Du anders nicht Deine inneren Sinne abgestumpft und im grob-materiellen Verkehr mit den Täuschungen dieser Welt getötet. — „Nähme ich Flügel der Morgenröthe und bliebe am äussersten Meer, so würde mich doch Deine Hand daselbst führen, und Deine Rechte mich halten." (Psalm 139, 9—10). — Du bist ihm verantwortlich und musst ihm Rede stehn, wenn er zu Dir spricht. Mag er geartet sein, wie immer; und mag er vom Standpunkt einer hiesigen Moral „gut" oder „schlecht"

Wort Brahma gipfelt. Opfer und alle vorher anbefohlenen gottesdienstlichen Handlungen erschienen nun nicht nur überflüssig, sondern, falls der Gedanke an eine Belohnung in einem anderen Leben ihnen zu Grunde lag, geradezu verwerflich. Während zuerst der Veda (die kanonischen Bücher Indiens) in seiner Gesamtheit als der untrügliche Ausfluss einer höheren Inspirazion galt, wurde jetzt der Karmakanda, der liturgische Teil, beiseite gelegt, und nur der Inanakanda, der filosofische Teil, der sich mit der Beziehung der Einzelseele zu Brahma befasste, beibehalten. Er allein, und namentlich die Upanischads, eröffneten den Weg zum Heil, das durch Erkentnis, durch blossen Glauben, nicht durch Werke zu erlangen war." —

genannt werden. Fürchte nicht: Er ist für die meskinen Unterschiede irdischer Pädagogen, oder die Paragrafen einer „Staats“- oder „Gesellschafts“-Moral unerreichbar. Und wenn auch die „Ordnung der Dinge“ in dieser Welt auf ihn, als lezte causa efficiens, zurückzuführen ist. Du darfst nicht rükwärts schliessend dich auf Hiesiges stützen; Du musst, als Lebender und Wirkender, vorwärts schliessen, und Dich auf ihn stüzen. Er ist für Dich da. Und mit ihm vereint darfst Du diese blöde, dumme Welt herausfordern; darfst diese Larven mit wasserblauen Augen, die Dich hier umgeben, verachten, und jene bebrillten Automaten, die gegen ein sicheres Mittagessen Dir vordoziren: Du musst Den heilig halten, und für Jenen sterben, Du musst ein tüchtiges Mitglied der Gesellschaft sein, und ein braver Staatsbürger, der seinen Eid mit dem gehenden und kommenden Erlauchten Haus seines Landes bricht und hält — die darfst Du verlachen und für eine tief unter Dir stehende „genus hominum“ halten, — wenn Du mit Deinem Dämon *d'accord* bist. —

§. 15.

Die Forderung, die Aussenwelt als einen im Denken gegbenen, mit ihm gleichzeitigen, identischen Prozess anzusehen, ist für den Erfahrungsmenschen hart; sie ist aber unerbittlich; sie ist die einzige Möglichkeit, das tausendjährige Problem über die Art der Verbindung von Seele und Leib zu schlichten; ein Problem, das Descartes nocheinmal in seiner ganzen Unerbittlichkeit für den modernen Menschen hinstelte, und das Spinoza wohl formell löste, indem er es durch einen rein begrifflichen Machtspruch aufhob, aber nicht anschaulich machte. Denn mit dem Hauptsaz seiner Lehre: Ausgedehntes und Gedachtes (res extensa und res cogitans) seien nur Attribute ein und derselben Substanz (natura naturans) von der einen oder anderen Seite betrachtet, dekretirt er einen extramundanen Beschauer, der Gott oder Spinoza selbst ist, eine überirdische Intelligenz, von der wir bei aller Anstrengung nicht begreifen können, dass sie

Ausgedehntes und Gedachtes in einer Betrachtung vereinige [1]). In dem vorliegenden Versuch ist dagegen auf einen psichischen Akt, auf eine innere, unmittelbare Erfahrung hingewiesen, die Tausende von Menschen erlebt haben, ohne deshalb krank zu sein, auf die Halluzinazion, in der faktisch Gedachtes und Ausgedehntes in einem Prozess vereinigt ist.

§. 16.

Der grosse Fehler — nicht der Materjalisten — sondern der Psicho-Fisiker war, dass sie von der Ersheinungswelt stets rückwärts zu gehen versuchten. Sie glaubten immer von der Materie aus durch Rückwärtsgehen auf die Psiche zu stossen — und es war einerlei, ob sie diesen Schritt in der Aussenwelt vom Objekt zu seiner Perzepzion, oder im Gehirn von einer Ganglienzelle zur Vorstellung machten — obwohl sie sich nach dem stets mislungenen Erfolg sagen mussten, dass der Schritt eigentlich ja nicht zu machen sei. Denn Etwas von Descartes hatten sie ja doch behalten. Sie befanden sich in der misslichen Lage Jener, die auf der Brücke stehen, und in den vor ihnen vorauseilenden Fluss blicken. Sie erleben die Täuschung, dass sie sich mit der Brücke und den Ufern nach rückwärts bewegen. Aber, sobald sie aufschauen, sehen sie, dass Alles am alten Plaz

---

1) Und wenn Spinoza immer wieder versichert, „deus“, die panteïstische Substanz, dürfe nicht persönlich genommen werden, sondern sei — **Natur**: eine Natur, die hier denkt, dort ausgedehnt ist, können wir uns vorstellen; aber eine, die dies gleichzeitig, unter einem Gesichtspunkt, tut, können wir uns nicht vorstellen, da wir hier von der eigenen, empirischen Intelligenz abstrahiren, die dies nicht kann. Und Spinoza's gelegentlicher Saz: dass Einzelnes nur aus Einzelnem folgt, ein Körperliches nur durch ein Körperliches, ein Denkvorgang nur durch einen Denkvorgang bedingt werden könne (Ethica II. pr. 9. dem.), zeigt, dass er sich selbst Leib und Seele als Dualismus zurecht gelegt hatte. Seine Lösung war daher eine rein begriffliche, rein nach einem logischen Saz durchgeführte, was uns verständlich wird, wenn wir erfahren, dass er Filosofie nur vom matematischen Gesichtspunkte aus kante. Für ihn war Substanz ein Quadrat, in das man Ausdehnung und Denken als zwei kleinere Quadrate einzeichnete. Damit war die Einheit von Ausdehnung und Denken äusserlich gezeigt, aber nicht begreifbar gemacht.

ist. Wir können durch Rükschluss von der Materje nimmermehr auf die Psiche stossen. Viel eher hätten wir Ursache. von der Psiche aus durch Vorwärtsdringen auf die Materje zu stossen, wie Berkeley und Kant versuchten. Denn wie uns die Untersuchung der Energie unserer Sinnes-Organe zeigt, liegt der ganze Aspekt der Aussenwelt in ihrer (der Sinnes-Organe) Funkzion beschlossen. Nachdem also konstatirt war, dass der süsse Geschmak des Apfels nicht am Apfel sondern in meiner Zunge, und nicht in meiner Zunge sondern in meinem Geschmaksnerven, und nicht in meinem Geschmaksnerven sondern in der von ihm versorgten Rindenpartie des Gehirn's, und nicht in dieser Rindenpartie sondern in meiner Vorstellung ruht, solte man doch das so gewonnene sichere Ergebnis in dem Axiom festhalten, dass der Apfelgeschmak ein von der Vorstellung auf den Apfel übertragenes Etwas sei, statt die Apfelsüsse immer wieder von der Aussenwelt durch Mund und Nerven ins Gehirn wandern zu lassen, wo sie unweigerlich steken bleibt, da Niemand einsehen kann, wie aus einer Parzelle Gehirns eine Vorstellung werden kann; wobei es einerlei ist, ob ich statt Apfelsüsse „Reiz", oder „Bewegung" sage. War aber das Ergebnis des Vordringens der Empfindung des Süssen aus der Vorstellung auf den Apfel in der Aussenwelt gesichert — und soweit war schon die Transzendentalfilosofie Kant's — dann musste, da der Sprung von Psichischem auf Körperliches ebensowenig erfolgen konte, das Körperliche selbst, und damit die Aussenwelt, als ein im Psichischen beschlossenen Kern, als ein mit ihm Gegebenes erkant werden, und Körperlichkeit und Räumlichkeit der Aussenwelt als Illusion. —

Der Gehirn-Anatom also, der auf ein der Leiche entnommenes Gehirn starrt, um hier Residuen von Gedanken zu finden, begeht von seinem Denken aus denselben Fehler, wie ein Fotograf, der aus Betrachtung einer Negativ-Platte Schlüsse auf die Natur — des Lichts ziehen wollte. Beide haben nur die eine Hälfte des Prozesses vor sich — dieser verteilte Silbersalze, jener Gehirnmasse — und als ein Substrat, in dem der gesuchte Prozess garnicht stattfindet. Denn weder findet Denken als Gehirn, noch Lichtwellen als

Silbersalze statt. Keiner könnte einen Rükschluss von seiner Materje auf die Art des Induktors machen. Der Gehirn-Anatom beginge aber ausserdem den Fehler, dass er einen Prozess in einem Medium untersuchte, in dem dieser Prozess gar nicht stattfindet. Denn in der Aussenwelt wird nicht gedacht. Ebenso gut könnte er Verbrennungsprozesse unter Wasser untersuchen wollen. Oder Farben im Dunkeln. Er sähe nichts.

Eine harte Nuss für unsere Materjalisten und materjalistischen Fisiologen war stets die Beantwortung der Frage: wie es komme, dass die Gegenstände der Aussenwelt, die durch die Linse unseres Auges auf dem Augenhintergrund umgekehrt erscheinen, von uns aufrecht gesehen werden. Meist wurde die Antwort in der dualistischen Fassung gegeben, die den Unterschied zwischen Geist und Körper noch immer festhält: dass nämlich, da unser Körper doch selbst in der Aussenwelt sich befinde, er gleichfalls unter dem Gesichtspunkt des „Umgekehrtseins" sich erscheine, womit, da Alles umgekehrt, Alles gleichgerichtet und in harmonischer Ordnung erscheine; sowie: dass das optische Bild eines Gegenstandes mit der betreffenden Empfindung des Gegenstandes erst zu einer Einheit „verschmelzen" müsse, in der die Kontrolle von „Oben" und „Unten" nicht mehr angehe. — Auf den viel näher liegenden Einwurf und Zurükweisung der Frage — denn um die handelt es sich, nicht um eine Beantwortung — dass der Gegenstand, den ich sehe, z. B. ein Baum, doch nicht in mein Gehirn dringt, geschweige in meine Vorstellung, und dass die Vorstellung des Baums etwas vom Baum selbst in der Aussenwelt Grundverschiedenes, und ein in einem ganz anderen Medium stattfindender Vorgang, ist — ein noch immer im Bereich dualistischer Auffassung sich haltender Einwurf — ist meines Wissens Niemand gekommen. Und Helmholtz bemerkt mit Recht, der Streit um das Aufrechtsehen unter den Fisiologen beweise nur, dass selbst wissenschaftliche Männer das rein subjektive Moment unserer Empfindungen nicht zu überschauen im Stande wären. — Nur Lange (Gesch. des Materialismus 3. Aufl. 1876) dringt bei Besprechung des

Überweg'schen Einwurfs, der ebenfalls noch immer dualistisch gehalten ist: eine Projekzion unserer Wahrnehmungen aus der Aussenwelt in die Aussenwelt zurük fände nicht statt, — bis zur erkentnisteoretischen Forderung vor: eine Konsequenz der Überweg'schen Anschauung sei: „dass der Raum, den wir wahrnehmen, nur der Raum unseres Bewusstseins sei;" also bis zu einer Leugnung der Aussenwelt; ohne jedoch diese Anschauung zu der seinigen zu machen. —

Für unsere Auffassung ist die Stellung der Frage nach dem Grund des Aufrechtsehens der Dinge fast unverständlich. Denn nachdem wir die Aussenwelt als einen im Denken selbst und mit ihm stattfindenden Prozess erkant haben, kann es uns einerlei sein, ob ein Ding der Aussenwelt im andern Ding der Aussenwelt sich „unten zu oberst" oder „rechter Hand linker Hand beides vertauscht" spiegelt. Und die Frage erscheint uns ebenso tiefsinnig, wie die: wesshalb ein Objekt, das in der Camera obscura des fotografischen Apparats umgekehrt erscheint, ausserhalb des Apparats aufrecht sei; oder: wesshalb ein in das Wasser gehaltener Stock dort gebrochen erscheine; oder: wesshalb die im Spiegelbild linke Hand einer Person in der Aussenwelt dessen rechte sei; u. drgl. —

§. 17.

Leugung der Aussenwelt! — In der Tat ist dies die selbverständliche und unvermeidliche Konsequenz unserer Anschauung. Wenigstens wenn man die materjalistische Aussenwelt darunter versteht, eine ausserhalb und unabhängig von unserem Denken gegebene räumliche Welt, deren Gegenstände unser Denken beeinflussen sollen. Wir leugnen diese Welt, wie wir die „Gestalten" des Halluzinanten leugnen. Unsere Welt ist für unser Denken eine Halluzinazion, mit der wir übrigens um so mehr rechnen müssen, als unser gleichzeitig mithalluzinirter Körper mit diesem Denken, unserer gegenwärtigen Betätigung, unzertrennlich verbunden ist. Wir leugnen also nicht die halluzinirte Welt. Sie ist eine unvermeidliche Illusion, deren

Erkentnis nur für unser Denken von Bedeutung, die Erscheinungen dieser Welt selbst aber, unter sich, wie in ihrem scheinbaren Verhältnis zu unserem Denken, im Uebrigen intakt lässt. — Wir befinden uns im Hinblik auf die Aussenwelt wie auf einer uns fremden, weltentlegenen Insel, auf die wir, wie Odysseus, schlafend gebracht wurden. Die dortigen Menschen, ihre Zeichen, ihre Sprache, ihre Geberden und Münzen, sind, obwohl wir deutlich erkennen, dass sie nicht die unsrigen sind, doch die einzige Möglichkeit uns zu betätigen, uns zu verständigen, und unser Leben zu fristen; und wir müssen uns ihrer *nolens volens* bedienen. Sicher sind wir nur, dass diese Insel-Welt — die Aussenwelt — nicht die unsrige ist, und das irgend eine Verbindung mit unserer Heimat — Denken — existirt, oder bestanden hat, sonst wären wir nicht hier. Es hängt nur von der Intensität meiner Erinnerung an das Schiff und die Heimat — Eingebung — ab, ob ich diese Insel-Welt für meine wirkliche halte, mit ihr zufrieden bin, oder ihre Fremdartigkeit erkenne. —

§. 18.

Akzeptire ich diese Schein-Welt als wirkliche Welt im Hinblik auf meinen Körper und meine Betätigung, und nicht nur im Hinblik auf meinen Körper, sondern auch im Hinblik auf mein mit diesem externalisirten Körper gleichzeitig gegebenes Denken, und im Hinblik auf meine in diesem Denken gegebene Teorie und Weltanschauung, so ist es selbverständlich und bei einer radikalen Teorie unvermeidlich, dass ich mich vor einer Menge Unbegreiflichkeiten und Rätsel gestelt sehe und von Anderen gestelt werde. Das schwierigste dieser Rätsel wohl das: wie ich zu der Meinung komme, dass Dinge der Aussenwelt meine Psiche direkt beeinflussen. — Nun führe ich aber jede Diskussion in dieser Sache mit meinem Gegner und Fragesteller auf Grund von Zeichen und Verständigungen dieser Erscheinungswelt; also auf illusionistischem Gebiet; dessen Beweise und Widerlegungen wohl mein Begreifen fördern oder erschüttern, aber nie die Sicherheit meines Denkens berühren oder gefährden können; ebenso wenig, wie ein auf jener supponirten Insel nicht zum Ziel gelangender Verständnisversuch mit den Fremden mich im Hinblik auf die Sicherheit meiner zurükgelassenen Heimat alteriren könte.

Es ist ganz einerlei welchen Spezialfall von scheinbarer Beeinflussung der Psiche durch die Aussenwelt ich mir auswähle, die Schwierigkeit ist bei jedem die gleiche; ich wähle aber als eines der sinnfälligsten Beispiele die Intoxikazions-Erscheinungen bei Alkohol oder Haschisch. Hier könte man angesichts der toxischen Wirkung auf unsere Psiche bedenklich werden, unsere psichischen Erscheinungen als eine Einwirkung des von uns postulirten transzendentalen Prinzips anzusehen, weil hier „äussere" Ursache und „innere" Wirkung so dicht beieinander liegen: man giesst vorne zum Mund Wein hinein, und hinten springt das Sinnesdelir aus dem Kopfe. Zunächst darf ich hier nun nicht vergessen, dass die sinliche, sensorische Leistung meines Hirns, eine rein in das empirische Gebiet der Psiche fallende Leistung ist; und dass ein der sinlichen Sfäre angehöriger Stoff, wie Alkohol, oder Haschisch, auch nur diese Sfäre trift. Dass ein Toxikon mein Gehirn trift und es verändert, auflokert, seine Reflexe beschleunigt, das ist eine innerhalb der Erscheinungswelt mir begreifliche Sache. Und wäre die Psiche eine Sache, die wie die Materjalisten wollen, im selben Topfe gekocht wird wie die sinlichen Erscheinungen, dann wäre es ein höchst einfältiger Vorgang: man giesst Haschisch zum Gehirn wie Zimt zum Reisbrei, und das toxische Delir kommt hervor wie der Zimtgeruch aus dem Topf. Aber vor meinem Denken ist der Saz, dass Haschisch Psiche kreïre — und darauf geht doch die materjalistische Meinung hinaus – eine unmögliche Sache. Dass aus einem Haschisch-Molekül ein Fantom, eine psichische Leistung entstehen könne, das ist für mein Denken eine ebenso repulsiver Gedanke, als dass aus einem Gehirnreflex Bewusstsein entstehen solle; Ueber diesen Abgrund bringe ich das Haschisch-Molekül so wenig hinweg, wie die Bewegung der Gehirn-Rindenzelle. Dass, wenn Gehirn in irgend einer Form mit dem Auftreten von Psiche verknüpft ist, dann, wenn sich Haschisch in diesem Gehirn findet, auch Psiche in irgend einer Form mit Haschisch verknüpft sein kann, das kann vor meinem Begreifen bestehen. Aber, dass Gehirn oder Haschisch zu Psiche wird, das kann mein Begreifen nicht fassen. Nehme ich also als leztes Refugium die Möglichkeit als gegeben, dass Gehirn und Psiche ein gleichzeitiger, auf fremde Ursache zurük zuführender, aber identischer Prozess ist, dann schränkt sich meine Untersuchung über die Möglichkeit des Enstehens von Haschisch-Psiche aus Haschisch zu der rein mechanischen Untersuchung ein, wie Haschisch-Moleküle im Erscheinungs-Leben neben Gehirnmolekülen zu liegen kommen können, und wie sich diese gegenseitig berühren und verändern; eine Frage, die mein Denken nichts weiter angeht. —

So wenig also meine idealistische Auffassung von dem rein illusorischen Wert der Erscheinungswelt durch das Experiment alterirt werden könnte, wenn Jemand vor meinen Augen gelbe und blaue Farbe zu Grün mischte, eine Untersuchung atomistischer Art, die es mit dem zufälligen Nebeneinanderliegen von Gelb und Blau in der Erscheinungswelt, der Faserschicht meines Auges etc. aber nicht mit meiner Psiche zu thun hätte, so wenig kann von meinem transzendentalen Standpunkt aus die scheinbare Enstehung von Haschisch-Psiche aus Haschisch sich zu einer Schwierigkeit transzendentaler Art gestalten.

Viel plausibler liegt uns die Sache bei der Frage der Beeinflussung der Psiche durch Musik. Hier, wo — nach heutiger Auffassung — nichts Materjelles in unser Gehirn dringt, wird Niemand zu der Meinung kommen: Musik kreïre Psiche; sondern wird ihr nur einen richtenden, ordnenden Einfluss auf bereits vorhandene Psiche zulassen. Denke ich mir also meinen Geist, meine Gemütslage, als einen stets vorwärts drängenden Strom von Erregung, mit dem Körperlichkeit, Aussenwelt, zugleich als Erscheinung gegeben ist, dann ist die Frage nach der Beeinflussung von Psiche durch Musik lediglich die nach der Ko-Existenz von Schallwellen und Gehirnmolukülen, deren Beantwortung der Erscheinungswelt zufält.

Die Schwierigkeit aller dieser Untersuchungen liegt in dem Umstand, dass es mir unmöglich ist über meine Psiche zu reflektiren, ohne sinliches Materjal zu benüzen. Wie die Halluzinazion aus unbekanter, dämonischer Tiefe sich hebt, in's Psichische sich hebt, hier die Wahrnehmung erzeugt und dann — bildlich gesprochen — durch Ohr, Auge etc. herausfährt, sich in die Aussenwelt projzirt, und diese Genese und Entwiklung immer einerlei Richtung hat, bildlich gesprochen, von hinten nach vorn — so ist es auch mit jeder Untersuchung, die ich, von meiner Psiche ausgehend, mit ihr selbst anstelle. Immer stürzt sie sich in's Sinliche, nach vorn — nie rükwärts — und meine Antwort fält also immer sinlich, bildlich aus; sie ist immer eine Projekzion in's Äussere. Wolte ich also die Frage, wie es komme, dass das Haschisch Molekül meine Psiche beeinflusse, wirklich beantworten, wie sie gestelt ist, so wäre dies eine rükwärtige Untersuchung, die ich nicht anstellen kann, die gar nicht in meiner Macht liegt; denn, ansetzend, stürzte sich mein psichischer Impuls in's Sinliche, in's Materjelle, in Sprache, in Aussenwelts-Projekzionen; Und da, wo ich wegzukommen suche, komme ich immer fester hin.

§. 19.

Deswegen stelt sich auch unsere vorliegende Teorie in sinlichem Gewande dar. Und so war es bei Kant, der mit seinen Anschauungs- und Denkformen, seinen „reinen“ Verstandesbegriffen und apriorischen Kräften einen transzendenten Areopag sich vorstelte, der das ankommende sinliche Material ungeordneter „Affekzionen“ ordnete und in scine Formen zwänge. So bei Descartes, einem unvergleichlichen Denker, ohne den wir heute nicht so weit wären, als wir sind, der für die „denkenden“ und „ausgedehnten“ Substanzen zwei Töpfe hatte, zwischen denen er sich, mit Recht, jede Kommunikazion verbat. Und so bei Spinoza, der mit geometrischem Materjal hantirte, und seine Flächen legte und schob. — Was wir verlangen, ist nicht Wissen —

denn wissen wir selbst etwas? — nur Glauben an das Schema, Bild, Figur, und Vertrauen in die Ehrlichkeit unserer Absicht.

§. 20.

Die moderne Naturwissenschaft glaubt ohne das Postulat, dass die Dinge der Aussenwelt durch Reize auf uns wirken, und dass wir auf diese Weise Kentnis von ihnen bekommen, nicht, ihre Mission, uns in dieser Welt der Erscheinungen zu orjentiren, ausführen zu können; obwohl man jeden ihrer Vertreter innerhalb weniger Minuten zur Anerkennung des Sazes zwingen kann, dass die gesamte Aussenwelt, so wie wir sie sehen, das Produkt unserer Wahrnehmung ist, und das sogenante „Ding an sich", welches nach Abzug unserer Sinnesqualitäten übrig bleiben soll, für eine weitere Spekulazion dann gänzlich überflüssig bleibt. Trozdem glaubt er an die Aussenwelt und hält seine Psische für ihre lezte Stazion. — „Solchen Glauben habe ich in Israel nicht gefunden!" — Noch mehr: Der Saz, dass das, was ich ausser mir an Raumgrösse „sehe", ausschliesslich als eigentümliche Qualität im Zentrum meiner Wahrnehmung ruht, und als Konsequenz hiervon die ganze Aussenwelt mit all ihren Dingen in mein Innres rükt, und Alles vor mir ausgelöscht ist — ist für jeden wissenschaftlichen Menschen ein unweigerliches Postulat der Lehre von den Sinnes-Energieen; trozdem ist kein filososofisches Teorem ausgearbeitet, welches die Lehre der Erscheinungen auf diese psichische Basis stüzte, sondern die Naturwissenschaften haben zur Voraussezung die Realität der Aussenwelt. — Weiter: Dass die Dinge der Aussenwelt in meinem Innern anders erscheinen, als sie „draussen" sind — da doch der Baum, den ich sehe, nicht in meinen Kopfe kann — soweit gehen unsre Materjalisten mit; wie aber der Baum, den ich als Wahrnehmung in meinem Innern habe, wieder hinaus in die Aussenwelt komt („projzirt" wird), und draussen nicht als Wahrnehmung sondern als Baum „existirt", dieses skurrile Verhältnis, zu dessen Erkentnis man die richtige Disposizion seines Geistes erhaschen muss, berührt sie weiter nicht. Sie glauben, dass der Baum „draussen“ und in ihrem Innern existirt. — „Solchen Glauben habe ich in Israel nicht gefunden!“

Man wird sich nach diesem nicht wundern, wenn auch wir etwas Glauben erwarten, nur konsequenteren.

§ 21.

Dass ich die Aussenwelt, obwohl ich sie angeblich als Wahrnehmung in mir trage, nochmals als nicht mir zueigen, sondern als ausser mir Gegebenes, von mir unterscheide, ist in der Tat eines der seltsamsten Ereignisse, die dem Denker aufstossen. Nicht nur unterscheide ich die Aussenwelt als etwas nicht mir Gehöriges, sondern auch das Kleid, das ich trage, meinen Kopf, meine Augen und Ohren, meinen Schmerz, meine Leiden, meine Gedärme, meine Handlungen, ja meine verflossenenen Gedanken, unterscheide ich alle von mir. Auf der andern Seite sehe ich, wie Gedanken, eben entstehende, kaum geborene, Stimmungen aus denen sich sicher klare Impulse herauskristallisiren werden, an mich herankommen; die ich also auch von mir unterscheide. Und nur einen ganz kleinen Teil dieser sozusagen vor mir und hinter mir liegenden Dinge und Empfindungen identifizire ich für einen kurzen Moment mit mir: ich sage dann: Ich! und meine dann die jeweilige Aussenwelts-Handlung oder eben eingetroffene Empfindung. Ich glaube gern, dass diese Art Lokalisirung: wonach die Aussenwelt so vor mir, wie innerlich an mich herankommende Gedankengebilde hinter mir, liegen, eine Zwangs-Eigenschaft meiner Psiche ist; ebenso, wie meine Empfindung, dass die in der Aussenwelt vollbrachte Handlung zeitlich vergangen, wie der immer assozjativ oder autochton entstehende Gedanke zeitlich herankommend ist, nur eine mir imputativ auferlegte Empfindungs-Form meines Innern ist; mag dem sein, wie ihm wolle; mag meine Psiche in Wahrheit gestaltet sein und funkzionieren, wie sie will: soll ich im Hinblick auf diese räumliche und zeitliche Plassirung meiner Anschauungen und Empfindungen eine R e i h e aufstellen, räumlich gedacht die Linje a b c, zeitlich gedacht die Zählstrecke α β γ, so muss ich, da nun einmal sinliche Erscheinungsformen mir zur Erklärung unentbehrlich, wenigstens hier konsequent sein, und die R e i h e e i n h a l t e n. Wie wird sich nun eine solche zunächst r ä u m l i c h e, oder räumlich gedachte, Reihe für den Materjalisten bei Wahrnahmung der Dinge der Aussenwelt gestalten?: Ein in der Aussenwelt wirklich und wahrhaftig existirender Baum: Stazion a; — Wahrnehmung dieses Baums im Innern: Stazion b; — Verlegung dieses Baumes als in der Aussenwelt existirend: zurük zu Stazion a. — Z e i t l i c h würde sich bei ihm eine solche Reihe bei einem inneren Erlebnis einfacher gestalten: ein eben innerlich aufsteigender, vom Ich unterschiedener, Impuls: Zeitstazion α: — Identifizirung des Ich's mit diesem Impuls, Handlungsbereitschaft: Stazion β: Ausführung der Handlung in der Aussenwelt: Stazion: γ — Wir sehen sofort, wie unkonsequent der Materjalist sich im Hinblick seiner teoretischen Auffassung der Aussenwelt verhält. Seine räumliche Anschauung entspricht einem Hin und wieder Zurück (a b a); seine zeitliche einer geraden Linje (α β γ). Und unsere Teorie von der transzendentalen Entstehung des Denkens und der Aussenwelt will nur die räumliche wie zeitliche Reihe gleichgerichtet ansehen und formiren. Sie postulirt die Entstehung des Innenlebens als kausallos, d. i. transzendental, als unweigerlich Gegebenes — wie auch der naive Erfahrungsmensch dieses Innenleben gegenüber der Aussenwelt räumlich hinter sich verlegt, zeitlich als Anfangsstazion deklarirt — und lässt Denken und Handeln räumlich wie zeitlich in e i n e r Richtung sich vollziehen, um dann, wie geschehen, Ich-Psiche und Aussenwelt in einen halluzinatorischen Wahrnehmungs-Aussenwelt-Prozess zusammenzuziehen. — Was auch in der Erfahrungswelt sich für Schwierigkeiten entgegenstellen werden; die sind sekundärer Natur; sie wird es zu erklären gelten, wenn i c h mit m i r im Reinen bin. Ich kann aber nicht wie der Materjalist zugleich wissenschaftlicher Mensch sein und die Erscheinungswelt, die meinem Wissen schnurstraks widerspricht, für baare Münze nehmen. Ich kann nicht Pöbel und Brahmane sein.

§. 22.

Mit der Einrichtung meines Denkens bin ich also im Reinen. Und auch hinsichtlich der Frage des Enstehens des illusorischen Produkts der Aussenwelt, des Reiches der Körper, des Gebiets des Ausgedehnten. Für mein Denken bleibt gar keine andere Wahl, als dieses Reich des Ausgedehnten in mich, in mein Denken, zu verlegen, und den illusorischen Akt des Ausser-mir-Seins auf Rechnung der eigentümlichen Fähigkeit meiner Sinne zu sezen: sobald sie sich rühren, sobald sie induzirt werden, Körperliches zu schaffen, Ausgedehntes mir — oder sich — zu illudiren, mir — oder sich — die Tarnkappe der Aussenweltprojekzion als Resultat dieser Sinnesarbeit aufzustülpen. Es bleibt mir gar nichts Anderes übrig; denn sonst bin ich mit meinem Denken verloren. —

Ich brauchte also gar nicht mich mit Fragen abzugeben, wie: woher es komme, dass ich in meinem Erfahrungsleben den Eindruk habe, meine Sinne reagirten auf ein von Aussen Gegebenes. Denn dieses Gegebene, die Aussenwelt, leugne ich ja, spreche ich mir, dem unverbesserlichen Halluzinanten, ab. Und der „Eindruk“ dieses Gegebenen für meine Sinne ist für mich nur ein Hysteron-Proteron, eine fehlerhafte Umstellung, wo das Später-Gegebene — die Aussenwelt — irrtümlich zuerst genant wird. — Trozdem kann ich in die Erfahrungswelt hinabsteigen und mich auf eine Diskussion über dieses illusorische Geschehene einlassen — mit der für mein Denken gegebenen Reserve — und darüber sagen, was ich zu sagen weiss. Gewöhnlich wird die Frage so gestelt: Was bleibt von den Dingen der Aussenwelt übrig, wenn ich Alles abziehe, was auf Rechnung meiner Sinne komt? Denn ist es klar — das geben auch die Materjalisten zu — dass von einem Apfel z. B. der Geschmak, der Geruch, das Gegenständliche, das Taktile, also die Form, der Raum, den er einnimmt, kurz Alles, was ich von ihm erfahrungsgemäss aussagen kann, auf Rechnung meiner Sinne komt, von ihnen geliefert ist, bis selbst auf den Laut „Apfel“, der ganz mein eigen ist, und zu dessen Kreïrung Ohren und nervus acusticus gehören. Was bleibt also vom Apel, vom Ding der Aussenwelt übrig? — Meist antwortet man: Das „Ding an sich“. Der Apfel an sich. — Was ist aber das „Ding an sich“? — Niemand weiss es. Es ist nur eine Abstrakzion, ein Gedanke; soviel ist es ganz gewiss; denn was habe ich Tatsächlicheres, als mein Denken? und als Gedanke fiele es rettungslos in mein Inneres hinein; und Apfel und „Apfel an sich“, und die gesamte Aussenwelt schlukte ich so ohne Rest in mich hinein. Filosofisch also müsste ich das „Ding an sich“ jeder Zeit anihiliren.

Aber als Erscheinung ist Alles gegeben, ich, der Apfel, sein Geschmak, seine Form, und der Raum, den er einnimt. In der Tat dürfte es gewagt sein, diese Dinge, wie Fichte und Berkley taten, ganz zu läugnen; d. h. sobald ich mich auf eine Diskussion des illudorischen Gebiets, der illudorischen Ereignisse, überhaupt einlasse. Aber das leztere will ich ja tun. Ich tue es, um mit meinen Freunden diskutiren zu können; um mich, selbst Erscheinung, in dieser Welt der Erscheinungen bewegen zu können. Es ist ein Kompromiss, den ich mit meinem Denken schliesse, und ohne den ich nicht auskomme. Ich frage meinen Nachbar, wieviel Uhr es ist, mit der Reservazion: Nehmen wir einmal an, die Uhr, der Nachbar und ich existirten als Erscheinung wirklich in der Aussenwelt. — Hier ist es in der Tat gefährlich, auf den Standpunkt des Läugnens sich stellen zu wollen. Hier ist es besser, mit den Wölfen zu heulen. Denn hier trift mich z. B. die fatale Frage an: woher es komme, dass z. B. ein Flötenspieler, dessen Spiel nach meinem Standpunkt des Denkens samt dem Spieler das Resultat meiner Sinnes-Projekzion ist, wenn ich fortgehe und ihn nicht mehr höre (ihn nicht mehr mit meinen Sinnen kreïre) noch immer da ist, und von Anderen gehört wird. — Freilich, was gehen mich die Andern an? In dem Moment, da ich da war, war er das Resultat meiner Sinne und ihrer illudorischen Fähigkeit. Wenn er jezt, wo ich fort bin, von Anderen mit Hülfe ihrer Sinne kreïrt wird, was geht das mich an? — So müsste ich sprechen, wenn ich konsequent bin, und so, und so allein, spreche ich vom Standpunkt meines Denkens.

Aber was hindert mich, vom Standpunkt des Kompromisses, und um mich mit meinen Nebenmenschen zu verständigen, zu sagen: Der Flötenspieler mit seiner Erscheinung, seiner Siluette, seiner Flöte, den Silber-Klappen auf seinem Instrument, den Lichtreflexen auf diesen Klappen, seinen Tönen und der schmelzenden Wirkung seines Spiels, ist natürlich nur die Leistung meiner Sinne, meines Gemüts — soweit gehen auch die Materjalisten mit. — Aber der Flötenspieler kann ja nun denselben Gedankengang üben und sagen: Diese Zuhörer mit ihrer Toilette, ihrer pensiven Haltung, ihrem Applaus ist nur das Resultat meiner Sinne: denn was bleibt von dem ganzen Publikum übrig, wenn ich meine Sinne verschliesse oder dieselben nicht funkzionirten? — Hiebei trift der Flötenspieler mit solcher Kritik auch auf mich, den Filosofen. Und was wird das Resultat eines nun zwischen uns beginnenden Diskurses sein, wobei Jeder den Andern als das Resultat seiner, des Debattirenden, Sinne erklärt? Beide werden den Kompromiss schliessen müssen, dass Jeder für den Andern nur als „Erscheinung", als Resultat der beiderseitigen Sinnes-Arbeit, Anerkennung finden kann; nur als Produkt ihres beiderseitigen illusorischen Denkens; dass sie also Beide sich, jeder dem Andern, ein Illusion sind. Aber Beide können ebenso gut zu der Annahme weiterschreiten, dass das kreatorische Prinzip der illusionistischen Tätigkeit des Andern — ebenso, wie bei sich — ein metafisisches, ein Transzendentes, der Dämon ist. Und damit ist ja das „Ding an sich" erklärt und konstruirt. Zwar nur auf dem Gebiete des Illusionismus, der Erfahrung. Aber hier allein tritt mir ja die Frage nach Erklärung des „Ding an sich" entgegen; die Frage was nach Abzug der Wirkung meiner Sinne in der Aussenwelt übrig bleibt. Von meinem Denken aus kenne ich kein „Ding an sich." Denn von hier aus ist die gesamte Aussenwelt Illusion. Aber im Bereich der

Illusion mag ich immerhin meine auf dem Standpunkt des Denkens gewonnene Erkentnis verwerten, und nenne das „An sich“ meines Gegenüber, was nach Abzug meiner Sinnestätigkeit an ihm übrig bleibt, — Dämon.

§. 23.

Das Resultat, das ich einem Mitlebenden gegenüber gewonnen habe — den ich auf sein Empfinden und Denken wenn auch nur im Bereich des illusorischen Gebiets prüfen konte — kann ich natürlich auf die gesamte mir gegenüber befindliche, und gegenüber tretende, Natur anwenden. Was mir in der Natur entgegentritt, nach abzug der Wirkung meiner Sinne, ist der Dämon. Eine Schnake umschwärmt mich, profitirt von meinem animalen Duft, oder eine Kröte klozt mich an, ein Tiger funkelt mir entgegen, ein Lama auf einer nie betretenen Insel betrachtet mich Nie-Gesehenen harm- und furchtlos — was sie in mir sehen, ist das Resultat ihrer Sinne, eine Täuschung, ein Spuk, dem sie unterliegen und hinter den sie nie kommen; sie wissen nicht, dass, was ich bin, sie in ihrem Kopfe, besser: in ihrem Denken, haben. Aber etwas, nach Abzug ihrer Sinnesleistung an mir Zurückbleibendes, Nicht-Spukhaftes, steht ihnen doch gegenüber, wenn auch nicht erkenbar — der in mir manifestirte Dämon. Und so geht es mir mit ihnen. Ihre Spukgestalt, die ich mit meinen Sinnen kreïre, und den Wald mit den Bäumen, und die Bäche, und die dröhnenden Felsen, und das Firmament mit seinem Gewimmel, was alles ich mir vormache und bildhaft zurechtlege, — das Alles stekt in mir, und ist mein persönliches Spielzeug, mein Spuk, ist mein Stuss, wie jeder Irrenhäusler seinen Stuss hat, nur, dass ich den meinen mit Hunderttausenden teile und darauf eine Welt- und Staats-Ordnung gründe; — aber etwas stekt doch drin, mir zwar nicht direkt Erkennbares, aber auf Grund meiner Orientirnng auf illusionistischem Gebiet zweifellos Vorhandenes; und das ist das, was nach Abzug meiner Sinne dort drüben übrig bleibt, der Geist, das Kreatorische in der Natur, der Dämon. Ich ahne also, ich bin nicht allein. Mag der Dämon ein Einfaches oder Vielfaches sein. Er ist da. Er tritt mir gegenüber. Wohl nur in Maske. Wir sind wie Blindgeborene, deren hereditär überkommene Gesichtsvorstellungen sie ahnen lässt, dass etwas mehr da ist, als was sie greifen und hören. Aber solange das Auge nicht operativ geöffnet wird, bleibt ihnen die geahnte Welt, das was hinter ihren Tast- und Gehörs-Empfindungen noch da ist, nämlich die räumliche Projekzion, verschlossen. — In der Erscheinungswelt trift sich also der Dämon von zwei Seiten, maskirt, wie auf einem Maskenball. In zwei einander gegenüberstehenden Menschen, die sich messen, spielt also der Dämon mit seinem „alter ego"; beide in Maske. Und ich, der sinliche Erfahrungsmensch, bin nur gut zum Maskenspiel. Wir sind nur Marjonetten, gezogen an fremden uns unbekanten Schnüren. Unser Glük: die Illusion, wir bewegten uns selbst. Wenigstens für den vulgären Menschen. Der Denker weiss genau, wie er dran ist. Deshalb ist er unglücklich, verbittert, resignirt. Warum wolte er den Schleier der Maya lüften?! Das brutalste Glük und die schmählichste Täuschung, die uns begegnet: die erotische Beziehung zwischen Mann und Weib, wo wir meinen zu empfinden, zu handeln, und nur die Arbeit eines Höheren verrichten, dem an Multiplizirung und Proliferirung sinlicher, illusion-erzeugender Aparate liegt.

Nur der Tod macht dem Spuk ein Ende. Für mich ein Ende. Denn Alles spricht dafür, dass ich, mein Denken, nichts weiss, dass mein Leichnam — ein illusionistisches Produkt — stinkend dort liegt, ein Schauspiel der Andern. Der Dämon zieht sich zurük. Die kreatorische Tätigkeit stelt er ein. Und die Hülse, die Maske, verfault zusehends im illusorischen Genuss — der Andern, Ueberlebenden. Dass kein Rest, kein Denk-Rest, soweit Menschen-Erfahrung reicht, von mir übrig bleibt, muss uns, so eifrig nach „Erhaltung der Kraft" Spürende, doch aufmerksam machen, dass hier etwas zum Teufel geht, wie man vulgär sagt, — wohin? Etwas, das Denken, wohin? — Und die Maske verfault vor unseren Augen. Sie mischt sich in die Masse der übrigen illusorischen Produkte. Sie geht ohne Rest auf.

Für unsere illusorische Anschauung. Wir rechnen sie in Stikstoff und Kohlensäure um. Und die Rechnung stimt. Innerhalb der Erscheinungswelt giebt es kein Manko. Aber das Denken, wo geht das, Verfechter des Prinzips der Erhaltung der Kraft, hin?

Der Materjalist bleibt hier die Antwort schuldig. Der Spiritualist der von seinem Denken ausgeht, als der lezten, ihm greifbaren, zugänglichen Instanz, kann nicht mehr sagen, als jener Anatom, der sterbend den Aortenpuls überwachte: sie schlägt nicht mehr.

III. Der Individualismus.

§. 24.

Bewege ich mich nun in dieser Welt, so kann es nur auf Grund eines Kompromisses mit meinem Denken geschehen. Ich — der erkant habe, dass diese Welt nur ein Halluzinazion ist — sage mir: Da Du es nicht bist, der dich zu dieser Fantasmagorie zwingt, die lezte Ursache hinter Dir liegt, Du nur Mittel zum Zwek bist, so magst Du den Spuk mitmachen, schon weil Dir gar nichts andres übrig bleibt — aber mit der Reserve: dass es ein Spuk ist.

§. 25.

Was ist nun der Zwek Deines Lebens?: Den Spuk dieser Welt aufzulösen. Ihn denkend zu verzehren. Zu wissen, dass Du halluzinirst. Und damit zu Dir zurükzukehren. Du brauchst nicht in den Wald zu flüchten. Du darfst die Welt anpaken. Schon weil Du gar nicht anders kanst. Schon weil Dein Dämon Dich zwingt zu fantasmagoriren. Du darfst es machen wie jener Geistliche, der zur Zeit des christlichen Rauchverbots von seinem Vorgesezten rauchend betroffen wurde, auf die Frage, wie er dieses „Teufelskraut“ zu sich nehmen könne, antwortete: er trage das Seine dazu bei, es — zu vertilgen. Du darfst diese Welt verzehren. Es ist nicht nur unvermeidlich, sondern — rebus sic stantibus — notwendig, dass, nachdem Du diese Welt mit Deinen Sinnen erzeugt hast, Du sie wieder durch Denken zerstörst; so Deinem Quäler hinter Dir Luft machst und Dich vorne beschäftigst.

§. 26.

Du nimst also die Illusion an. Du hälst die Halluzinazion für wirklich gegeben. Und für Deine Sinne ist sie wirklich. Und Du gebrauchst dann die Merkmale dieser Welt, die Signale und Lichter Deines Geistes, die Siegel und Simbole Deiner Sprache, mit deren Anwendung Du schon mitten in der Illusion drinstekst, mit jener Reserve, die schon oben angedeutet ist, d. h.: Du kanst sie jeden Moment zurüknehmen und den Spuk auflösen. Unter dieser Reserve gesprochen ist dann aber unser Illusionismus Gehirn-Arbeit, wie unsere Sprache Zahn-, Lippen- und Kehlkopf-Arbeit. Alle diese Organe werden zwar halluzinatorisch a tempo mit meinem Denken geboren, sind von ihm unzertrenlich und sind zusammen ein Prozess; aber innerhalb des Illusionismus, und sobald ich ihn annehme, steht es mir nicht frei, den Schein zu zerstören, willkürlich zu ändern; so wenig der Halluzinant seine Gestalten in der Aussenwelt verschieben kann; nimt er die Halluzinazion an, kreïrt er sie, muss er sie nehmen, wie er sie findet. Und so kann ich die scheinbare Kausal-Reihe die innerhalb des Illusionismus waltet, für mich den Getäuschten waltet, nicht aufheben, ohne die Täuschung aufzuheben. Ich will aber die Täuschung gelten lassen.

§. 27.

Dann aber ist Illusionismus meine Gehirn-Arbeit, Abbrökelung meines Gehirns, Gehirn-Verzehrung. Sobald wir nur den Hebel ansezen, und das Gehirn zu arbeiten begint, entsteht Illusion. Und die fundamentalste, grausigste und elementarste Illusion entsteht, wenn das Gehirn — für meine Illusion — sich selbst verzehrt, einschmilzt: in der Gehirn-Erweichung (Paralyse des Gehirns); wo das Organ innerhalb weniger Monate gerade in jenen Teilen, welche — nach unserer empirischen Auffassung — der Siz des (illusionistischen) Denkens sind, in der Rinde, hunderte von Gramm Substanz verliert und dabei den kolossalsten Grössenwahn, ein unter Aufhebung aller Raum- und Zeit-Grössen haschisch-artiges, illusionistisches, Feuerwerk produzirt (unter Zerstörung glänzt). — Zwischen diesem Verpuffen von Gehirn-Material — d. i. Haufen von Illusions-Erzeugung — und unserem soliden Denken ist aber nur ein gradueller Unterschied. Wir müssen Illusionen schaffen, wie der Hobel Spähne entsenden muss, sobald er das Rohmaterial des Holzes ernstlich angreift. Und der Geringere unter uns ist der, der keine oder schlechte Spähne schleisst.

§. 28.

Nagt an Dir ein Gedanke: Denke ihn weg (Stirner); verzehre ihn, indem Du ihn intensiv in die Arbeit nimst, und er ist weg; du bist frei; die Illusion zerstört. — Eine andere rükt nach? — Selbverständlich! Aber die erste ist fort. Und mit der zweiten mach es ebenso. Das erwarte Du nicht, dass Du auf dieser Welt zu einem Ziel gelangest! Du musst jagen. Windhundartig treibt Dich die Einrichtung Deines Gehirns — und der Ungenante, der dahinter steht — von Illusion zu Illusion. Diese aufzulösen ist Deine Aufgabe. Das ist der Sisifus-Felsen, den Du wälzest. Kanst Du das nicht, versinkst Du in Quietismus, so bist Du im günstigsten Fall Wiederkäuer — wie die katolische Teologie seit Hunderten von Jahren — die sich den gleichen Illusions-Fras immer wieder vorlegt. Bist Du aber Kämpfer, bist Zerstörer, und damit auch Baumeister, dann eilst Du von Bau zu Bau, von Konstrukzion zu Konstrukzion; denn, was Du errichtet, Glüklicher, darfst Du wieder zerstören. Und lebst Du in einer Zeit, in der angefressene Monumentalbauten und Chinesische Mauern in Masse vorhanden sind, dann schäze Dich zweimal glüklich, indem Du sie niederwirfst und Plaz machst für Neues. Denn Dein Wesen, Mensch, ist Bewegung, nicht Ruhe. Tief in Dir lebt unauslöschlich der Destrukzionstrieb des Tieres.

§. 29.

Zerstören wir nicht den Gedanken, so zerstört der Gedanke uns. Machen wir nicht den Gedanken zur Tat und entäussern uns seiner, so handelt er und richtet uns zu Grund: Ein Mann liebt ein Mädchen, sie refüsirt ihn; oder die Verhältnisse refüsiren ihn. Von diesem Moment an hat er es nicht mehr mit dem Mädchen, sondern mit dem Gedanken an das Mädchen zu tun. Die Sache liegt nicht mehr in seinem Willen, sondern hängt in seiner Weiter-Entwiklung von der Organisazion seines Gehirns ab. Und begreiflich erscheint es, dass ein solcher Mann, um sich von dem ihm über den Kopf gewachsenen Gedanken zu befreien, sich eine Kugel durch den Kopf schiesst. Er konte die Illusion nicht mehr zerstören. So zerstört sie ihn. Und er war noch der lezte Handlanger seines eigenen Spuks. Hätte er das Mädchen bekommen, so war er den Gedanken los, und die Illusion kurze Zeit darauf verflogen. Er hatte das Mädchen, und die „Illusion ging zum Teufel", wie man sagt.

§. 30.

Der Selbstmörder weiss nicht, was nach dem Schuss kommen wird, oder, im Fall des Gelingens, nach Eintritt des Todes. Er will nur den gegenwärtigen Gedanken, den er anders nicht losbringen kann, zerstören; sein Ich davon befreien. Und meist gelingt dies sogar schon durch den Schuss, der nicht tötet. Denn dieser ist schon eine Hinausschleuderung der in ihm nicht anders zu brechenden Widerstände. Er handelt also ganz razionell. Dass er im Fall des Gelingens des Schusses die weitere Funkzion seines Ichs, die Möglichkeit, überhaupt noch Illusionen zu haben, damit zerstört, ist eine Sache, die eigentlich ausserhalb seines Kalküls liegt, ist eine Nebensache, ein Abfallprodukt seiner geistigen Arbeit, die ihn nichts angeht. Man darf daher den Selbstmörder weder so tragisch, noch so transzendental, noch so moralisch komplizirt nehmen, wie wir gewöhnlich tun. Jedenfalls nicht tragischer, als er sich selbst nimt. Er nimmt sich aber rein — wie soll ich sagen? — fisiologisch. Unsere Erwägungen über ihn sind schon wieder vollgepfropft mit Illusionen. Als fisiologischer, unvermeidlicher Akt ist der Selbstmord so berechtigt wie das Niesen, das Spuken. Es muss eben geschehen. Es ist ein fisiologischer Akt.

§. 31.

Eines der schlagendsten Beispiele von der Zerstörung der Illusion durch Entlastung nach Aussen bildet die sexuelle Kohabitazion. Vor dem „Aktus“ die Illusion der Verzükung in einen Gegenstand, der nach dem „Aktus“, wenigstens in der Richtung, kalt und langweilig erscheint. — Vor dem „Aktus“ die Illusion, der begehrte Gegenstand bilde den Gegenstand der Verzükung, während sich bald ergibt, dass es der eigene Körper, das eigene Ich, war. Die eigene Illusion des Entzückens ist davon. „Omne animal post coitum triste.“ — Während des libidinösen Aktes die Empfindung des ohnmächtigen Sich-Auflösens in den begehrten Gegenstand, was in dem Moment, in dem das Gehirn die Täuschung verzehrt hat, und die Entlastung erfolgt ist, sich als Wahn ergibt, denn zwei gleich im Begehren, für sich egoistische, stumpfsinnige Leiber bleiben als Resultat zurück.

„Mit dem Gürtel, mit dem Schleier
Reisst der schöne Wahn entzwei.“

Die Welt, die ihre Geschichte immer von Illusion zu Illusion schreibt — „Als noch das Lämpchen glüht“ — statt wie der Denker von Desillusion zu Desillusion, sammelt nur die ihr günstig scheinenden Momente, wenn sie den Kopf voll hat, — aber entscheidend ist nur der Moment der Abstossung, der Entlastung, der Explosion; denn nur dies reinigt den Kopf und schaft Plaz für Nachfolgendes. Die reichste Geschichte hat derjenige, der die meisten Illusionen aus sich herausschleudert.

§. 32.

Unser Sistem ist kein Bestehendes, sondern ein Bewegtes; kein Kredo, sondern eine Insinuazion. Keine Lehrsaz, sondern eine Funkzion; keine Weltauschauung, sondern ein

Weltprozess; nichts, was sich für Jeden schikt, sondern eine Aufmunterung an Jeden zur Untersuchung an Sich Selbst; keine Aufforderung zur Nachahmung, sondern zur Nachspürung; kein Vorschlag zur Generalisirung, sondern zur Individualisirung; keine Einladung zum Sich-Einschlichten, sondern zum Frontmachen!

§. 33.

Zur Befreiung von Deiner Illusion darfst Du Alles wagen. Denn nicht hier im Bereich Deiner Erscheinungen darfst Du für Konsequenzen fürchten, sondern bei Dir musst Du fürchten. Denn stünde hier auch Alles auf's Herrlichste für Dich, Du gingest innerlich doch zu Grunde, weil Du dort in Deinem Innern nicht gegen den Stachel löken kannst. Deine Seele must Du retten. Hier gibts nichts für Dich zu retten. Hier gibts für Dich nur Illusionen und ihre Zerstörung. „Staat", „Gesellschaft", „Religion", „Ehe", „Tugendbund", „Dalai-Lamismus", „Moral", das sind Illusionen, gegen die Du ankämpfen, und die Du zerstören darfst. Wenn Du's kanst. Wenn Du musst. Wenn Dich Dein Dämon treibt, Deine letzte Instanz, auf die Du hören musst. Der Staat wird Dir zwar stets entgegnen, ohne ihn sei keine Ordnung der Dinge möglich; aber dies ist seinerseits eine Illusion, die er erkent, sobald er nicht mehr ist. Dies sagte der alte Deutsche Bund auch, und gieng zu Grund. So sprach die römische „res publica" auch, bis sie ihren Caesar fand. So sprach die römisch-katolische Kirche auch, bis sie ihren Zerstörer traf. Was war die Stärke Luthers gegen diesen vermeintlich unzerstörbaren Fels Petri? Sein Dämon, den er „Gott" nante. Dagegen konte der Papst nicht aufkommen; Stärkeres konnte er nicht bieten. Was war die Stärke Sokrates', als er die Griechischen Götter in den Staub warf? Sein Gott, den er „Dämon" nante. Was war die Stärke Savonarola's als er den Florentinischen Staat zerstörte? Seine Eingebung, die er „Stimme" nante. Die musst Du haben, Deinen „geheimen Allierten", dann bist Du gefeit, und kanst Dein Zerstörungswerk — oder Dein Aufbauen — hier vollbringen.

§. 34.

Dalai-Lama nent sich im Plural; um Dir Plattköpfigen anzuzeigen, dass er mehr, mindestens zweimal so viel, wie Du bist. „Pluralis majestatis". Er sagt „Wir". Und Dich nent er im Singular; Dich warnend, ihn, oder vielmehr sie, die Mehrheit, nicht etwa nach rein äusserlichen Merkzeigen: Beine, Kopf, Ohren, Nase, Testikel, für eine Einheit und Dir Gleiches zu halten. Er sagt: Wir sind eine Mehrheit und Du bist Eins. Wir sind im Namen des heiligen Gottes Dir vorgesezt, wir haben direkte Verbindung mit Gott, sind also für Dich Gott. — Er probirt dieses Rechen-Exempel auf Deinen Kopf hin, auf Deine Plattköpfigkeit hin. Gelingt es, d. h. glaubst Du's, dann ist er das, was Er will, d. h. was Du glaubst. Er ist dann wirklich für Dich Gott. Und ist es tausende von Jahren. Bis Du nicht mehr willst. — Gelingt es nicht (wie in einigen neu-kreïrten kleinen Stäätchen, die sich einen fremden Dalaï-Lama importirten), oder gelingt es nicht mehr; ist Dein Gehirn zu gewölbt, zu resistent, oder hast Du den Schwindel schon in andern Staaten mitgemacht; oder drehst Du gar den Spiess um, nimst ihm, dem Dalaï-Lama, die göttliche Krone vom Kopf, oder gar den Kopf vom Rumpf, dann ist der Dalai-Lamismus für Dich, für ihn, für seine Nachfolger, für seine Umgebung, für das ganze Volk gebrochen. Es zeigt sich dann, dass er nur einen Kopf hat, nicht mehrere, also singulär ist, wie Du auch. Er ist er; er ist nicht „Wir", noch „sie" und Du bist Du. — Also bei Dir steht's, was Er, und wieviel Personen Er, aus sich machen will. Behagt Dir die Illusion seiner Mehrheit, so magst Du sie mit machen. Behagt sie Dir nicht, nnd zwingt Dich Dein Dämon, Deine innere Stimme, Dein Warheitsdrang, oder wie Du es immer nennen willst, die Illusion zu zerbrechen, so rette Du Deine Seele, in diesem Fall, wie in früheren vor der Täuschung. Denn wenn es etwas Wahres gibt, so ist es zweifellos jene Kraft, die Dich immer wieder antreibt, die Nebel dieser Täuschungswelt zu zerreissen, und auf das zu pochen, von dem Du einzig weisst, dass es Dir unmittelbar gegeben ist: Deine Seele.

§. 35.

„Wenn Du aber dem Dalai-Lama den Kopf von der Schulter nimst, dann nimmt sein Nachfolger Dir den Kopf von der Schulter!“ — Selbstredend! Und ich weiss das, wenn ich anders in der Welt der Erscheinungen zu Hause bin. Wenn ich mich für meine Idee opfere, ist es meine Idee und meine Opferung. Ich opfere mich nicht für Andere; noch bin ich ein „Märtirer“, wie es die Nachwelt ansieht, welcher eben diese Art, die Sache anzusehen, Freude macht. Ich bin in der Verfolgung meiner Idee ein ebenso rücksichtsloser Egoïst, wie der Verbrecher in Verfolgung seines Mordanschlags. Und ich finde an der eigenen Zerfleischung ebenso grosse Freude und Befriedigung, wie jener an der Fremder; resp. wir betrachten sie beide als das unvermeidliche Mittel, zum Ziel zu gelangen; da die Idee stärker ist, als dieses blutige Hindernis. Sonst könte ich ja niemals diese Grausamkeit vollbringen. Und wenn ich es in der Verfolgung meiner Idee bis zum Umsturz aller Geseze, und schliesslich bis zum Henkerblok bringe, ist es *mein* Kopf, der fält, *den ich fallen sehen will* — wenn ich nicht anders *vor* den Kopf geschlagen bin, und wusste, was ich tat — und *ich* bin es, der vorausspeculirend, *mich*, *meinen abgeschlagenen Kopf*, das Simbol *meiner* bis zur Selbst-Zerstüklung des Trägers getriebenen Idee, wie ein graussiges Zeichen durch die Jahrhunderte balansiren sehe, weil ich so, in dieser Voraussicht, die lezte Möglichkeit meiner Selbstbefriedigung erkante. — So konte *Savonarola* Alexander dem VI., der ihm den Kardinalshut anbot, um ihn den Nörgler, den unbequemen Zerstörer der Papst-Illusion, zum Schweigen zu bringen, antworten: er brauche weder Hüte noch Kappen, er erwarte in seinem Leben nichts Anderes, als jene blutige Gloriole, welche das Haupt des Märtirers umgiebt. — Und er bekam sie. Er wurde von Alexander VI. gehenkt.

§. 36.

Ihr schreit, wenn Einer dieser Verzweifelten, indem sie mit sicherem Blik dem Tod in's Angesicht schauen, sich noch Einen mit hinüber in's Schattenreich nimt, und sich eine prominente Persönlichkeit aussucht — denn was ist es anderes vor versammeltem Volk Einen niederstossen, als: auf's Schafott gehen, und den Niederzustossenden mitnehmen? — und verschreibt Ströme von Tinte und badet Euch in sitlicher Druckerschwärze? — Hat Einer von Euch Lohnschreibern jemals den Gedanken erwogen: Dass Einer, der seinen Kopf freiwillig hinlegt und sich aufopfert, wenigstens in diesem lezten Moment das Recht haben muss, seinen Idealismus durch irgend einen Akt, in irgend einer Form, zu manifestiren. Und Idealismus ist doch der „Anarchismus". Gesteigerter, potenzierter Idealismus. Eine idealistische Tat, gegen die aller Idealismus unserer Dichter und Denker schlechtes Talmi ist — den wer gienge für sein Epos oder für sein filosofisches Sistem, ausser vielleicht Sokrates, auf's Schafott? — gegen den aber aller Strassen-Idealismus des meisten Menschenpaks, — Zeitungsschreiber inbegriffen — eine abgeleierte Opernmelodie genant werden muss. Also statt in sitlicher Drukerschwärze zu machen, tätet Ihr wahrhaftig besser, gesünder und ehrlicher handeln, Euren Lesern offen zu bekennen: Allerdings, wer seiner Ueberzeugung auch sein Leben zum Opfer bringt, gegen dessen schrankenlosen Idealismus können wir nicht aufkommen. Wir können nicht heute in der Schule lehren, dass Mucius, Skävola, Wilhelm Tell, Harmodios und Aristogeiton, die Mörder des Tirannen Hipparchos, Brutus u. a. Helden waren und unsere Gimnasiasten mit dem sitlichen Rot auf den Wangen ihr „trecenti nos conjuravimus!" deklamiren lassen, und morgen in die Zeitung schreiben: die Ravachol, Wera Sassulitsch, Caserio u. a. seien gemeine Mordbuben. Aut, aut! Caserio hatte den Zunamen Santo. Mit Recht! Wer sein Leben für seine Idee hingiebt, ist immer ein Heiliger, ein von seiner Idee Besessener, heisse er Hödel, Kullmann, Nobiling, Sand, Charlotte Corday, Huss, Giordano Bruno, oder Arnold von Brescia.

§. 37.

Was sie treibt, muss ein Transzendentales sein. Denn innerhalb der Welt der Erscheinungen sind sie unverständlich. Es handelt sich durchaus nicht um sogenante Lauterkeit oder Unlauterkeit der Motive, sondern um psichischen Zwang. Die Moral ist etwas Hiesiges, der Welt der Erscheinungen Angehöriges. Der Dämon etwas Jenseitiges und rein Dinamisches. Obwohl die Welt der Erscheinungen und sonach auch die Moral, in lezter Linie Ausfluss des Dämonischen, der lezten Causa ist, so wäre doch ein Versuch, moralische Prinzipien, als eine Ordnung der Erscheinungswelt, auf das Urprinzip, den Dämon anzuwenden eine rükläufige Bewegung, die, wie wir gezeigt haben, ein Unding ist; da die Richtung von Innen nach Aussen, von der Causa zur Erscheinung, von der zentralen Erregung zum Wahrnehmungsbild, wie bei der Halluzinazion, nicht umgekehrt geht. Die Anwendung von Moral auf reine Triebmenschen ist daher ein Unding und kann nur von Plattköpfigen versucht werden, die von der elementaren Wirkung des Dämonischen keine Vorstellung haben. Ein Luther, ein Savonarola, ein Sokrates ist ohne psichischen, elementaren Zwang undenkbar; weil im Vergleich zu dem von ihnen Geforderten die Summe der Widerstände in der Welt der Erscheinungen zu gross war, als dass sie vernünftigerweise, sie als Erscheinungsmenschen genommen, die Forderung wagen konten. Ohne seine Inspirazion ist Mahomed ohnmächtig, Luther ohne seinen „Gott" ein Augustiner-Mönch, der sich unterwirft, Sokrates ohne seinen Dämon ein Sofist und Denkschonglör, wie Tausend Andere; jeder Künstler, jeder auf „Eingebung" hin Schaffende, ohne seinen Einfall ein gewöhnlicher Mensch, wie die Andern auch; denn sein Horchen und Warten auf die Stimme, den Einfall, die Erleuchtung, externalisirt ihn von der Erscheinungswelt und macht ihn zu einem weltfremden Geschöpf. — Da wir nun bei einem Sokrates, einem Savonarola, den Erfolg, die Tat, die die Welt um ein Stük weiterrükte, im Bereich der Erscheinungen unter allen

Umständen anzuerkennen geneigt sind, so darf die filosofische Beurteilung bei psichisch gleichgearteten, wie bei Sand, Caserio, nicht anders ausfallen. Denn der Filosof darf nicht auf die tiefe Stufe des ad-hoc-Erklärers, des Zeitungsschreibers, oder Politikers, hinabsinken. Er muss über die Jahrhunderte hinweg zu schauen wissen und die Welt aus einem Punkt zu erklären versuchen.

§. 38.

Und sonach ist die Welt das Resultat des Dämons der Einzelnen. Und da wir die Menschheit nach ihren starken Exemplaren beurteilen müssen, nicht nach ihren schwachen, so müssen wir im Dämon das Urprinzip des Handelns bei allen Menschen suchen, mag es bei den Meisten bis zur Unkentlichkeit abgeschwächt erscheinen. Und sein Handeln ist seinem aus unbekanten Welten ihn treibenden Dämon gemäss. Wer nur im Bereich der Erscheinungen stekt und keine Spur einer inneren Stimme kent, bleibt bedeutungslos wie der Grashalm auf einsamer Felsspize, der auf die Explosion im Berg selbst wartet, die ihn mit in die Tiefe führt. — Und nur dann darfst Du am Schluss Deines Lebens Deine Mission erfült sehen, wenn Du Dir sagen kanst, Du hast Deinen Dämon in der Welt zum Ausdruk gebracht. Das ist Dein kategorischer Imperativ. Handle, wie Dir Dein Dämon vorschreibt. Schrekst Du vor den Konsequenzen in der Welt der Erscheinungen zurük, dann ist sie stärker wie Du. Sezt Du Dich durch, dann bist Du Obsiegender. Du gehst vielleicht zu Grund. Aber zu Grunde zu gehn in der Welt der Erscheinungen, ist ja das Loos von uns Allen.

Christus
in psicho-patologischer Beleuchtung

von Oskar Panizza

(Zürcher Diskußionen, Nr. 5, 1898)

*) Wäre es uns möglich, Christus mit rein-psichjatrischen Augen zu beobachten, und könnten wir von der jammervollen Verzukerungs- und Versüßungs-Arbeit absehen, die die Evangelisten in Anwendung des damals üblichen griechischen Biografen-Stils – etwa von der Gattung des Apollonius von Tyana – über ihn gebracht haben, wir würden ihn wahrscheinlich als »Mattoïden« erkennen, mit welch' nicht ganz glücklichem Ausdruck Lombroso jene Unterabteilung der Paranoïa (Verrücktheit) bezeichnet hat, aus der uns Menschen mit intakter, ja geschärfter Logik und Intellekt, ebenso intaktem Sensorium, tiefem, oft eigenartig entwickeltem Gemütsleben, daneben nun aber mit einer geradezu koloßal entwickelten Persönlichkeits-Empfindung entgegentreten, also Leute, wie wir sie heute etwa in Guttzeit, in Pudor, besonders aber in dem bekanten Maler Diefenbach wiedererkennen, und denen, da sie die Grenze von normaler Nüchternheit und gänzlichem Irrsinn innehalten, also sozusagen das denkbar größte Maas geistiger Originalität und genialer Umbiegung des Lebens in Freiheit vorführen, meist ein tiefgehender Einfluß auf ihre Zeitgenossen gesichert bleibt.

Welcher Leute Kind er gewesen, scheint schwer zu ermitteln. Die Mutter war jedenfalls eine ganz einfache Frau, der das exaltirte Wesen ihres Sohnes, wie das sich gemeiniglich findet, höchst zuwider war, und die Alles tat, ihn einem sog. bürgerlichen Lebensberuf zuzuweisen.

Vom Vater wißen wir gar nichts. Und auch die lächerlichen und obszönen Legenden, wie sie sich, besonders in romanischen Ländern, an den Saint Joseph anknüpften, müßen hier, weil nichts zur Sache bringend, übergangen werden. In die gleiche Rubrik gehören natürlich auch die teils razionalistischen, teils spirituellem Bedürfnis entsprungenen Annahme, ein römischer Kriegsknecht, oder der »heilige Geist«, sei sein Vater gewesen. Den heiligen Geist hatte er im Leib, aber in ganz anderer Weise, als die Drei-Einigkeits-Konstruktöre im 4ten und 5ten Jahrh. meinten, die sich den heiligen Geist als eine Person, als Taube, oder wie später der Steinmez an der Würzburger Marienkirche, der ihn sich als Klistier-Sprize dachte.

Der psichjatrische Terminus, unter dem sich Christus uns darbietet, ist die paranoia*); die »primäre Verrüktheit«, oder, wie es Magnan nent, dégénération héréditaire. Langsam steigt das Krankheitsbild an. Früh zeigen sich exzentrische, nervöse, originäre Züge und Perversitäten. Eine starke Innerlichkeit läßt die eigene Persönlichkeit als über die Maasen wichtig, die Welt als voller Beziehungen auf das eigene Ich, erscheinen. Bald kommen Halluzinazionen, doch mehr innerlicher Art, als sog. »innere Stimmen«, die das längst gehegte und gepflegte innere Stimmungsbild auch äußerlich manifestiren; so die unumgänglich notwendige äußerliche Gewißheit von der Realität der inzwischen übermäßig angewachsenen Persönlichkeit und ihrer Anexa in der Außenwelt feststellend. Inhaltlich füllen sich diese »Stimmen«, die bald als Tesen und Sentenzen sich an das Publikum wenden werden, mit dem jeweiligen povren Bildungsgehalt, den die Zeit an die Hand gibt. Je weniger solche Leute, solche Schenies, wie Richard Wagner einmal treffend bemerkt, an Schulweisheit aufgenommen haben, je beßer ist es, um so prachtvoller entwikelt sich der patologische Keim, der bestimt ist, ganze Völkermaßen zu vergiften und geistig umzugestalten. Gegenüber der Originärität der Anlage ist ja das bischen ortodoxes Wesen oder transzendentales Hoffen, welches ein Volk gerade zu solcher Zeit bewegt, so unendlich unwichtig. Es ist wie bei der Seidenraupe, die ihren Faden am nächsten Weißdorn oder tiefer liegenden Gestrüpp anheftet, um das eigene glizernde Gespinst zu beginnen. Dieses Gespinst ist die Hauptsache, das Gestrüpp nebensächlich.

Es ist sonach ziemlich unwichtig, daß Jesus gerade an den Meßiasglauben seiner Zeit anknüpfte und sich mit den alten, vertrakten Puppen eines unsäglich harten und egoistisch gestalteten, judaischen Glaubenssistems herumschlagen mußte. Mit der Sicherheit des Ingeniums und dem unfehlbaren Instinkt des Paranoïkers substituirte er sich selbst als der Kommende, als der Meßias, ahnungslos der Graßheit dieser Anmaasung für ein in seinen ortodoxen Anschauungen hart und steril gewordenes Volk wie die damaligen Juden. Und was er für alte Götterbilder damals zerschlug und von den Postamenten stürzte, kam ja noch viel weniger in Betracht. Denn seine neuen Versinnbildlichungen und Figuren waren ja unendlich viel schöner und zivilisirter. Und »sein Vater im Himmel« unterschied sich von dem alten, cholerischen, jüdischen »Jehova«, wie ein Tedeum von der bluttriefenden Stätte eines Menschenopfers.

Wir haben hier eines jener psichischen Ur-Fänomene vor uns, wie sie zwar nicht selten sind, aber doch selten in so befruchtender Weise in die Geistesgeschichte von Völkern eingreifen und deren Gemütslage bestimmen. Dieses Identifiziren der eignen, heftigen und nicht zu bewältigenden Gefühle mit »Gott«, oder irgend einem hochklingenden Simbol – hier, wenn den Evangelien zu glauben, »der liebe Vater im Himmel« – ist das Urbild eines geistigen Prozeßes, die psichische Zwangslage eines nach Gründe suchenden, innerlich heftig bewegten Menschen, der Saz des zureichenden Grundes nach Innen gekehrt und antropomorfisirt, wie wir ihn heute fast mit experimenteller Sicherheit erweisen können. Wir finden das Fänomen bei allen Religionsstiftern, bei Muhamed, bei Buddha, bei Swedenborg, bei Fox, – wir finden es bei Allen, die plözlich in überzeugender Weise ganze Völkerschaaren an ihre Befehle geheftet: beim heil. Franziskus, bei der Jungfrau von Orleans, bei Louise Lateau; wir finden es in den Kreuzzügen, bei den sektirerischen, kommunistischen Auswanderern nach Amerika im vorigen Jahrhundert, – wir finden es bei den kezerischen Begharden im 14. und 15. Jhrh., und bei der ganzen Gruppe, die die religiösen Umwälzungen im 16. Jhrh. hervorgebracht haben, bei Nikolaus Storch, bei Thomas Münzer, bei Hans Böhm, bei Luther, bei den Wiedertäufern u. a. – und wir finden es schließlich bei den visionären Epileptikern in den Irrenanstalten, deren »Himmels-Erscheinungen« und »Offenbarungen« an Kraft und Schönheit in Nichts den gleichen psichischen Leistungen der christlichen Heiligen und Büßer in den Klöstern nachstehen. Daß also Christus sich auf »seinen lieben Vater im Himmel« beruft, ist bei aller prächtigen, künstlerischen und poetischen Wirkung nur ein klinischer Spezialfall in der Weltgeschichte für ein psichologisch feststehendes und gesezmäßig eintretendes Ereignis in unserer Psiche. –

Wie er aber dann das Resultat seines jünglinghaften Empfindens und Denkens, die Frucht Jahre-langer Isolirtheit und melancholischer Anwandlungen, die Stimmung einer ganz reinen, von sinlichen Regungen freien, fast homosexual gearteten, dabei glücklich und heiterveranlagten Seele in seinen lehrhaften Gesängen und Preisungen einer menschenumfaßenden, selbstlosen Nächstenliebe aushauchte und ausströmte, das war von einer Innigkeit, Süßigkeit und von einer Neuheit, daß man glaubte, die Nachtigall schlagen zu hören; hier lag der Punkt in seiner Psiche, wo er nicht zu überwältigen war; hier war die Note angegeben, mit der er prädestinirter Sieger war; jedem Feind gegenüber; hieße er Staat oder kirchliche Ortodoxie; denn Selbstlosigkeit einer Sache ist die unbedingteste Garantie für den Sieg der Sache selbst; und der Versuch, den Träger der Sache noch zum Märtirer zu machen, beschleunigt und und verstärkt nur noch den Sieg. Hier zeigt sich aber auch die gänzliche Unabhängigkeit und Intaktheit des Gefühlslebens von allen logischen Fehlern und funkzionellen Verkehrtheiten

des Verstandes, eines Verstandes, der längst bei Jesus, wie sein schroffes Sich-Gegenüberstellen gegen die Staatsraison zeigt, dem Bereiche deßen, was wir heute empirisch »Geisteskrankheit« nennen, verfallen war: die Primordialität des Gefühlslebens vor dem Verstandesleben. Und ähnlich, wie wir oft bei sog. moral insanity das Anwachsen des Verstandes zu einer glänzenden Höhe beobachten können, sehen wir hier bei ausgesprochener Eingeengtheit des Verstandes die Brunnen und Schleußen eines überwältigenden Gefühlslebens sich öffnen.
Nur ein einzigesmal hat sich später in der Weltgeschichte die Anstekung der Maßen von dem Gefühlsinhalt eines Einzelnen nocheinmal in dieser Weise gezeigt: bei Franz von Aßisi; freilich in Form einer Wiederholung, und in flacherer Weise, und ohne die verstärkende Hülfe des Märtirertums. Doch der Kampf stand noch bevor.
Nachdem er Jahrelang in der Einsamkeit verhart und dort – wie Luther, wie Mahomed, wie Savonarola – wie alle diese paranoïschen Geister, von einer fabelhaften geistigen Selbstsucht geplagten jungen Menschen – mit dem Teufel gerungen und alle Versuchungen abgeschlagen, und das Sistem des Selbst-Wahns gegen alle Feinde der Logik und der raison sieghaft ausgebaut, und den Prozeß der süßen Selbst-Vergottung glücklich zu Ende gebracht, tritt er hinaus, gegen alle Lapalien alltäglicher Zänkerei und Schelsucht gewapnet und im Besitz einer schneidig-satirischen Dialektir-Kunst, und fängt an, sich seinen Mitmenschen aufzuoktroiren. Hier tritt er harmlos in den Tempel ein und mischt sich unter die Oponenten. Dort harangirt er, als ein echter Agitator, wie ein zweiter Laßalle, wie ein

zweiter Richard Wagner, die Menge, die diesem süßen, blutleeren Jüngling nicht widerstehen kann. Ueberall, wo gerade Gelegenheit ist, beim Fischfang, auf der Hochzeit, bei Leichenbegängnißen, an der Zöllner-Schranke, während der Sabat-Ruhe greift er ein, knüpft an die kleinen Tages-Ereigniße an und wirft, wie Sokrates, den Harmlos-Dahinwandelnden seine scharfen Antitesen in den Weg. Auch die tricks damaliger Wundertäter – die unvermeidliche Zugabe, um sich das air eines Uebermenschen, eines Geistesgewaltigen, eines Zauberers zu geben – hat er sich alle zu eigen gemacht und beherscht sie mit großer Bravur und Eleganz. Gar aber, wenn er eine glükliche corona junger Landmädchen, erschöpfter Arbeitsfrauen, gutmütiger Prostituirten und naiver Taglöhner um sich versammelt hat, und darf sie die ganze zauberische Wirkung seiner innersten Herzensregungen mit einem »Selig sind die Friedfertigen! Selig sind die Armen! Selig sind die reines Herzens sind!« spüren laßen, und nimt von diesen geplagten Proletarier-Naturen die Angst und den Schimpf ihres Daseins, und öffnet ihnen den Himmel, der eigens für sie, mit Ausschluß der Reichen, bereitet ist – dann hat er sie Alle. Welcher Unterschied muß zwischen diesen rührenden Lauten eines Galiläischen Naturgefühls und dem harten, silbenmeßenden Gezänk ortodoxer Tempelgelehrten für diese Zuhörer bestanden haben! Wie mußten sie sich beglükt, von diesem äterischen jungen Menschen entzükt und begeistert fühlen! Haufenweise liefen sie ihm nach, wie später dem Pfeifer von Niklashausen am Ende des 15. Jhrh., wo immer er die süße Flöte seines Herzens ertönen ließ, schwuren hoch und heilig auf ihn, glaubten ihm alles, was er verlangte, seine Davidische Abkunft wie seine Gottes-Sohn-schaft und sein zukünftiges kommunistisches Himmel-Reich, welches er auf Erden eröffnen werde – auf ein bischen Mehr oder Weniger kam es da nicht mehr an – und bald konte er die Provinz und das organisirte Landvolk gegen die prozige, schwelgende Hauptstadt im Sturm heranführen.

Dort war man allerdings aufmerksam geworden. Dies schien eine gefährliche Nummer. Aehnliche Geschichten kamen ja alle Tage vor. Bei der allgemeinen Unzufriedenheit, den wirklich niederträchtigen politischen Verhältnißen und der stumpfen Gleichgültigkeit gegen Alles, auch das Tollste, bei einem geknechteten, geistig unterdrükten Volk, kam es alle Augenblik vor, daß ein Verwegener oder Exaltirter den Straßenpöbel an sich zog, ihn hinausführte auf das steinige, sterile flache Land, dort harangirte und durch Hunger schwächte, um dann die solchermaasen zur Aufnahme jeder Sugestion Bereiten und Halb-Wahnwizig-Gewordenen im Sturm gegen die Stadt zu führen. Wiederholt war es geglükt, und das Proletarjat hatte sich dann in den Besiz des Stadtregiments gesezt. Meist aber avertirten die ortodoxen Teokraten, die hier ein politisches Scheinregiment führten, den römischen Landpfleger und baten um den »weltlichen Arm«. Römische Reiterei ward dann hinausgeschikt und die Entkräfteten und schlecht Bewafneten einfach zusammengehauen.

Daß es sich hier bei Jesus vom Standpunkt der Staatsräson – und welchen anderen solte es denn geben? – um einen Aufrührer ganz ähnlicher Art handelte, das war außer allem Zweifel. Aber die

große Menge, um die es sich hier handelte, die zahlreichen Agitazionsreisen, die er gemacht hatte, das Aufflakern der Empörung auf allen Seiten, in verschiedenen Provinzen, die lange Vorbereitungszeit – zwei Jahre –, die die Bewegung genommen hatte, gab der Regierung doch zu denken.
Man probirte zuerst, ihn von der schwachen Seite zu nehmen und ihn sanft zu entwafnen, indem man sein – Gott wie ärmliches und offenbar verrüktes! – Lehrsistem widerlegte; und schikte ihm Farisäer auf den Weg. Aber siehe da, die waren dem Jungen nicht gewachsen. Sein Lehrsistem und seine Dialektir-Kunst, das waren seine starke Seite, nicht seiner schwachen Seite. Und wie gab er ihnen hinaus! Ein echter Paranoïker, der, troz der in seiner Psiche wuchernden grandiosen und graßen Wahnideen, seinen Intellekt zu einer scharfen, ja glänzenden Verteidigungswaffe umgeschmiedet hatte. Belzebub? Wie hat er ihnen den Vorwurf des Teufelsbündnißes hinausbezahlt und seine rührendreine Seele diesen geistigen Schmuzfinken entgegengehalten!
Was solte man nun tun? Irrenhäuser gab es nicht. Die »kranke« Psiche wurde zudem teologisch konstruirt. Psichjater gab es noch weniger. Aber Staatsanwälte gab's. Die gibt es immer. So griff man denn zum Gotteslästerungsparagrafen. Das ist ja in solchen Fällen immer das Einfachste. Das Gouvernement sucht sich einen Paragrafen heraus, unter dem man den unangenehmen Menschen definitiv losbekomt. Ist zufällig die Totesstrafe nicht eingeführt, dann wendet man juristisch die Sache so, daß wenigstens 15 Jahre Zuchthaus herauskommen. Inzwischen wird er geisteskrank oder die

Disziplin bringt ihn um. So oder so! Auf dem Gericht ist man ja seiner Sache sicher. – Hier lag die Sache noch günstiger, weil auf Gotteslästerung – und hier war er zu überführen – die Totesstrafe stand. Dann war auch diese Bewegung niedergeschlagen, und der bürokratische Aparat hatte wie in so vielen früheren Fällen zur vollständigen Zufriedenheit funkzionirt.
Aber der Wahnsinn machte in dem Kopfe unseres heldenmäßigen Jünglings reißendere Fortschritte, als die Herrn sich in Jerusalem träumen ließen. Als er sah, daß die psichische Anstekung seines Gottes-Reiches auf Erden zu langsam vorwärts schreite und sich vertrötle, daß er aber die Volksmaße noch hinter sich habe, wagte er den coup und führte, wie Masaniello, seine Anhänger zum Sturm. – Die Evangelisten haben in ihrer Jahrhunderte-langen Verzukerungs-Arbeit diese Tat zu einem süßen Frühlings-Einzug mit Palmwedeln und weißgekleideten Mädchen gewandelt; als ob eine politische Herrschaft und eine römische Besazungstruppe mit Palmwedeln fortgeweht werden könne! – Im ersten Ansturm warf er Alles nieder. Und faktisch bestand für einige Tage, für einige Wochen, seine Teokratie, wie später die Savonarola's in Florenz, zu Recht. – Daß er das prästirte, mit seinem kranken Hirn, muß die Bewunderung jedes Kenners, jedes Psichjaters hervorrufen. – Aber wie ist denn bei diesen halb intelligenten, halb impulsiven Naturen Alles oft wunderbar gemischt! Man denke doch an Knipperdollinck und seine Leute, die ein halb politisch-, halb religiös-erotisch-fantastisches Reich s. Z. in Münster mit der größten Ehrlichkeit und zugleich mit der durchtriebensten

Schlauheit über Jahresfrist hinaus führten und prästirten! Oder an jenen Zwickauer Tuchmacher Nikolaus Storch, der mit Halluzinazionen beladen Jahrelang in Mitteldeutschland umherzog und überall die Geister auffegte! Es gibt eben Zeiten, da sind Halluzinanten nicht mit Gold aufzuwiegen, und sie, ihre weichen mit wunderbarer Gestaltungskraft begabten Naturen, die einzige Möglichkeit, die in ihres Herzens Härte und Schädels Dike vollständig steril gewordenen Maßen mit neuem Geist zu erfüllen. Juristen möchten in solchen Fällen, wenn dieselben vor ihr Forum kommen, immer unterscheiden, was noch dem »freien Willen«, der Zurechnungsfähigkeit mit den normalen Hemmungen, und was der unwiderstehlichen Impulsivität – was sie »Krankheit« nennen – zukomt. Als ob man das scheiden könne! Einem Psichologen graut es vor solchem Verfahren. Was sind Halluzinazionen? Es sind autochtone Aeußerungen der menschlichen Psiche, die uns mit den verborgensten Tiefen der menschlichen Seele bekant machen, der lezten Instanz, die wir als bewußte Wesen besizen. Sind sie religiös gefärbt, dann sind sie unbesiegbar. Weil sie auf gleiche Tiefen und Urgründe bei den zuhörenden Maßen stoßen. Werden sie aufgenommen, dann sind sie »die Wahrheit«. Wie M. Jacobi schon richtig sagte: »Der Wahnsinn, wenn er epidemisch wird, heißt Vernunft.« – Die Halluzinazionen und Visionen Mahomed's bilden die reale Grundlage für das islamitische Glaubenssistem. – Solche Leute nach der Regulatur juristischer Nominalismen behandeln wollen, heißt einen Riesen mit dem Lineal meßen, heißt ein Kunstwerk nach dem Materjal abschäzen, aus dem es hergestellt ist, heißt etwa: dem Vorspiel zu »Lohengrin« mit einem fisikalischen Lehrbuch über Akustik zu Leibe gehen wollen. – Verfaßer erinnert sich noch lebhaft einer prächtigen Figur in der Münchener Kreis-Irrenanstalt, eines armen Feilenhauers B., deßen Schulranzen, wie begreiflich, mit den poversten Bildungsmitteln ausgestattet war. Er war, abgesehen von seinen paar Wahnideen, nach der intellektuellen Seite vollständig intakt. Seine räsonirende Kraft war frisch und klar. Nach der Gefühlsseite, nach der sensoriellen Seite, nach der Seite der Eingebungen und Ahnungen hatte er sich vollständig zur Christus-ähnlichen Figur mit jenen wunderbaren Allüren der Milde und der bestrikenden Sanftmut herangebildet. Jahre lang war er Landauf Landab gezogen, um sein ungeheures Gefühl seiner meskinen Umgebung, seiner eigenen Armut anzupaßen. Und endlich ging's nicht mehr. Und jetzt stand er dort mit brennendem Blik, mit der ganzen Glut seiner Seele den Arzt umklammernd, bereit, Alles für die Heiligkeit seines Inneren zu opfern, eines Inneren, welches er mit ein paar Jugenderinnerungen, mit einigen Schulkentnißen vollständig in der rührendsten Einfalt durch einige heiligmäßige Sentenzen zu gestalten im Stande war. – Das ist das Menschenmaterjal, aus dem Religionsstifter geschnizt werden. Religionen sind relative Geisteswerte und -Wahrheiten, die einen günstigen Boden zum Fortwuchern finden. Es gibt keine absolute Wahrheiten. Es gibt nur das relative Maas von Selbst-Offenbarung im Menschen, und die Anstekung durch die Maßen. Dieser junge Mann in Zeiten der Not, der Trübsal, der Angst, der allgemeinen

Misere hinausgelaßen, unterwirft sich mit seiner keuschen Geste, mit einer der allgemeinen Trübsal angepaßten, überirdischen Sentenz, Dorf auf Dorf und Fleken auf Fleken. Dieser Feilenhauer hatte eine feinere Figur gemacht als der hämische Tuchmacher Nikolaus Storch im 16ten Jhrh., der sich Landstrich um Landstrich unterwarf, und sogar einen Mann wie Melanchthon tief erschütterte. – Aber in Jerusalem stand die Reakzion bevor, und die Behörden hatten nach der ersten Ueberraschung sich rasch ralliirt. Wie hier Verstärkung der Energie, so war auf der andern Seite, bei Jesus, Erschlaffung nach einer furchtbaren geistigen Leistung eingetreten. Und wenn eine Sache nicht vorwärts geht, dann geht sie immer zurük. Was konte der unvergleichliche Jüngling, der mit dem Frühlingssturm seines Gefühles Alles vor sich her niedergeworfen und begeistert hatte, in dieser weitausgedehnten Stadt an Staatseinrichtungen schaffen, an praktischer Teokratie leisten? Mit was wolte er den troknen bürokratischen Aparat, der hier das tägliche Leben in Ordnung hielt, und der doch nicht in seinen Händen war, ersezen, er, der nur Seligpreisungen hauchen, oder, im günstigsten Fall, harangiren und fanatisiren konte. Bei der französischen Komune handelte es sich um Leute, die an Ort und Stelle gelebt hatten, den Gang der Geschäfte kanten und ihn, tant bien que mal, wenigstens aufrecht erhalten konten. Aber hier handelte es sich um Fischer – wie in Portici bei Masaniello –, um Fischer, um Handwerker, um einen Haufen zusammengelaufenen, gutmütigen, aber gänzlich unfähigen Volks. In solchen Fällen ist die Niederschlagung des Putsches immer mit Sicherheit zu erwarten. Und hier speziell handelte es sich zunächst nur darum, den Anstifter der ganzen Bewegung, den actor rerum, den fanatischen und kranken Kopf in seine Hände zu bekommen. Das Uebrige wolte nicht viel heißen. Auch hatte die Bewegung, wie es scheint, sehr bald darauf verzichtet, das Innere Jerusalems als sein Eigentum zu betrachten, und sich in die Umgebung geflüchtet. Die Verhaftung Jesu gelang anscheinend ohne Schwierigkeit. Eine Patrouille wurde, sobald man seinen Aufenthaltsort erfahren, hinausgeschikt und nahm ihn in Empfang. Im Nu war, als die Realität der Tatsachen hereinbrach, der ganze Haufe der Anhänger zerstoben.

Nun wäre die Sache einfach gegangen und bei der Unkomplizirtheit des Falles – die einfache Ueberführung des geständigen Gotteslästerers – die Angelegenheit in wenigen Tagen erledigt gewesen, wenn nicht endlose Kompetenzschwierigkeiten zwischen dem Synedrium, der jüdischen Religionsbehörde, und der römischen Exekuzion bestanden hätten, und, wie das immer so geht, eine Menge kleinlicher Intereßen sich bei dieser Gelegenheit auf fremde Kosten zu regeln unternommen hätten. Die römische Behörde mit ihrer alten kolonisatorischen Schulung und ihrem großartigen Blik für Parität vermied es ängstlich, sich in die religiösen Streitigkeiten dieser Duodez-Völkchen zu mischen, auch wenn ihr der örtliche Kult – der nicht einmal eine Ausbeute nach der sinlichen Seite für Rom erlaubte – weniger widerwärtig gewesen wäre. Und die jüdische Kult-Behörde andererseits hielt streng auf die Selbständigkeit und die Unverlezlichkeit ihrer Anordnungen im Hinblik auf die Pastorisirung des Volkes, die einzige Freiheit, die ihr geblieben war. Zwischen diesen beiden Gewalten war also die Möglichkeit einer Kolision, eines Kompetenzstreits, sozusagen ausgeschloßen. Und nur in einem Punkt verbat sich die römische Exekutive ernstlich jede Inanspruchnahme des weltlichen Arms: im Fällen von Totesurteilen und deren Vollziehung wegen angeblicher religiöser Vergehen. Einem Staat, wie dem römischen, dem längst die eigene Landes-Religion augurenhafter Mumpiz geworden war, und der aus dem großen Reservoir seiner asiatischen Provinzen Alles das zusammengetragen hatte, was an erotisch gefärbten Kulten und religiösem Sinneskizel sich für Rom exportfähig erwiesen hatte, mußte es abstrus und unanständig vorkommen, Jemanden wegen religiöser Meinungen hinzurichten. Nun war Jesus nach dem jüdischen Gesez zweifellos überführter Gotteslästerer. Und auf Gotteslästerung stand nach dem jüdischen Gesez Totesstrafe. Wie aber diese Totesstrafe vollziehen, da der weltliche Arm religiöse Hinrichtungen auszuführen sich weigerte? Jezt entstand die große Frage: unter welchem Paragrafen bringen wir den Menschen unter? Ein Gelaufe und Gefrage nach einem Paragrafen. Ein Paragraf, ein Paragraf! Irgend ein Paragraf, der die Anwendung der Totesstrafe gestattet. Glücklicherweise hatte Jesus in einem unbewachten Moment auch Etwas von einem »König« gesprochen, »König der Juden«. Dies schien politischen Beigeschmak zu haben. – »Bist du der König der Juden?« fragt ihn Pilatus. – »Du sagst es!« – Nun schien's gewonnen. Und nun entstand jenes widerwärtige Gezeter und Gelaufe von Behörden und Gerichtsdienern, jenes verlogene Plädiren gekaufter Advokaten, jenes Augenzwinkern und Akten-Umregistriren, jenes Aussuchen von Strafkammern, jene scheußliche Wühlarbeit von agents provocateurs, die die Maße zu einem »Kreuzige!« aufstachelten, und Taggeldsüchtiger Kronzeugen, die zu jeder Wortverdrehung bereit waren, jenes Telegrafiren nach neuen Zeugen und Instanzengeschiebe, bei dem dem Staatsanwalt der Kopf brumt – denn wenn er den Prozeß verliert (es ist ein politischer Prozeß und die Verurteilung von der Behörde befohlen), dann ist es mit dem Avancement vorbei. Jeder Tag bringt eine neue Konstellazion, jede Stunde einen Paragrafenwechsel. Der »Meßias«-Paragraf, und der »Gottes-Sohn«-Paragraf, und der Paragraf, unter den fält, daß er gesagt habe: »er wolle den Tempel in drei Tagen abbrechen«, sind alle fallen gelaßen worden. Es geht mit dem »Gotteslästerungs«-Paragraf nicht. Jezt komt der »Majestätsbeleidigungs«-Paragraf. »König der Juden.« So geht's, wenn's geht. . . . .

Und es ging. Zwar Pilatus, ein ruhiger, trokner Beamter, dem dieses ekelhafte Gezeter bis in der Seele zuwider war, merkte genau, wo man hinaus wolle. Er erkante sofort, daß das Alles juristischer Schwindel und Humbug war, dieses Hinüber-Spielen auf's Politische, erbärmlicher Paragrafen-Wechsel und Rechtsbiegung. »Was hat er denn Uebels getan? Ich finde keine Ursach an diesem Menschen!« – Aber die Maße war doch zu drohend. Die Agenten des Synedriums hatten furchtbar gearbeitet. Jezt fing die Sache wirklich an, politisch zu werden. Und dann: das Bischen Jesus. Noch dazu aus Galiläa. Ein Provinzler. Ein Handwerker.

Ein Proletarier. Und offenbar krank. Das war das Leben dieses Mannes nicht wert, daß auch noch ein politischer Aufruhr entstehe. – Am Ende die Aufforderung zu einem Immediat-Bericht nach Rom? – Eine krumme Miene des Kaisers? – o Gott! . . . . . .

Und so starb Jesus. Starb den Tot durch Henkershand. Ein Paranoïker. Aber ein Geistesheld, der mit der ganzen zähen, nie wankenden Kraft des paranoïschen Wahns seine Ideen bis zum lezten Blutstropfen verteidigt; indem er als Märtirer fält, die Maßen mit dem Inhalte seines Wahns anstekt, und so der »Geisteskrankheit« eine fast 2000jährige Dauer von »Wahrheit« verschaft.

Er starb wie Sokrates, wie Savonarola, wie Hus, wie Servet, wie Sand, wie die Perowskaja, wie Angiolillo, in dem als psichisches Fänomen einzigen und unvergleichlichen Bewußtsein, nur durch den Tot einer idealistischen Idee zum Siege zu verhelfen.

Die Evangelienschreiber haben den Prozeß der Legendisirung an diesem wunderbaren Anarchisten bis zur Uebersüßung und Rührseligkeit vollzogen. Und das Meiste an diesem herlichen Charakterbild ist verschwommen und unsicher. Aber Eines scheint sicher zu sein: Das allmäliche und ruhige Aufwachsen und Keimen des eigentümlichen Ideengehalts bei ihm, das echt paranoïsche, primär durch die Vererbung gegebene und dann mit konsequenter Sicherheit bis zur Felsenhärte fortschreitende Anwachsen jener Ideen, jenes Wahns, jenes geistigen Fixums, das sich die Welt unterwerfen wird, – und dann das nunquam retrorsum! das Niemals zurük! auf dem einmal eingeschlagenen Pfade

geistiger Entwiklung, das Aushalten bis zum lezten Moment: . . . . . »Du sagst es!« –
Und dies muß ihm selbst der Ateïst, der Psichologe laßen. Daß er in Jerusalem vor dieser erbärmlichen Sorte von Advokaten, Winkelschreibern, Polizisten, Staatsbeamten, Doktoren, Geheim-Spizeln und Bürokraten, von denen jeder auf einen Wink des Kaisers für eine Gunstbezeugung, einen Orden, eine Gehaltserhöhung Alles, aber auch Alles getan hätte, nicht zurükhufte, keine Konzeßion machte, nie um Gnade bat, sondern als einzige Verteidigung diesen Kasuisten das blanke Ehrenschild seiner reinen Absicht und seiner rührenden Herzens-Güte entgegenhielt, das wird ihm zum unauslöschlichen Ruhmestitel gereichen, wenn längst der lezte Leipziger Ortodoxen-Schädel im Grabe vermodert sein wird.

Verlag der Zürcher Diskußionen.

Abschied von München.

Ein Handschlag

von

Oskar Panizza.

„Seit es denkende Menschen gibt, waren Verfolgung, Ketten und Kerker ihr Erbstück, und Sokrates hat sogar den Kerker geadelt. Beynahe ist der Menschenfreund, bey Durchlesung so häufiger Unfälle, zu der harten Vermuthung genöthigt, ob nicht solche der Tugend mit Recht widerfahren. Warum, möchte er rufen, zieht sie sich nicht in sich selbst zurück? Warum hebt sie ihr Haupt empor? Warum drängt sie sich unter diese Classe von Leuten, in eine so ungleiche Gesellschaft? Sie sollen wissen, daß solchen Menschen ihre zu heterogene Gestalt ein Scheusal sey, und sein müsse."

A. Weishaupt, Verfolgung der Illuminaten in Bayern. Frankfurt 1786.

Zürich 1897.
Verlags-Magazin.
(J. Schabelitz.)

Meine lieben Münchner!

Ich gehe jetzt von Euch. Wir sind lange beisammen gewesen. Und wie das so geht: man erwirbt sich diese und jene Freunde. Und ich habe deren viele erworben. Ich kann nicht jedem einzelnen Adieu sagen. Und wenn man nicht jedem einzelnen das sagen kann, was man doch allen sagen möchte, dann läßt man heutzutage 'was drucken, setzt es in die Zeitung und dergleichen. Man inseriert eine Annonce und schüttet sein Herz aus. Das soll nun meine Annonce sein. Setzt Euch her zu mir! Wir wollen ein bißchen Konzil halten; ein süß-vertrauliches, liebes Konzil. Ihr habt sowieso noch nie ein Konzil in Euren Mauern gehabt. Nördlicher als Trient hat sich der heilige Geist nicht heraufgewagt. Und doch hättet Ihr es verdient, Ihr, die Ihr wiederholentlich die katholische Kirche für Deutschland „gerettet" habt. Friert es den italienischen heiligen Geist bei Euch? Oder erinnert er sich an das Wort des Eobanus Hessus: „Der Deutschen Geist gefält den Romanisten nit fast wohl!" Mein Gott! Das käme gerade so heraus, als ob Ihr, die „Retter" der katholischen Kirche, deutschen Geist hättet und der spiritus romanus sich nicht zu Euch heraufträute. Diese Schmach sei ferne von Euch! — Ich will aber thun, was in meinen Kräften steht, und, was Euer geistiger Nährvater in Rom bei Euch versäumt, nachholen. Setzt Euch her zu mir! Wir wollen ein bißchen Konzil halten. Ihr sollt nicht lediglich mit Alkohol und Biersuden in der geistigen Geschichte Europas stehen. Ihr sollt Euer Konzil haben. Lauschet! Wir wollen Deutsch reden.

Wo fang' ich nun an? Traun, Eure Vergangenheit ist groß und gewaltig. Und Ihr habt Ursache, Euch deshalb in die Brust zu werfen. Einer Salzstätte mit Brückenzoll über die Isar verdankt Ihr Eure Entstehung? Nun, attisches Salz habt Ihr damals gewiß nicht gehandelt. Und wenn man Euch betrachtet, muß man jenen Recht geben, die sagen, es sei Viehsalz gewesen. Doch das macht nichts. Es ist Euch wohl bekommen. Noch heute besteht Eure Stadt aus zwei Drittel Metzgern. Die Fleischer-Innung ist bei Euch die vornehmste. Den halben Süden Deutschlands nebst der Schweiz versieht Ihr mit Euren vortrefflichen Rostbeefs. Und Eure Schlachthäuser sind mustergültig.

Aber wehe, wer Euch und Euren Fleischermessern mit andern Dingen, als mit Rostbeefs und Kuttelfleck in die Quere kommt! Wehe, wer Euch zumutet, Gedanken zu verdauen! Ihr zerhackt und zermetzgert ihn in der entsetzlichsten Weise. Schon Eure Schimpfnamen „Dünng'selchter", „Dickg'selchter Hanswurst!" u. a. sind alle der Metzger-Innung entnommen. Bluttriefend muß derjenige von Euch sich zurückziehen, der die frevelhafte Zumutung an Eure Gehirnchen gestellt hatte. Und Eure Rache ist komplett.

Die erste, glänzende Leistung, mit der Ihr nach dieser

Richtung in der Geschichte steht, sind die Jahre 1519—1521, als durch die Reformation an Euch die ungeheuerliche Zumutung herantrat, zu denken — ermesset! — ohne den Papst, Euren geistigen Nährvater in Rom, in religiösen Dingen zu denken — erstarrt! — und Eure Seele zu untersuchen — schaudert! — Wie habt Ihr damals aufs Rad geflochten und Eure Messerchen spielen lassen? Dutzenweis ersäuftet Ihr die Lutherischen in der Isar. Und hundertweis schlepptet Ihr von den Wegen nach Augsburg und den protestantischen Centren die Wanderer und Reisenden herein, berocht sie, ob es Geistes-Menschen waren, und warft sie dann in den Kerker oder in den Fluß. Ja, gegen das geistiger geartete Regensburg schlosset Ihr Euch sogar hermetisch ab — so groß war Eure Furcht vor dem Geist! — und ließet nicht einmal protestantisches Gemüse, protestantische Aepfel und protestantische Gelbe-Rüben herein. Und zu den Hinrichtungen und Ersäufungen erschienen Eure Fürsten und nickten wohlwollend Beifall und Eure Prinzeßchen patschten in die Hände. O Ihr süßen, herzigen Geschöpfe, auch in Euren Adern rollt das Münchner Metzgerblut!

„Aber man nennt uns doch ‚Isar-Athen‘?“ —

Ja, man nennt Euch ‚Isar-Athen‘! Das ist aber das Resultat einer Geistesverwirrung. Immer hat es nämlich unter Euch einzelne geisteskranke Fürsten gegeben, die, wie das so geht, wenn der Geist wandert, sich über den durchschnittlichen Metzger-Horizont ihrer Umgebung erhoben, und weil Ihr von einer Salzstößlerei herstammt, meinten: sie seien in Attika oder in Arkadien geboren. Sie ließen nun Marmorbrüche eröffnen und bauten statt Schlachthäuser „Ruhmeshallen“ — denkt Euch! — statt

Metzger-Gesellen-Häuser „Feldherrnhallen" — fallt um! — Glyptotheken und und Pinakotheken, und stellten dahinein — Euch zum Vorbild — die Marmorgeschöpfe eines entschwundenen hochgeistigen Geschlechts — welcher Wahnsinn! — und über Eure Stadt erhob sich in zwanzigfacher Lebensgröße das hochgemute Bronze-Bild einer vornehmen Frau mit griechischem Kopfbau — Euch Breitschädlern und Stirngedrückten gegenüber! — und Euer König hoffte, Eure Weiber würden sich an diesem Standbild versehen und Kinder mit noblen Schädel-Indices gebären! — das Euch! — Merkt Ihr nun, wo's dem Manne fehlte?! — Daher stammt Euer Ruf von ‚Isar-Athen'. —

„Aber wir sind doch sonst auch noch berühmt. Wir brauen doch auch Bier!" —

Ja, Ihr braut auch Bier. Und so glücklich-naiv waret Ihr in diesem Metier, daß Ihr meintet, weil Ihr Alkohol versandtet, Ihr versehet die Welt mit Geist. Während es doch nur Sprit war. Faktisch war es auch nur eine Art Rache an dem Geist der Welt, die Ihr da nahmt. Denn so gedieh bei Euch, den Denkscheuen, dieses Gebräu im Hinblick auf seine Fähigkeit, bei den Trinkern das Denken zu unterdrücken, daß Ihr es den Geistesmenschen, die außer Eurem Weichbild gedeihen, zuschicktet und sie vergiftetet und — dumm machtet, und so wiederum, wie bei der Reformation, zu Eurer Rache kamt.

Feindselig schlosset Ihr Euch immer ab gegen alles, was Geist bedeutete. Es war Eure einzige Feindschaft, diese aber unerbittlich. Sonst wart Ihr gut, o herzensgut, Ihr seid ein weiches, zerfließendes Geschlecht, süß und duftig wie das Schmalz zu Euren Nudeln, eine schmalzgute Menschensorte, aber wehe, wer Euch mit Geist entgegentritt, da werdet Ihr unbarmherzig. Schon Ende des vorigen Jahrhunderts erregte Kant Eure namenlose Wut. — Sie waren wohl heftige Wolffianer, diese Münchner, oder entschiedene Berkeleyaner? — O Gott, beileibe nicht! Nein, sie waren gar nichts; sie mieden Philosophie wie Wasser (damit ist alles gesagt) — nein, Ihr gerietet außer Euch vor Wut, daß überhaupt so ein Mensch es wagte, über die höchsten Dinge zu philosophieren — Geist zu haben. Und so thatet Ihr denn das Fürchterliche, und: am Hofe Eures Fürsten (Karl Theodor) erhielten die Hunde den Namen Kant (Häußer, Geschichte der rheinischen Pfalz. Bd. II, S. 970). So rächtet Ihr Euch an einem Mann, dessen Werke Ihr nicht verstandet.

Und wie habt Ihr an Schubart gehandelt? Der junge Brausekopf war zu Euch gekommen, und hatte sich da und dort als Musiker und Schriftsteller anstellig gezeigt. Es war wieder einer von der geistigen Sorte. Staatsrat von Lori — es hat immer auch Aufgeklärte unter Euch gegeben — wollte die junge Kraft für München festhalten. Und es handelte sich um eine Anstellung für Schubart. Da erfuhr man, daß er Protestant sei, in Ludwigsburg eine Parodie auf die christliche Liturgie verfaßt habe und „an keinen heiligen Geist glaube“. — Jetzt war's aus? — O nein! Es erfolgte der gemessene Befehl: Schubart kann bleiben und erhält eine Anstellung, wenn er — katholisch wird. Aber der kecke Schwabe war zu frisch, es ekelte ihn der Prozessionen, wenn er ihnen begegnete, und der junge Gotteslästerer ging nach dem nahen Augsburg, wo er die erste deutsche Zeitung gründete.

Ja, ja — „wenn er katholisch wird" — das war immer Eure Kondition und Präsumtion. Euer Herz-Jesu-Fleisch, Eure Milch Mariä und die sekreten Haarbüschel der Jungfrau aus der Michelskirche, und die Schweiß- und Bluts-Tropfen und all das stinkige Windel-Zeug, und all' die Papp-Mahlzeiten Eurer Hostien, und die Knochen- und Uterus-Litaneien — wenn man die mitmachte, wenn man da anbetete, wenn man hier zu Kreuze kroch, dann war man bei Euch salviert, dann war man lieb Kind, dann durfte man an Eurem Tischlein sitzen, dann durfte man von Eurem Biersüpplein essen, dann durfte man mit Euren Weibern im Bettlein schlafen, dann durfte man alles thun. Aber wehe, wer Kantianer war oder sonst sich mit geistigen Dingen beschäftigte!

Da war um jene selbe Zeit, Ende des vorigen Jahrhunderts, eine Sekte bei Euch, „Illuminaten" hießen sie — „Moderne" würde man heute sagen — die unternahmen die Elefanten-Arbeit, — Euch zu illuminieren — denkt Euch! — Euch ein Licht aufzustecken — hört! — Eure Gehirnchen nach der geistigen Richtung zu bilden — erwägt (wenn Ihr könnt)! — Aber Ihr habt ihnen schon heimgeleuchtet. Einem einzigen Mann, der das Beten zu den Blutstropfen Christi gerügt hatte, hingt Ihr zweiundvierzig Anklagen an den Hals. Hunderte von hervorragenden Männern konnten sich nur retten, indem sie sich mit den schmutzigen Greueln Eurer Gebärhaus-Religion befleckten und mit einem sauve qui peut! an die „Brüste Mariä" warfen. Es galt als ein „Kriminal-

Verbrechen, von der damals im Gange befindlichen unmenschlichen französischen Revolution nur auf irgend eine Art günstig zu reden". Und jeder neu eintretende Staatsdiener mußte einen Revers unterschreiben, kein Kantianer zu sein und sich mit nichts geistig zu beschäftigen, was außerhalb des Gebäraktes der heiligen Jungfrau gelegen sei.

Und so habt Ihr es im großen Ganzen bis heute gehalten. Als in diesem Jahrhundert wieder einmal einer Eurer Könige ein bißchen „geisteskrank" werden mußte,[1]) um Euch ein wenig auf die Geistesspur zu helfen, und Max II. eine deutsche Dichterschule gründete, — für Euch! — und norddeutsche Professoren berief — da Ihr keine Geschichtsschreiber produziertet! — und eine protestantische Prinzessin ehelichte, da war es bei Euch aus, das war für Euch zu viel. Offen bekanntet Ihr von der Kanzel herab, die Ehe mit einer Protestantin sei Konkubinat. Und der König, der solche Ehe eingehe, sei ein Ketzer. Ihr machtet damals ernstlich Miene, den bairischen Thron gegen die päpstliche Tiara auszuspielen. Leopold von Ranke scheute sich, in einer solchen Stadt eine Professur unter glänzenden Bedingungen und aus der Freundschafts-Hand Eures Königs anzunehmen. Er kannte den mariologischen Untergrund, auf dem Eure Stadt ruhte, die mephitischen, römischen Malaria-Dünste, die aus Euren Fundamenten aufstiegen, wogegen auch die beste Kanalisation nicht hilft, und das Grundwasser Eurer Seele, das aus der römischen Kloake gespeist

---

[1]) Geheimrat Gietl, der berühmte Ignorant, erklärte bei Oeffnung der Leiche Max' II., derselbe sei geisteskrank gewesen. Ob er wohl zu dem gleichen Schluß gekommen wäre, wenn Max, statt Sybel und Ranke, Jesuiten als deutsche Geschichtsprofessoren berufen hätte?

wurde. Und als Sybel dann an Rankes Stelle annahm, warft Ihr ihn richtig hinaus, wie Ihr Schubart hinausgeworfen hattet, weil er „Geschichte in deutschem Geist gelehrt hatte". Und als dann Max II. starb, hieß es allgemein, Ihr hättet ihn vergiftet.

Und als später wieder einer Eurer Könige „geisteskrank" werden mußte, um Euch neuerdings auf die Gedankenspur zu helfen, und Ludwig II. seinen Richard Wagner berief, da ging aufs neue bei Euch die Hetze los. Wagner war nur Komponist, kein Historiker. Aber seine verminderten Septakkorde waren Euch viel zu sächsisch, sein Profil viel zu protestantisch, seine Stirn viel zu keck und frei, und seine lebhaften Gestikulationen erinnerten viel zu sehr an 1848. Und so warft Ihr ihn hinaus, wie Ihr den Schubart und den Sybel und den Ranke und den Aventin und die Argula von Grumbach und den Schelling und den Cornelius hinausgeworfen habt, und Max Joseph I. und Max II. und Kaulbach und Lutz und Döllinger und alle andern Protestanten-Freundlichen gerne hinausgeworfen hättet. Denn vor allem, was Geist hat, habt Ihr ein unüberwindliches Grauen.

„Aber inzwischen haben wir uns doch gebessert!?" —

Inzwischen habt Ihr Euch doch gebessert? Das kann ich nicht gerade sagen. Ihr habt Euch ein bißchen gebessert, weil Ihr nicht anders konntet, weil Katholik zu sein eine Schande, ein Brandmal, eine historische Monstruosität geworden war. Weil katholisch sein so viel hieß, wie dumm sein. Deswegen habt Ihr Euch ein bißchen gebessert. Das heißt: scheinbar! Ihr habt von Büchner und Voltaire gerade so viel gelesen, daß

Ihr zu der Erkenntnis gekommen seid: direkt ausrotten, verbrennen oder in der Isar ersäufen kann man heute die Protestanten nicht mehr wie in den Jahren 1519—1521. Aber noch heute werft Ihr in direkter Umgebung Münchens wenigstens protestantische Leichen auf den Schindanger oder grabt sie wie in Tirol auf offenem Felde ein (Evang. Sonntagsblatt aus Baiern. 1895 No. 44). Noch heute verkündet Euer Erzbischof jedes Jahr von der Kanzel, die Ehen mit Protestanten seien noch immer, wie zur Zeit der Vermählung Max' II. mit der protestantischen Prinzessin Maria von Preußen, Konkubinate. Und solche Ehemänner und Ehefrauen würden weder in der Beichte absolviert, noch in der Sterbestunde getröstet. Noch heute lehren Eure Schulmänner in der Schule, Luther sei ein „Schuft", seine Ehefrau Katharina von Bora eine „Hure" gewesen, und werden vor Gericht freigesprochen. Noch im Jahr 1854 begrüßtet Ihr neben Köln — welche Schande! — das Dogma der unbefleckten Empfängnis Mariä mit offenkundigem Frohlocken, nanntet es eine Panacee gegen preußische Gedanken, nordische Kriegsführung und Kantsche Philosophie. Und noch heute ist der Schwur auf dieses Dogma, auf diesen sexuellen Konzeptions-Akt, die Bedingung für die Großmeisterschaft Eures höchsten Ordenskapitels, deren Inhaber der König sein muß — der Empfängnis-Akt der Maria sonach die Grundlage der bairischen Verfassung. — Und nur ein einziger Eurer Prinzen — einer muß immer „geisteskrank" sein — hat sich dieser wüsten Unterschrift geweigert.

Ihr Euch gebessert? O geht mir, Ihr Sensualisten, die Ihr immer in den Geburtsteilen Eurer Maria wühlt und stundenlang ein und dieselbe sexuelle Phrase litaneit, bis dem Zuhörer Uebelkeit ankommt. Ihr süße Metzgersorte, die Ihr das Herz-Jesu-Fleisch und die Brüste Eurer unbefleckten Jungfrau mit derselben Eleganz der Kundschaft vorschneidet, wie Eure Fleischer die „Ripperln" und „Karbonadeln". Durch Strafgesetz sind Unsittlichkeiten und Obscönitäten, auf Erregung der Geschlechtslust berechnete Worte und Vorträge, verboten. Aber Ihr holt es in Eurer Kirche nach, und mit Euren vor dem Strafrichter sicheren Litaneien stopft Ihr Euch durch stundenlange Uebung mit geschlechtlichen Erregungen toll und voll. O geht mir, Ihr mit Eurer Haut-gout-Religion, Ihr rotes, unbeflecktes, himbeersaftiges Geschlecht! Noch diesen Sommer grubt Ihr einen Haufen stinkiger Knochen aus — ich glaube, Modestus hießen sie — und stelltet sie unter Assistenz Eures Fürsten an einem andern Orte auf, damit sie dort Wunder thun sollten.

Und wie war es 1870? Ich will davon schweigen, daß Ihr damals, während Eure Söhne und Brüder mit den Waffen ins Feld hinauszogen, in Euren Landeskirchen für den Sieg der Franzosen betetet (siehe den Bericht des Dekanats Sulzbach an seine vorgesetzte Konsistorial-Behörde in München) — aber dann, als die Entscheidung auf der irdischen Wahlstatt gefallen, und einige Eurer besten Söhne sich anschickten, für Euch den Sieg auch auf der geistigen Wahlstatt zu erfechten, als der profunde, gelehrte Döllinger, der schneidige Professor Friedrich, der elegante Johannes Huber einen letzten Versuch machten, Euch von den Nesselhaken des römischen Stuhls loszulösen, Euch aus dem Schmutz der römischen Kloake herauszuziehen, habt Ihr da nicht wieder für den Sieg des Feindes gebetet und Roms Sache gegen Deutschland zu der Eurigen gemacht, diese Heroen, Döllinger und die andern, vor Eurer Nase beschimpfen und exkommunizieren lassen? Habt Ihr endlich nicht Eure Altkatholiken zu Boden geworfen und zu Religionsgenossen zweiter Klasse gemacht? So groß war auch wieder in diesem Fall Eure Furcht vor den Geistesmenschen!

Ihr beschwert Euch, daß Ihr „Vasallen" seid? — Mein Gott, „Vasallen"! — Vasallen des Königs von Preußen zu sein, das ist nicht das Schlimmste, was Euch passieren kann. Aber daß Ihr in geistiger Hinsicht der ganzen übrigen Welt Vasallen geworden seid, das dünkt mich doch das Bedenklichere in Eurer Lage. Meint Ihr nicht? Oder nennt mir einen Mann aus den letzten Jahrhunderten, der aus Eurer Mitte heraus, und ohne von Euch kujoniert und hinausgeworfen worden zu sein, das Gesetz seines Geistes der übrigen Welt imponiert hätte! Nur einen! — Aber keinen Bierbrauer. —

Und so habt Ihr jede freie geistige Bewegung bei Euch erstickt. Kommt eine neue Litteratur, eine Litteratur, die, wie in jüngster Zeit, auf die feinsten Fühlfäden in der menschlichen Natur spekuliert, trampelt Ihr mit Euren derben, bairischen, eisenbeschlagenen Gebirgsschuhen auf ihr herum. Kommt ein neues Theater und bittet Euch um das feinste Lauschen Eurer Seele, reißt Ihr die Mäuler auf und speit Gift und Galle auf das, was, wie Ihr wohl wißt, hundertfach über Euch und Euren trübäugigen Katholizismus erhaben ist. Gerade jetzt ist es wieder ein junger schneidiger Held, ein Theaterdirektor, der es unternommen, Euch Geist zu reichen — was denn sonst? — und ein Protestant hat Euch ein wunderschönes Haus gebaut, um Euch die geistigen Früchte in goldener Schale zu bieten, und wieder erfaßt Euch jenes furchtbare Grauen vor dem Geistigen, wie zur Zeit Luthers, der Illuminaten, Max' II. und Richard Wagners, und wieder erhebt Ihr Eure eisenbeschlagenen Stiefel und mit katholischer Wut tretet Ihr den jungen Mann zu Boden, belegt ihn mit Tiernamen und schickt Euch an, ihn hinauszuwerfen. Vor hundert Jahren nanntet Ihr Kant „Hund" — Eure Hunde „Kante" — heute nennen Eure Witzblätter und Staatsanwälte die „Modernen" „Schweine". Ist das die Art, wie Ihr Euer Vasallentum dokumentiert, indem Ihr Eure geistigen Lehnsherrn mit Tiernamen bezeichnet?

Merkt Ihr denn nicht, daß Ihr mit Eurem Katholizismus langsam, seit einem halben Jahrhundert sicher, von allem geistigen Einfluß, aller Politik, von aller Weltherrschaft ausgeschlossen seid, in die Klasse der romanischen Völker gerückt seid? Und ahnt Ihr nicht, daß es Euer spezifisch katholischer Geisteszustand ist, der das bewirkt hat? Eure Herz-Jesu-Anbetung, Euer Milch-Maria-Enthusiasmus, Eure Knochen-Fleisch-Milch-Haare- und Geburtsteile-Religion? Und doch habt Ihr noch nicht genug! Seid noch nicht satt! Immer mehr Knochen, immer mehr Messen, immer mehr Fegfeuer-Schrecken, immer mehr Jesuiten-Missionen und Redemptoristen-Niederlassungen. Haben denn diese Knochen Euch vor dem politischen Verderben gerettet? Haben sie nicht vielmehr Euch das Mark aus den Knochen geraubt? Und Euch und den Wienern, Euren Geistesverwandten, gelehrt, bei Königgrätz und Kissingen die Waffen wegzuwerfen?! —

Und jetzt? Statt aus der Vergangenheit zu lernen,

statt einzig den Weg zu kennen und frei zu machen, der Euch noch retten kann, und welches der Weg ist, den Gustav Adolf kam, statt Eure Thore weit und Eure Herzen offen für den protestantischen Geist zu halten, verbarrikadiert Ihr Euch hinter mittelalterlichen Gefühlen und versperrt Euch hinter altertümlichen Rathaustürmen. Kaum daß ein frischer, nordischer Gedanke, oder ein preußischer General über Eure Grenze kommt, schreit Ihr: Ach unsere Reservatrechte! Ach unsere Marienmilch! Ach unsere Briefmarken! Ach unser angestammtes Fürstenhaus! Unsere Herz-Jesu-Andachten! Unsere normalspurigen Eisenbahnen! Unsere Heiligen-Knochen! Unsere Windel-Verehrung! Unser Alt-Oetting und Ander! Unser heiliger Vater in Rom! Unser unveräußerliches Recht auf geistige Versumpfung! — Wir wollen keine Preußen sein! Wir wollen Baiern sein! Bajuwaren! — Bajuwarii! — und schreit und lamentiert über Vasallentum.

Vasallen? — Vasallen des Königs von Preußen? — Ihr seid keine Vasallen des Königs von Preußen! Ihr seid Vasallen von Rom. Das ist Euer Vasallentum! —

Damit wären wir in der Euch so lieben Stadt angelangt, in der Stadt, in der alle Konzile beginnen und schließen. Auch mein Konzil ist zu Ende. Ueberlegt Euch, was Ihr davon haltet. Vielleicht kommt einmal einer nach mir, der wiederum mit Euch Konzil abhält, aber weniger konziliant verfährt.

Adieu, meine lieben Münchner!

Oswald Wiener

über den illusionismus

meinem freund
Helmut Schnelle

1.

anfang 1970 sagte mir Richard Hülsenbeck, seine damaligen freunde (Ball ?) hätten in München die begebenheiten um Panizza mit aufmerksamkeit verfolgt; auf meine frage, ob er damals oder vielmehr seither (Hülsenbeck war 1905 dreizehn jahre alt) in Panizzas arbeit oder geschick zusammenhänge mit den anderen interessen seiner freunde, oder eigenen, gesehen habe, sagte er nein, der lärm um Panizza, der skandal habe sie angezogen.

mich hat das erstaunt, denn ich halte für ausgemacht, dass Wahnmoching zu den quellen des dadaismus zählt – wenngleich dada in den monographien immer so plötzlich erscheint – und hätte gedacht, dass gerade Panizzas auftreten gegen alle ihm erkennbaren faktischen und geistigen mächte für die entwicklung der folgenden generation ein masstab gewesen sei. nun kommt mir aber wahrscheinlich vor, dass man das schicksal eines menschen für eines seiner ausdrucksmittel nehmen kann, besonders wenn er es mit ›stil‹ zu bestehen scheint; dass man den skandal für ein stilmittel halten kann, ja für ein inhaltliches moment, das man für sich selber übernehmen will, weil man zu sehen glaubt, dass der vorgänger (durch seine inhalte, die man aber aus gründen des eigenen profils übersieht) daran gehindert ist, es zu der höhe zu entwickeln, die man für möglich hält.

in der tat, welche freiheiten haben dada das ende der philosophie und jeder gedanklichen anstrengung verkünden lassen ? in den erinnerungen steht immer nur: ich habe dies und das *gemacht* (gesagt, vorgeschlagen), aber nicht: auf dem und jenem weg bin ich dazu gekommen. wird einmal über wurzeln nachgedacht, z. b. in Balls *Flucht aus der Zeit*, so erfährt man mehr über neue bindungen als über die freiheit, und Panizza, der für kleine freiheit so schwer bezahlt hat, kommt nirgends vor. liegt es daran, dass der primitive wahnsinn der verhältnisse, des kriegs, auf den sich so viele dadaisten berufen haben, eine primitive begründung der opposition rechtfertigt, hat Panizzas tieferer wahnsinn eine suche nach erklärungen ausgelöst, die von »aktivisten« altklug abgetan werden darf?

2.
in der schrift *Der Illusionismus und die Rettung der Persönlichkeit* unternimmt Panizza mehr, als einem künstler oder schriftsteller sonst zugemutet wird: eine theoretische begründung seines lebensgefühls und seiner haltung vor machthabern und machthabenden denkweisen. ich habe kein motiv, in ihr nach diagnostischen auffälligkeiten zu suchen, das hiesse nach merkwürdigen oberflächlichkeiten, nach seinen argumenten vom symptom aus, nach diesem umarmen der logik gerade dort, wo die kraft der logik zweifelhaft ist, nach dem aufwand an überzeugung wo der zweifel genügt, nach distraktion durch worte; welche phantasie hätte sich von all dem je befreit? ich glaube ihm zuvörderst mit der anerkennung gerecht zu werden, dass er auf den zentralen punkt des menschlichen selbstverständnisses gezielt hat. was heute als sachliche schwächen seines versuchs erscheinen kann, entstammt dem wissensstand seiner zeit. er hat sich exponiert, wo andere gern im nebel geblieben sind – gewisse philosophen muss sich ein leser ja aus ihren einwänden zusammenstellen; er hat sich zu dem heute

noch verleumdeten werk Stirners bekannt, das wird damals schon mut erfordert haben; dass er aber, vollends, einen weg zu dem von allen kanzleiphilosophen verlachten solipsismus gesucht hat war wohl bereits der erste schritt ins gefängnis: das kommt vom solipsismus! ich möchte, statt zu kritisieren, den stand seines problems in den ansichten eines schriftstellers der gegenwart skizzieren.

3.

wir suchen in unserem drang, unseren alltag mit ›tieferen‹ prinzipien zu legitimieren, diese prinzipien zuerst in der richtung unserer alltäglichen neigungen; wir leiten unsere haltungen nicht ab, sondern verwenden sie im gegenteil als filter zum auffinden uns befriedigend erscheinender begründungen: diese haltungen, emotionen und neigungen, sind es ja schliesslich, die uns zeitlich angemessene reaktionen auf die herausforderungen unserer alltäglichen situation ermöglichen, und sie trösten uns über unser unvermeidliches versagen. verstärkung dieses trostes und womöglich vorbereitung auf zukünftiges verhalten sind wohl starke antriebe zum erwerb von theoretischen vorstellungen über unsere ›tiefere‹ struktur als handelnde personen, und doch verwenden wir unsere hypothesen in erster linie als werkzeuge für verbales einwirken auf andere.

da kann es nicht überraschen, dass alle variationen des psycho-physischen problems und alle historischen lösungsvorschläge auch in unserer zeit noch ihre vertreter haben, gerade auch, mit adaptationen, die hypothesen, die Panizza verwerfen wollte, aber auch diejenige, die er vertritt. und es ist lehrreich, sich vór augen zu halten, dass jeder bestimmte standpunkt in jenem problem ganz verschiedene zum teil einander völlig entgegengesetzte haltungen begründen soll und begründet (zum beispiel streiten auf den wahrlich strapazierten bastionen der willensfreiheit die anhänger der rigorosesten politischen und transzendentalen ordnungen körper an geist mit advokaten der äussersten praktischen und metaphysischen freiheiten gegen den geradeso bunten haufen der deterministischen leugner). das ist mit der obigen bemerkung recht gut zu vereinbaren: neigungen und gewohnheiten liefern nur die verfahren und die bilder, mit deren hilfe der zeitgeist in begründungen zerlegt wird.

so gibt es heute noch und immer spielartenreicher interaktionismen, dualismen, parallelismen, epiphänomenalismen, identitätshypothesen, solipsismen, ›semantische‹ prestidigitationen, und, in einer ära des »Ringens um Realismus«, auch das schlichte übersehen des problems. unsere heutige so merkwürdig unfruchtbare sprachbewusstheit hat bewirkt, dass viele auseinandersetzungen auf einen streit um worte und wortbedeutungen herunterkommen. keine diskussion aber kann die fundamentale schwierigkeit vertuschen, dass weder *introspektive* noch *messende* verfahren die hauptsächlichen entitäten wie ›bewusstsein‹ oder ›gedanke‹ in einem brauchbaren modell dargestellt haben – oder aber als für theoretische fortschritte hinderlich gezeigt. für den einen gehört zum bewusstsein alles, worüber er für sich selbst sinnvoll nachdenken kann – sinneseindrücke, denkvorgänge, empfindungen wie schmerz, trauer, stimmungen, und womöglich eine menge mehr: ›identität‹,

›selbst‹, gedächtnis . . . .; ein anderer hat beträchtliche schwierigkeiten, bewusstsein bei sich selbst festzustellen; ein dritter hat schichten seines bewusstseins, eines vierten bewusstsein reist durch ebendieselben (oder andere). die neuropsychologie philosophiert selbst (Brown), die psychiatrie argumentiert manchmal auf dem niveau der vorbegrifflichkeit (Ey). auch soziologen interessieren sich für das bewusstsein, und politiker sorgen um das ›richtige‹.

4.

gewiss macht die neurophysiologie fortschritte, wo einige jahrtausende introspektion auf der stelle getreten haben, weil, das ist ein aspekt des psychophysischen problems selbst, eine phänomenologie ohne bezugsrahmen nichts erbringen kann. leider steht die relevanz jenes fortschritts für die lösung des problems in frage. zunächst bringt sie jedenfalls starke indizien dafür, dass äusserst komplizierte vorgänge im gehirn der introspektion als recht einfache gedanken erscheinen: dass die primitivität des menschlichen denkens die oberfläche einer immens komplizierten organisation ist. dies rät zu der annahme, dass die tätigkeit der nervenzellen und das, was an der gesamten tätigkeit des gehirns den gedanken entsprechen müsste, verschiedenen niveaus einer hierarchie zuzuordnen sei, wie etwa analog einzelne menschen und gesellschaft.

stützt so eine vorstellung die annahmen des interaktionismus, wie Popper zu meinen scheint? ich glaube, hier sind zwei linien von argumenten auseinander zu halten.

erstens ist dies die idee von ›hierarchien‹ und

der in ihnen wirksamen »downward causation«. es wird argumentiert, die höheren niveaus einer hierarchie wirkten auf die niederen etwa so zurück, wie man umgangssprachlich sagen könnte, ›die gesellschaft‹ lege den einzelnen menschen beschränkungen auf (in diesem sinn wird ›hierarchie‹ ein wenig anders verwendet, als dies im rest dieses aufsatzes geschieht). diese oft gehörte redewendung ist jedoch nicht mehr als ein kürzel für verwickelte zusammenhänge. die gesellschaft ist ja nicht das von ihnen losgelöst existierende produkt der menschen, sondern eine summe von relationen, die sich nur passiv durch die bewegungen ihrer komponenten verändern kann. es ist bloss eine frage des standpunkts, ob man die relationen ihre komponenten oder die komponenten ihre relationen festlegen lassen will – man könnte einerseits den überlegungen Simons folgen, nach denen die ›niedrigere‹ ebene einer hierarchie durch das ›aufbrauchen‹ von ›stärkeren‹ ›bindungskräften‹ die ›schwächeren‹ kräfte auf der nächsthöheren ebene zu wirksamkeit gelangen lässt; aber andererseits kann man sich die hierarchie durch instrumente verschieden ›starker‹ ›auflösung‹ konstruiert denken, s. v. v. als trick, die geringe bandbreite unserer einzelnen messinstrumente zu kompensieren. in beiden ansichten erscheinen die hierarchien der dinge als hierarchien unserer vorstellungen, als ausweg, die uns unübersehbaren komplexe der tieferen niveaus auf die geringe kapazität unseres verstandes zu projizieren.

die zweite linie des arguments ist die: nichts zwingt uns, ›gedanken‹ oder sonstwelche erscheinungen des bewusstseins als komponenten von niveaus der nervenhierarchie aufzufassen, die über oder ausserhalb des physiologisch feststellbaren existierten. auch wenn man sich auf den »downward causation«-standpunkt stellte, so blieben die höheren ebenen immer ebenen der physiologischen interpretation von gehirnmessungen, und das problem, die physiologisch beobachteten komplexe derart auf theoretische ausdrücke zu projizieren, dass diese als repräsentationen für echte ›bewusstseinsinhalte‹ leibhaftiger versuchspersonen gelten können, ist ja eben das psycho-physische problem.

die mir unumgänglich erscheinende identitätshypothese krankt an dieser vom interaktionismus durch hypostasierung umgangenen fragestellung: wie zeigen, was womit identisch sei? Feigl verfällt auf einen ähnlichen ausweg wie Popper, um zu ganz anderen folgerungen zu gelangen: die sprache, mit der man innere erfahrungen mitteilt, wird als isomorph mit diesen erfahrungen, und die, mit der man über die welt spricht, als isomorph mit den inneren weltmodellen vorausgesetzt, und so werden innere erfahrungen und erfahrungen in der aussenwelt als ›strukturell‹ durch sprache ersetzbar und als ineinander übersetzbar angesehen. über diesen gedanken wird unten noch einiges zu sagen sein. Feigls lehre, es handle sich bei den berichten der introspektion und der physiologie bloss um zwei verschiedene sprachen, in denen über das selbe geredet wird, ist jedenfalls für die gegenwart unzutreffend, denn offenbar wird ja eben nicht über das selbe gesprochen; und sie wird erst dann zutreffen, wenn die introspektion durch physiologische begriffe normiert worden sein wird. was das betrifft, so steht zu hoffen, dass jene ›strukturale‹ vorstellung die konzepte der neurophysiologischen forschung nicht allzu sehr beeinflussen wird; es könnte sonst geschehen, dass die beobachtungen in einen zu primitiven rahmen gepresst werden.

5.
neben den introspektiven und den messenden verfahren gibt es simulierende, heuristische, und ich meine, dass die arbeiten mit *künstlicher intelligenz* und die *automatentheorie* ein diskutierbares modell des psycho-physischen problems liefern, und dass sie gewisse schwierigkeiten dabei als in einem besser als bisher einsehbaren sinn als grundlegende herausstellen. diese heuristischen konstruktionen sind das einzige, was seit Panizzas zeit das problem bewegt hat – wenn auch nur verschoben; immerhin ist die frage nach dem verhältnis des inneren milieus zur materiellen wirklichkeit in ihren paradoxen aspekten durch schärfere begriffe verschärft worden.

in heute arbeitenden rechenanlagen wäre ein programm- und datenmodifizierendes steueraggregat das analog des bewusstseins. ›unbewusstes‹ erschiene in drei kategorien: als aussenwelt des computers; als nicht abtastbare hardware und verdrahtete projektionsbahnen, z. b. ein- und ausgabemechanismen; und als unmodifizierbare programmeigenschaften, zeitweilig blockierte adressen, datenkomplexe ohne wahlfreien zugriff, read-only-speicher. die frei abrufbaren daten wären so etwas wie das ›vorbewusste‹ im sinne Freuds. die so aufgefasste steuereinheit eines computers bewegt sich in einem ›reich der modelle‹, die eine physikalische feinstruktur haben, aber ihrer anwendung quasi nur ihre umrisslinien zur verfügung stellen. sie sind anordnungen von dingen, von denen nicht die ›mikroskopischen‹ eigenschaften der komponenten, sondern die effekte ihrer zusammenstellung wie hüllkurven abgegriffen werden. im computer sind solche modelle in form von datenkonfigurationen, prozeduren, algorithmen, aber auch ganz handfest als räumliche komplexe vorstellbar, und ihre relationen zueinander als funktionen, übergeordnete programmabläufe, vorhanden. durch eingebaute fest verdrahtete oder durch das programm modifizierbare sensoren können diese modelle in beziehungen zur umwelt des computers, aber auch zu teilen seiner innenwelt gebracht werden.

bei diesen hier ohne anspruch auf originalität vorgebrachten analogien muss man allerdings im auge behalten, dass die bisher gebauten computer nicht bewusstseinsvorgänge simulieren sollen, sondern gewisse in der heutigen gesellschaft als nützlich geltende spezifische leistungen des gehirns. es gibt in diesen analogien noch gravierende lücken und unstimmigkeiten, doch glaube ich nicht, dass sie grundsätzlicher art sind. zum beispiel ist es nicht einfach, eine analogie für die introspektiv gegebenen unterschiede der sinnesqualitäten zu finden (das ist ja auch ein schwieriger punkt für die neurologie); vielleicht wäre das durch die verwendung von analysatoren zu lösen, welche die von ›aussen‹ einlangenden impulse vor ihrer projektion auf modelle mit kennzeichnungen versehen, die bei der abtastung der modelle dann wieder dekodiert werden können, sodass die markierten teile der modelle auf die gleichen ›bildschirme‹ abgebildet werden, auf denen die ursprünglichen eindrücke erschienen sind. es gibt jedenfalls eine reihe von argumenten dafür, dass die modelle nicht ›visuell‹ oder ›akustisch‹ gespeichert werden, sondern ihre ›visuellen‹ internen erscheinungsformen durch einen reproduktionsvorgang erhalten (gewisse traumerscheinungen, in denen bestimmte personen ganz andere gesichter haben als ›in wirklichkeit‹, die sehr unterschiedliche begabung verschiedener personen zu ›visuellen‹ etc. vorstellungen bei annähernd gleich geschicktem umgang mit den zugrundeliegenden modellen, usw.).

die vielleicht bedeutendste schwierigkeit der versuchten analogie liegt darin, dass was ich in meiner selbstbeobachtung für bewusstsein halte über eine begleitende und in ihrer intensität schwankende rückkopplung verfügt, damit offenbar zusammenhängend über ein sozusagen gedehntes zeitmoment, und, was möglicherweise gleichfalls nur ein anderes bild für den selben sachverhalt ist, über eine mehrschichtige gleichzeitigkeit von vorstellungen, über der sich der jeweils durchgesetzte gedanke nur mehr oder weniger deutlich abzeichnet. offenbar ist die analogie mit einem abtastmechanismus nicht erschöpfend; man muss vielleicht auf eine mehrschichtigkeit der daten selbst zielen, in der die schichten gegeneinander oszillieren – die integrierende verarbeitung hat ähnlichkeit mit einer flüssigkeit, die sich gelegentlich örtlich sozusagen fokussiert, d. h. die verdichtung an ort und stelle selbst wäre die verarbeitung.

von ziemlicher bedeutung scheint mir andrerseits, dass gewisse häufig nicht diskutierte nebenprobleme der psycho-physik eine möglicherweise erhellende entsprechung finden. da ist zum beispiel das ›gestalt-problem‹ in seiner zweifachen form: grosse gruppen von nerven üben auf das bewusstsein keinen direkten einfluss aus, obgleich sie sich in aufbau und wirkungsweise von den das bewusstsein vielleicht tragenden nerven nicht unterscheiden; und gewisse ›schaltkreise‹ fungieren vermutlich als ›bilder‹, ›gestalten‹, eben ›modelle‹, ohne sich nach aussen von solchen zu unterscheiden, die als ›abtaster‹, übertrager und veränderer der modelle dienen. hier liegt möglicherweise eine analogie zu den schwierigkeiten vor, ›hardware‹, ›programm‹ und ›daten‹ prinzipiell voneinander zu unterscheiden. für gewisse wesentliche unzulänglichkeiten der introspektion scheint mir weiters die vorstellung relevant, dass ein programmgesteuertes aggregat in der zeitspanne, in der es bestimmte ›daten‹ bearbeitet, den die bearbeitung steuernden programmausschnitt nicht in der selben weise mit einem modell vergleicht, in der es eine datenkonfiguration mit einer anderen in beziehung setzen kann; denn während es diese letzteren beiden modelle gewissermassen *sieht*, bestimmt das programm die art und weise dieses sehens: während für den moment eine datenkonfiguration das modell der anderen ist, ist das programm ein modell der tätigkeit und die tätigkeit das modell des programms, es wäre ein zweites aggregat erforderlich, das tätigkeit und programm des ersten miteinander vergleicht.

dazu folgen unten einige bemerkungen.

6.

trotz der bezeichneten schwächen gibt dieser spekulative ansatz einige antworten auf die psychophysische frage. man bemerke zunächst, dass er die ansicht stützt, alle leistungen, deren ein mensch fähig ist, seien auch ohne anleitung durch ein bewusstsein möglich. insbesondere ist das ohnehin schwache ›evolutionäre‹ argument hinfällig, bewusstsein als selbständige entität gäbe eine grössere chance im kampf um das überleben (damit ist nichts gegen die ›nützlichkeit‹ von trieben, verfahren und modellen gesagt; ich möchte mich aber der evolutionären these im folgenden ganz enthalten). man legt sich keineswegs auf einen epiphänomenalismus fest, wenn man zu der alten auffassung neigt, alle diese ›bilder‹, die wir für einen gegenschein des bewusstseins halten, dieses ›gefühl‹, wir bewegten uns unsere vorstellungen entlang (und dürften nicht allzusehr auf sie ›drücken‹, um sie nicht zu deformieren), dieses ›erleben‹ der zusammenstellung und des wechselseitigen einflußnehmens der verschiedenen modelle auf einander, all dies sei die innenansicht eines automatisch ablaufenden vorgangs, der sich nach ›aussen‹ als leistung dokumentiert. ganz und gar ist die ansicht überflüssig, ein solches (menschliche) leistungen erbringendes aggregat müsse autonom, aus sich heraus, in wahlfreiheit entscheiden können, welche wege es in seinem denken und handeln einschlagen wolle (auch die hineinnahme von zufällen änderte nichts). es steht den menschen zum beispiel garnicht frei, welches modell, welche vorstellung sie in ihrem gedächtnis aufsuchen wollen: immer führt ein vorliegender, sich vielleicht erst im moment der bewegung öffnender aber vom gesamtzustand des gehirns bestimmter weg zu unseren inhalten, und gerade was Panizza zum beweis seiner freiheit anführt, ›inspiration‹ und halluzination, ist ein starkes argument für das festgelegtsein unseres bewusstseins durch die strukturen der in unserem gehirn realisierten modelle. wir entscheiden uns zwischen zwei möglichkeiten? modelle, vorstellungen von konsequenzen, bewertende impulse zum teil aus genetisch verdrahteten schichten des körpers überlagern sich: das resultat ist uns völlig aus der hand genommen. wir können unsere entscheidungsprozesse verändern? ja doch, nichts hindert das aggregat, das wir bewusstsein nennen, aus der plastizität der gehirnfunktionen modelle von der weise aufzubauen, wie es selbst funktioniert, oder wie es selbst ein modell mit anderen integriert oder auf andere oder auf die ›wirklichkeit‹ projiziert. eine wichtige frage wäre höchstens noch, bis zu welchem niveau der in ihrer anordnung die modelle ›tragenden‹ schichten die ›direkte‹ abbildung vordringen kann; wir haben aber allen grund zu der annahme, dass sich das ›lesen‹ der modelle auf eine einzige schicht, quasi auf die silhouette der konfigurationen beschränkt, und dass alle modelle von modellen in analogie zu jenen modellen konstruiert werden, die durch die vom lesenden aggregat nicht modifizierbaren verdrahtungen seiner selbst ›direkt‹ erzeugt werden. dass diese ›direktheit‹ selbst nicht mehr als eine metapher ist werde ich anschliessend noch vorzutragen versuchen.

meines erachtens eröffnet diese vorstellung den ausblick auf eine ganz andere freiheit als die metaphysische des frei entscheidenden bewusstseins. erstens bleibt für den, der danach bedarf trägt, die ›menschliche würde‹ die gleiche, ob er sich mit seinem bewusstsein identifiziere oder mit den physikalischen vorgängen, die sein bewusstsein

›tragen‹. sodann: so wahrscheinlich es mir vorkommt, dass unser selbstbewusstsein als konstruktive auffüllung einer lücke in unserem modell von den ›aussen‹ auf einander agierenden ›gegenständen‹ zustande kommt, so offensichtlich gibt es rückwirkungen unserer modelle auf unseren sie handhabenden apparat, sobald wir die ›gegenstände‹ in analogie zu unseren modellen von ihnen verändern und gegeneinander umstellen (dies ist ein anderer begriff von ›hierarchie‹ als der vorhin gebrauchte): es gibt motoren und chirurgische operationen, und es wird eingriffe in unser gehirn geben, welche die auswirkungen unserer hardware verändern werden. ganz gewiss trifft Poppers feststellung, computer seien ohne programmierer hilflos, nur auf relativ primitive oder auf die zur lösung der trivialen aufgaben der betriebswirtschaft etc. eingesetzten rechenanlagen zu, und für ein »psycho-physisches selbst«, das der aktive programmierer des gehirns als eines computers wäre, wie er meint, ist gar kein platz mehr.

7.
das sich in allen wissenschaftlichen überlegungen manifestierende bestreben, theoretische konstrukte zu formalisieren, d. h. in zeichen niederzulegen, die sich durch einfache, eindeutige regeln ineinander umformen lassen, hat zu philosophischen extremen geführt, die man näher untersuchen muss, weil sie einer vorentscheidung des psycho-physischen problem gleichkommen.

in formalen darstellungen entsprechen die verwendeten ausdrücke dadurch den für beobachtet gehaltenen entitäten, dass sich ihre im kalkül festgelegten transformationen wie die ›bewegungen‹ jener entitäten in der ›wirklichkeit‹ verhalten; genauer: sie verhalten sich so für einen entitäten und ausdrücke aufeinander abbildenden apparat. da sowohl die grundannahmen als auch die regeln, aus diesen annahmen theoreme aufzubauen, bei der einführung des kalküls formuliert (oder ›gelernt‹) werden, kann der eindruck entstehen, der kalkül habe eine eigene, unabhängige existenz als *abbild*. man kann leicht die transformationsregeln als einen automaten ansehen, der die axiome als input verarbeitet und theoreme als output liefert, ja man kann solche automaten bauen, und man wird automaten bauen, welche den kalkül als subautomaten enthalten und die von ihm gelieferten theoreme als konjekturen mit der ›wirklichkeit‹ vergleichen. dieser gedanke zeigt aber schon, dass die für formale darstellungen benötigten zeichen verschiedenen ebenen einer hierarchie (im zweiten sinn) angehören müssen, und dass sich die erforderliche hierarchie nicht in den zeichen als zeichen verwirklichen lässt. zeichen ›verarbeiten‹ zeichen nicht, sondern steuern die verarbeitung, sofern sie als programme materieller automaten funktionieren: zeichen werden erst durch automaten zu zeichen, wenn sie auf andere entitäten, unter umständen wiederum zeichen, abgebildet werden können.

in einer ersten näherung stellt sich die automatische datenverarbeitung als eine dreistufige hierarchie dar, bestehend aus ›daten‹, ›programm‹ und ›automat‹. in einer zweiten näherung kann man das programm als im automaten verkörpert ansehen (das wäre ein in einem gewissen sinn

›komplizierter‹ aber auch ›starrer‹ automat), oder aber als in den daten enthalten (das wäre ein ›beweglicher‹ automat, der universellere anwendung fände). auf einer elementaren ebene, zum beispiel in der biochemie, kommt man schliesslich zu der vorstellung, dass daten, programm und automat aus den gleichen moduln aufgebaut sein können, etwa dass sich moleküle auf grund der für sie ›geltenden‹ ›gesetze‹ zu grösseren komplexen zusammensetzen, dass weiter hinzukommende moleküle der gleichen art das ›globale‹ verhalten dieser komplexe beeinflussen, so dass schliesslich eine dritte welle gleichartiger moleküle unter dem einfluss des vorhandenen aggregats modifikationen erfährt. aber auch auf der elementarsten ebene sind verschiedene hierarchische niveaus erforderlich, mindestens das niveau der ›steuerung‹ und das niveau des zum output umgeformten inputs. die funktion eines programmgesteuerten automaten besteht ja gerade darin, teile des inputs auf ein hierarchisch höheres niveau zu heben, um es einem teil der daten zu ermöglichen, auf andere daten strukturierend einzuwirken. solch eine hierarchisierung kann offenbar auf der ebene von zeichen allein nicht erreicht werden. als eine beiläufige bemerkung möchte ich noch anfügen, dass die frage der subjektivität, des ›gestalten-sehens‹, vielleicht mit dem ausmass zusammenhängt, in dem datenstrukturen im automaten internalisiert, verdrahtet, sind.

man kann sich die möglichkeiten der aufteilung der erforderlichen hierarchie zwischen automaten und daten auf einer skala aufgetragen vorstellen, an deren nullpunkt nur daten stehen und an deren einheitspunkt allein der automat steht. für fragen der abbildung steht offenbar nur die strecke zwischen null und eins bei ausschluss der endpunkte zu verfügung, denn der nullpunkt scheidet für jede umformung der daten aus, und der einheitspunkt kennt keinen input (das wäre z. b. die auffassung des universums als eines automaten, oder der standpunkt des extremen solipsismus). es gibt freilich immer wieder versuche, den nullpunkt zu ›erobern‹, aber ich glaube, dass der automat immer wieder eingeschmuggelt wird, z. b. als ›form‹ der daten oder als ›naturgesetz‹, oder meistens als leistung der menschlichen interpretation; überhaupt zeigt sich meines erachtens, dass die mathematischen formulierungen der automatentheorie in gewisser hinsicht zu abstrakt sind: die asymmetrie von ›daten‹ und ›automat‹ für alle praktisch interessanten fälle wird verwischt.

da das streben nach äusserster formalisierung eben das streben ist, so weit wie möglich dem nullpunkt nahezukommen, und da er von menschen, die ja selbst automaten sind, nicht ohne selbstauflösung erreicht werden kann, begnügen sich viele philosophen mit der meist stillschweigenden voraussetzung, automaten, die mit wissenschaftlichen formalisierungen umgehen können, also z. b. menschen, seien in ihrer datenverarbeitenden struktur einander völlig oder irgendwie wesentlich gleich (das sind z. b. die »normalen« sprecher der linguistik). denn nur so kann gewährleistet werden, dass ein gegebener kalkül, der in zeichen niedergelegt ist, stets in der beabsichtigten form verarbeitet wird. dieser voraussetzung widerspricht aber alle erfahrung, gerade auch die wissenschaftliche, denn im falle ihres zutreffens gäbe es keinerlei erweiterungen oder zurückweisungen zeitweise anerkannter theorien. ein verarbeitender apparat auf der leistungsstufe des menschlichen gehirns, der im stande ist, modelle von modellen aufzubauen, und eine funktion, die ein modell auf ein anderes abbildet, selbst wieder als vorbereich einer übergeordneten funktion aufzufassen, ist gewiss in der lage, unterschiedliche zerlegungen und zusammenstellungen seiner sinnesdaten vorzunehmen, die ›gleichen‹ daten auf verschieden strukturierte modelle zu projizieren, und seine modelle zu erweitern und zu verändern, so, dass allein neue projektionen schon zu neuen konjekturen führen.

es sei erlaubt, im kreise solcher überlegungen auch eine bemerkung zum begriff des isomorphismus zu machen, wie er etwa von Carnap zur ›konstitution‹ der welt aus ›elementarerlebnissen‹ herangezogen wird. die zeichnung

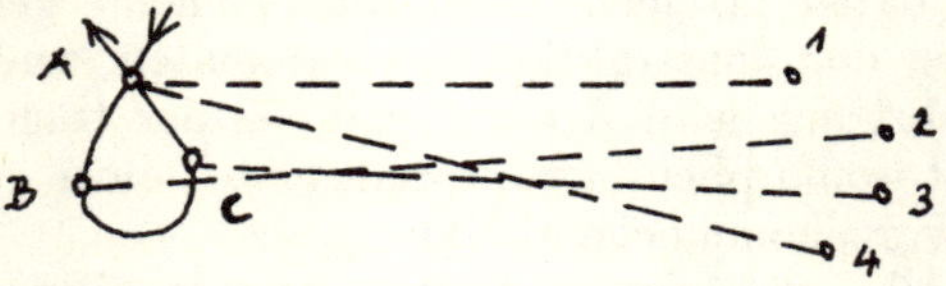

versinnbildliche den folgenden sachverhalt: ein programmgesteuerter oder fest verdrahteter automat ›bewege‹ sich in einem raum zum punkt A und ordne ihn dem punkt 1 bei; sodann bewege er sich zu punkt B, den er punkt 2 zuordnet, daraufhin zu punkt C, den er punkt 3 zuordnet; anschliessend kehre er zu punkt A ›zurück‹, und ordne diesen nunmehr dem punkt 4 zu; endlich kehre er in die ausgangsstellung zurück. für den automaten liegt eine ein-eindeutige abbildung der gruppe der buchstabenbezeichneten auf die gruppe der ziffernbezeichneten punkte vor, da er kraft seines ›weges‹ die selbe zuordnung beliebig wiederholen kann und dabei stets zu einer isomorphie gelangt. für den menschlichen beobachter freilich ist isomorphie auf der ebene der punktgruppen nicht gegeben. sie ist allerdings herstellbar, wenn eigenschaften des programms oder der ›bewegung‹ des automaten als abbildung des ›fehlenden‹ punktes hinzugenommen werden. hier könnte man aber argumentieren, dass die von menschen gesehene isomorphie sich ihrerseits auf die struktur des denkenden und wahrnehmenden apparats bezieht, und erst durch die einzigartige stellung der menschlichen datenverarbeitung zu etwas normativem wird. um zu einer isomorphie zu gelangen, muss man nur diejenigen faktoren, die der ›gesehenen‹ isomorphie entgegenstehen, in das instrument hineinverlegen; was an den daten als nicht isomorph erscheint geht zu lasten der konstruktion des automaten, und umgekehrt erscheint der automat als der träger der nicht-isomorphen strukturelemente einer durch ihn vorgenommenen abbildung.

solche erwägungen treffen jenseits aller linguistisch orientierten sprachphilosophie auch und gerade auf die menschliche sprache zu. worte und sätze, die ich lese oder von anderen personen ausgesprochen höre, verhalten sich zu meinen vorstellungen ganz ähnlich wie die ›gegenstände‹, die ich durch meine sinnesorgane ›wahrnehme‹: sie müssen auf interne modelle projiziert werden und erhalten von diesen aus erst bedeutung und inhalt. aber auch wenn ich selbst etwas mitteilen, meine modelle auf sprachausdrücke projizieren will, zeigen sich meinen ›ausdrucks‹-bemühungen widerstände, nämlich eben die zu leistende arbeit der projektion – »Denn nicht *wir* wissen, es ist allererst ein gewisser *Zustand* unsrer, welcher weiß« (Kleist). es ist einfach nicht richtig, dass wir in worten denken, und kein einziger aspekt gedanklicher kreativität ist unlösbar an sprache gebunden; es besteht vielmehr grund zu der annahme, dass, wie sich Freud ausdrückt, ›wortvorstellungen‹ an ›sachvorstellungen‹ »gelötet« werden (ähnlich wie oben ›visuelle‹ eigenschaften als markierungen der jeweiligen modelle vorgestellt wurden) und dass diese bindung nichts weiter als eine interne projektionsgewohnheit ist, in der die worte die bewegungen der sachvorstellungen auch dann passiv mitmachen, wenn wortverbindungen die vorstellungen zu beschränken scheinen. der seit Chomsky so oft zitierten kreativiät der hervorbringung von äusserungen, die sich als die momentane selektion stets neuer und in ihrer genauen gestalt vielleicht einmaliger formulierungen zeigt, steht ebenso unbestreitbar unsere ausgeprägte neigung gegenüber, die originalformulierungen zu vergessen, sobald wir uns ihren inhalt konstruiert haben. die introspektion lässt ohne weiteres erkennen, dass nicht die wortwahl das schöpferische moment unserer gedanken ist, sondern die ›tiefer‹ liegende konstruktion unserer psychischen inhalte durch eine mehrzahl von bearbeitungen, oder schichten, hindurch. ebenso, wie wir nicht selten zögern, ein wort auszusprechen, das auf der zunge liegt, weil verschiedene vorstellungen, die zusammen seine wahl legitimieren, in ihm für unser empfinden nicht zusammentreffen, oder weil wir etwa aus unserem modell von unserem gesprächspartner die meinung beziehen, dieses wort könne von ihm in einer uns inadäquat erscheinenden weise verstanden werden, oder, und dies die hauptsache, weil uns das wort oder der satz gemessen an unseren bisherigen internen projektionsgewohnheiten einen von uns neu geschaffenen inhalt zu verzerren oder zu verdecken scheint, ebenso kennen wir diesen ›tief‹ sitzenden drang, die gegenstände, die durch die sinnesorgane auf unser verständnis fallen, auch durch ›unstrukturierte‹ äusserungen wieder in die welt zurückzustellen.

im vorhergehenden liegt, wie ich glaube, genug, um gewisse leichtfertigkeiten im umgang mit dem wort ›beschreibung‹ aufzudecken, und die behauptungen objektiver existenz von beschreibungen *qua* beschreibungen (darauf läuft offenbar Poppers »world 3« hinaus) zurückzuweisen. die mnemotechnischen und gedankenordnenden funktionen von sprachausdrücken und diverse quasi eigengesetzliche gliederungen der sprache bleiben unberührt.

8. der illusionismus und die rettung der persönlichkeit

unsere kultur gibt uns kein mittel, zwischen den ansätzen des erkenntnistheoretischen realismus und denen des subjektiven idealismus anders als neigungsweise zu entscheiden. die beiden ansätze sind merkwürdig asymmetrisch. denn die realistische denkweise schliesst sich das ›reich des psychischen‹ von aussen auf, indem sie lückenlose ketten von den bausteinen der welt bis zu den inhalten des bewusstseins fordert, und gewissermassen statt des fernsehschirms ein fenster zu besitzen glaubt. ein ›reich der modelle‹ aber, wie immer diese materiell beschaffen gedacht werden mögen, hat keinen ausgang in eine realität jenseits des schirms auf welchen die mit den schaltkreisen der welt vermaschten sinnesorgane projizieren. das ›metaphysische‹ des idealismus scheint gerade darin zu bestehen, dass sich der beobachter als ausschnitt der von ihm beobachteten struktur dennoch jederzeit als deutlich abgegrenzte gestalt fühlen kann, zwei umstände, an denen ein in-sich-hineinnehmen beliebiger datenmengen nichts zu ändern vermag. andrerseits ist der realismus zu einem metaphysischen sprung gezwungen, sobald er zur krönung seiner erklärungen auf dem niveau der sich gerade durch ihn selbst betrachtenden natur angekommen ist, und dieser sprung führt ihn strikt in die paradoxien der modellwelt – kein wunder, dass er ihn gerne vermeiden möchte.

das paradoxe, wie ich es empfinde, ist, dass jede erklärung, die von einem modell in die ›wirklichkeit‹ führen soll, selbst wieder ein modell ist (dessen ›konsistenz‹ nur von modellen bestätigt oder verworfen werden kann). dabei besteht das problem nicht in einer spiegelhaften vermehrung der modelle auf meta-ebenen, wie Minsky in einer frühen arbeit zu verstehen gibt, so, dass der inhalt der modelle von modellen bei jeder rekursion weiter ausgelaugt werden würde (es scheint sich eher so zu verhalten, dass ich z. b. mein modell von mir mit allen seinen zügen komplett in jedes modell meines weltmodells einbringe, sozusagen nur mit einer kennzeichnung des abbildungsniveaus versehen). was die bedenkenlose übernahme des realismus hindert ist, dass ich eine anscheinende inkonsistenz eines modells durch manipulationen am abbildenden apparat ausgleichen kann (wie man eine wissenschaftliche theorie ›retten‹ kann, wenn sie neu auftauchende ›phänomene‹ nicht mehr erklärt), und dass die gültigkeit einer erklärung so zu einer frage der kapazität wird, besser: dass die datenkonfigurationen, welche die kapazität eines gegebenen automaten überfordern, theoretisch auf beliebig viele arten in strukturen des automaten umgewandelt werden können, sodass für jeden vorgelegten input beliebige zerlegungen in gestalten möglich sind.

die ›rettung der persönlichkeit‹, so wie ich verstehe dass Panizza sie verstanden hat, hängt also davon ab, ob argumentiert werden kann, dass verschiedene menschliche automaten intern verschieden strukturiert sein können. das kann aus theoretischen gründen am lebenden und aus praktischen gründen am toten objekt weder gezeigt noch widerlegt werden. in jedem fall behält Panizzas starkes bild seine gültigkeit: In der Erscheinungswelt trift sich also der Dämon von zwei Seiten, maskirt, wie auf einem Maskenball.

9. erwähnte literatur

Ball, H., *Die Flucht aus der Zeit*, 2. auflage Luzern 1947

Brown, J., *Mind, Brain, and Consciousness*, New York etc. 1977

Carnap, R., *Der logische Aufbau der Welt*, 2. auflage 1961

Chomsky, N., z. b. *Cartesian Linguistics*, New York etc. 1966

Ey, H., *Das Bewusstsein*, Berlin 1967

Feigl, H., *Mind-Body, not a Pseudoproblem*, in: Hook, S., hg., *Dimensions of Mind*, New York 1960

Freud, S., *Das Unbewusste*, in: *Gesammelte Werke*, Band X, 6. auflage Frankfurt/Main 1973

Kleist, H. v., *Über die allmähliche Verfertigung der Gedanken beim Reden*

Minsky, M. L., *Matter, Mind, and Models*, in: Minsky, M. L., hg., *Semantic Information Processing*, Cambridge, Mass. etc. 1968

Panizza, O., *Der Illusionismus und die Rettung der Persönlichkeit*, in diesem band

Popper, K. R. und Eccles, J. C., *The Self and its Brain*, Berlin etc. 1977

Simon, H. A., *The Sciences of the Artificial*, Cambridge, Mass. etc. 1969

O. Wiener
Paul-Lincke-Ufer 44a
1000 Berlin 36

Weitere Titel Oskar Panizza's im Matthes & Seitz Verlag

Aus dem Tagebuch eines Hundes
Mit einem Vorspann für Leser
von Martin Langbein
und mit Zeichnungen von R. Hoberg

Dialoge im Geiste Huttens
Mit einem Vorwort von Heiner Müller,
Panizzajana von Bernd Mattheus
und Beiträgen im Geiste Panizzas
von Karl Günther Hufnagel und Peter Erlach

Der Korsettenfritz
Gesammelte Erzählungen
Mit einem Beitrag von Bernd Mattheus